戈尔迪乌姆将王宫寝宫所在的山丘

想象另一种可能

理
想
国

imaginist

亚历山大的
征服
与神话

【编集委员】

青柳正规

阵内秀信

杉山正明

福井宪彦

【推荐学者】

晏绍祥

本书地图由原著地图翻译而成
原著地图制作：SAKURA 工艺社

亚历山大的战斗 公元前 333 年的晚秋，在伊苏斯战役中击败波斯军队的亚历山大，于第二年夏天攻占了腓尼基的商业城市提尔，在和平占领埃及之后，又于次年公元前 331 年在高加美拉战役中获胜，占领古都巴比伦。上图是伊苏斯战役中战斗的亚历山大（中央）。阿尔特多费尔所绘，慕尼黑老绘画陈列馆藏

《列王纪》中的亚历山大　故事描述亚历山大前往世界尽头，遇见一棵会说话的树，人物表现上吸收了中国绘画风格

讲谈社
兴亡的世界史 01 ▶ 09 WHAT
IS HUMAN HISTORY?

亚历山大的
征服
与神话

[日]森谷公俊—著
徐磊—译

北京日报出版社

KOUBOU NO SEKAISHI 01 ALEXANDROS NO SEIFUKU TO SHINWA
© Kimitoshi Moritani 2007

Original Japanese edition published by KODANSHA LTD.
Publication rights for this Simplified Chinese character edition arranged with KODANSHA LTD.
through KODANSHA BEIJING CULTURE LTD. Beijing, China.
本书由日本讲谈社正式授权，版权所有，未经书面同意，不得以任何方式作全面或局部翻印、仿制或转载。
北京出版外国图书合同登记号：01-2019-5335

图书在版编目(CIP)数据

亚历山大的征服与神话 / (日) 森谷公俊著；徐磊
译. -- 北京：北京日报出版社，2020.1（2022.9重印）
（讲谈社·兴亡的世界史）
ISBN 978-7-5477-3450-6

Ⅰ.①亚… Ⅱ.①森…②徐… Ⅲ.①亚历山大大帝
（前356-前323）- 生平事迹 Ⅳ.①K835.407=2

中国版本图书馆CIP数据核字(2019)第163153号

地图审图号：GS（2018）6159号

责任编辑：许庆元　卢丹丹
特邀编辑：马晓晨　马希哲
封面设计：艾　藤
内文排版：李丹华

出版发行：北京日报出版社
地　　址：北京市东城区东单三条8-16号东方广场东配楼四层
邮　　编：100005
电　　话：发行部：（010）65255876
　　　　　总编室：（010）65252135
印　　刷：山东韵杰文化科技有限公司
经　　销：各地新华书店

版　　次：2020年1月第1版　2022年9月第3次印刷
开　　本：787毫米 × 1092毫米　1/32
印　　张：11.5
字　　数：229千字
图　　片：77幅
定　　价：82.00元

推荐序

亚历山大大帝的形象

公元前356年夏季的一天，马其顿王腓力正驻兵波提戴亚，他连续收到了三条消息：他的将军帕曼纽在与伊利里亚人的交战中赢得了胜利；他的马在奥林匹亚赛会上赢得了战车比赛的胜利；他的妻子奥林匹亚斯为他生了一个儿子。最后这个消息最令他高兴：二十七岁的他现在后继有人了。这位王子就是历史上大名鼎鼎的亚历山大大帝。

由于王子的诞生与另外两条好消息同时到来，国王相信王子的未来肯定不同凡响，战无不胜。古代一个传说称，当腓力连续收到三条好消息时，曾祈求命运女神给他点小伤害，以免他运气太好，遭神灵妒忌。后来的历史证明，腓力多虑了，神灵似乎异乎寻常地偏爱他。在此后不到二十年的时间里，他成功完成了国内的政治、经济和军事改革，凭借强大的实力和灵活的战略击败了马其顿周边的蛮族部落，建立了希腊历史上空前强大的国家，而且在公元前 338 年击败了以雅典和底比斯为核心的希腊联军。马其顿得以凌驾于历史悠久、有着辉煌灿烂文明的希腊城邦之上，成为巴尔干地区希腊的霸主。

然而，腓力尚未来得及充分享用他辛苦赢得的胜利果实，便在公元前 336 年突然遇刺身亡。他的儿子，那个他认为会战无不胜的亚历山大在安提帕特等的帮助下登上了王位，年仅二十岁。亚历山大随即平定了马其顿王国内部和周边部落的骚动，压服了希腊城邦的反抗。两年后，他发动了对波斯的入侵。历经十年征战，灭波斯，征服印度河流域，于公元前 324 年回师巴比伦。希腊人两百多年中恨之入骨的波斯帝国，在马其顿强大的攻击力面前不堪一击，轰然倒台。亚历山大完成了希腊人梦寐以求却不曾实现的梦想。

不过，至少在一个方面，亚历山大未能超过他的父亲。腓力不仅留给自己的儿子一个组织相对严密的强国，还有一支当时几乎战无不胜的军队，以及统率军队、管理帝国的一批杰出人才。更重要的是，他留下了成年的亚历山大执掌王权，成功延续了马其顿帝国。但亚历山大去世之时虽然已经三十三岁，唯一的后代却还在妻子罗克珊娜的肚子里，未能为帝国留下现成的合法继承人。显然，他意识到了自己的"错误"。据说咽气之前，当将领们问他谁可为继承人时，他用微弱的声音说，"传给最强者"。而且补上一句，"我预见到了自己盛大的葬礼赛会"。他的预言应验了：大帝的尸体尚未入葬，将领们之间的争斗便已经开始，不久，马其顿人之间的内战公开爆发。大约二十年的残酷战争后，亚历山大的兄弟、母亲、妻子和遗腹子先后死于非命，延续数百年的马其顿王统，到这里终于根断苗绝。甚至他本人的尸身，也历经波折，最终安葬在埃及的亚历山大里亚。他所建立的庞大帝国，也随之分裂为马其顿、塞琉古和托勒密等几个主要国家。

自古代以来，如何评价这位在位不过十三年、征服了从巴尔干到印度广大地区的君王，是历来的政治家和历史学家激烈争论的问题，甚至可以说是古代希腊史上讨论最为热烈的问题。希腊历史学家阿里安和普鲁塔克等把他奉为历史上最伟大的君主，拉丁历史学家鲁弗斯和庞培·特罗古斯等则对他颇有微词。雅典政治家德摩斯提尼视他为蛮族，罗马第一位皇帝奥古斯都把他与后来的托勒密等明确区分开来，认为亚历山大才是真正的国王。及至近代，当西方在亚非拉世界大肆殖民扩张时，亚历山大被当作传播文明的使者，其征服意在融合世界文明，创造大同世界；20 世纪后期，当殖民体系崩溃、后殖民时代来临之时，亚历山大又变成了一个残暴的征服者和拥有无限权力的独夫。但不管人们是赞扬他还是抨击他，都不能否认他深刻地影响了世界历史的进程，是世界历史上影响最大的帝王之一。他在西方古代历史上的地位，也只有恺撒和奥古斯都差可比拟。因此时至今日，如同恺撒和奥古斯都，亚历山大也是学界研究的热门，西方世界几乎每年都有相关研究著作和大量论文问世。中文世界最初对他所知不多，不过近年也留意到这位君王的存在，先后翻译出版了卡特利奇的《亚历山大大帝》、斯通曼的《亚历山大大帝》、德罗伊曾《希腊化史》的第1卷《亚历山大大帝》和格林的《马其顿的亚历山大》。这些著述各有特点，或强调亚历山大的世界大同理想，或把希腊化时代作为基督教的先声；或把亚历山大视为一个有多面性格的历史人物。它们的出版，恰当地反映了中国读者对西方古典文明兴趣的增长。现在摆在读者面前的《亚历山大的征服与神话》，则出自日本学者森谷公俊之手。

中国学界对日本的古典文明研究所知不多，一方面因为自身语言的限制：研究希腊罗马史的中国学者兼通日语者稀少，另一方面或许出于想当然：日本在该领域的成就远不如西方。就总体基础和研究水平论，这个总体印象包含一定程度的真理，森谷公俊此书提供的参考文献，的确也以英语著述为主。不过我们也应注意到，日本的西方古典学研究水平并不弱。自明治维新起，日本学者已开始对希腊罗马史的研究，到20世纪前期已经小有成就。第二次世界大战后成长起来的日本新一代学者，大多有留学西方的背景。今天我们关注的希腊罗马史上的一些问题，20世纪中前期的日本学者大多都讨论过。就当今古史研究的资源而论，不管是古典文献，还是现代西方学者专题著作的日语译本，至少从本书提供的有关亚历山大大帝的资源来看，都远较中文的丰富。关于亚历山大的主要古代文献中，中译本仅有阿里安的《亚历山大远征记》和普鲁塔克的《亚历山大传》，日文中不仅阿里安的著作有两个译本，庞培·特罗古斯和查士丁的亚历山大传记，也都有日语译本。现代西方学者的著述中，也有一定数量的日文译本，如弗克斯的《亚历山大大帝》。日本的古典研究，相应地也达到了较高水平。从笔者有限的了解看，在某些领域，日本学者的成果已直逼英美顶尖学者，并且在埃及等地开始了考古发掘，与西方学者的直接对话与合作也早已开始。近年在中国非常流行的多卷本《罗马人的故事》，就出自日本学者盐野七生之手；关于亚历山大的著述，出自日本学者之手的也有数种，而出自中国学者之手的亚历山大传记，目前似仍是空白。在国际上，第二次世界大战后，日本学者发起了日、韩西方古代史研究论坛

（2007年以来，中国学者正式加入，论坛也随之更名为日、韩、中西方古代史论坛），且举行过多次学术研讨会。日本学者与西方学术界的合作和交流，也非常频繁且富有成果。

在本书之前，森谷公俊已经出版过关于亚历山大母亲奥林匹亚斯和亚历山大火烧波斯波利斯的专著，显然是一位卓有造诣的古史学者。这似乎是继盐野七生之后，中国引进的第二部日本学者的希腊罗马史著述，给中国学者了解日本的希腊罗马史研究，又打开了一扇窗户。作者非常熟悉有关亚历山大的古典文献，绪论中关于亚历山大大帝史料和学术史的评述，书目所列主要参考文献，显示作者对相关记载和当代学术熟稔于心。不过作者并没有对西方学术亦步亦趋，而是清晰地意识到了它们的局限：都是不同时代的学者们在亚历山大身上看到的自己。在回顾了西方学者的亚历山大研究后，森谷公俊写道："不论时代如何变迁，人们对亚历山大形象的遐想，仿佛一眼永不枯竭的泉，源源不断，不曾停止。人们依据他伟大的一生，描绘出自己心目中的亚历山大形象。"有些人会把他视为天才的统帅、伟大的哲学家、希腊文化的使徒，如同神一样的英雄。但这只是事物的一面。同样的行为，到了后殖民时代，变成了专制君主贪得无厌、冷酷无情、鲁莽狂躁的证据。然而，这并非历史学家们善变，而是不同的时代，使人们关注到亚历山大不同的侧面，"这样千变万化的形象正是不同时代背景下不同的人各自的理想、未来期待，或者说是他们的人生观、世界观的投影，概而言之，只是人们的镜像自我而已。"（第2页）亚历山大研究的学术史形象地说明，历史不仅是科学，也是艺术，历史上的人物，犹如魔方那样的多面体，本来就具有相当复杂的多样性格。

不过，作者的兴趣显然并不限于写一部亚历山大个人的传记，森谷公俊关心的，更多的是亚历山大大帝时代的历史。因此全书的内容虽与大帝个人有关，但大多是从他的活动观察当时的世界。这里有马其顿国家的组织，有波斯帝国和西亚文明的遗产，还有亚历山大之后希腊文明与东方文明的相互作用。对于东西文明的融合与影响，作者的看法明显带有晚近学术的影子，比较重视帝国广大的疆域及其多样性所扮演的重要角色。一方面，他的侵略和征服活动给东方带来了深刻影响，"亚历山大开创的世界为后世提供了各种文化和思想交流的场所。如果没有他的远征，希腊文化向东方的传播可能会局限在很小的范围内。"（第8页）从这个意义上说，他开创了希腊化时代。不过，强悍如亚历山大，也无法摆脱历史施加于他的限制，尤其是拥有数千年历史的埃及和西亚文明对这位新来者所产生的影响，"在埃及和巴比伦尼亚，他被视为当地的王而受到欢迎，并遵循各地的传统举行了宗教仪式。亚历山大自称'亚洲之王'，他渐渐将帝国的根基向东方迁移，以东方多民族为基础构建新的统治体制。"（第6页）这个新的统治体制固然带有某些希腊马其顿人成分，但更是西亚和埃及文明的遗产。

然而，正如克罗齐所说，一切真历史不免都是当代史，森谷公俊的这部著作，大体反映了当代人或曰后殖民时代的趣味，带有新时代鲜明的特色和日本历史学者的某些优点。作者重视基本史料，绪论对有关亚历山大主要古代文献的讨论，证明现代学者笔下亚历山大不同的形象，大多源自古代不同作家的记载。通观全书，作者都是"通过现存史料来研究军队的构成及权力结构、亚历山大的人事等各类政策、与各民族之间的关系、在各地区面临的课题等，不断构建相对可靠的侧面，以此来呈现亚历山大帝国的实际状况。"（第30页）略有遗憾的是，作者对铭文、钱币等史料的运用，相对较少。

其次，观点比较新颖，持论公允客观。西方学者的主要进展，包括对亚历山大最近的研究，如埃利斯和博斯沃斯等的观点，都在本书中有所体现。一方面，这位传奇帝王被视为具有相当才能的君主，完成了前无古人的业绩，但也逃脱不了美国学者贝狄安所说的权力的孤独；不管是在远征东方期间，还是在希腊本土，他在表现雄才大略一面的同时，也充分暴露了大权在握的君主残暴、猜疑、任性胡为等固有的弱点。作者还注意到西亚和埃及文明固有的传统在亚历山大组建帝国以及继业者时代的重要影响，专列一章讨论东方世界背景中的亚历山大，参考文献中也专列古代西亚史一目。

复次，涵盖内容广泛，举凡有关亚历山大的各个方面，如远征的历史、希腊和马其顿传统、帝国的组建、帝国的遗产等，都一一论列。希腊化文化如何走向罗马文化，在东方如何和怎样发挥作用，也没有被遗忘。用作者自己的话说，"本书更侧重于以时间、空间为视点，重点探究其帝国的实际状况。"（第30页）

最后，附录和参考文献值得注意。参考文献详尽列举了日本和西方学者的相关成果，每条书目还有一到两句评论提点该书的主要内容和特点，给读者进一步认识亚历山大及其时代提供了有用的指南。其亚历山大时代的人物小传，虽然并非完全是作者个人的创造（贝尔夫、赫克尔和博斯沃斯等已经做过类似工作），但对全面认识亚历山大时代的历史仍具有积极意义，因为它明确告诉我们，亚历山大取得的所有"成就"，如新近的研究所揭示的，与他的父亲留给他的大量人才有着密切的联系。如果没有安提帕特在马其顿悉心经营和补充兵员，如果没有帕曼纽、菲罗塔斯、克拉特鲁斯等天才将领，亚历山大的远征根本就不可能取得成功，至少不能如阿里安所写的那样，势如破竹。这份小传的存在，使得有关亚历山大时代的画面，具有了更厚重的立体感。

基于上述，笔者相信这部篇幅不大的著作的出版，不仅有助于我们更全面地认识这位对世界历史产生过巨大影响的帝王，对我们了解近邻东瀛的古典学术，也将具有积极意义。

晏绍祥

首都师范大学历史学院教授

目 录

序 章

亚历山大：一个未知的小宇宙

亚历山大，这个名字仿佛蕴含着摄人心魄的巨大魔力，闪烁着万丈光芒。尽管他已逝世两千三百多年，但从他活跃的时代到现在，人们从未停止过对他的追忆，并对他的英姿展开各种遐想。从严谨的历史书到轻松的娱乐作品，从理性的传记到充满幻想的传奇故事，诞生了各种形象的亚历山大，以至于今天关于亚历山大的形象仍难以有一个明确的定论。

确实，亚历山大的一生仿佛是一部宏伟的历史小说，耳熟能详的故事数不胜数。东征第一场重要战役——格拉尼库斯河战役中一对一决斗的英姿；一剑斩断无人能解的戈尔迪乌姆之结的传说；从利比亚沙漠的阿蒙神庙里得到的神秘神谕；在伊苏斯及高加美拉与波斯军队的大战；对俘虏的贵族女性礼遇有加的骑士风度；壮丽的波斯波利斯王宫的纵火事件；进攻印度及沿印度河直下的壮举；莫克兰沙漠的死亡穿越之旅；波斯旧都苏萨举行的集体婚礼；突如其来的热病和与世长辞。不论哪个故事都极具魅力，足以充当电影、小说的经典剧情。

不论时代如何变迁，人们对亚历山大形象的遐想，仿佛一眼永不枯竭的泉，源源不断，不曾停止。人们依据他伟大的一生，描绘出自己心目中的亚历山大形象。一方面，他是天才的统帅、伟大的哲学家、希腊文化的使徒，如同神一样的英雄，无论谁都会对他敬佩不已；另一方面，他也被认为是贪得无厌的征服者、冷酷无情的专制君主、鲁莽狂躁的暴君，受尽指责和诋毁。其实，这样千变万化的形象正是不同时代背景下不同的人各自的理想、未来期待，或者说是他们的人生观、世界观的投影，概而言之，只是人们的镜像自我而已。

那么，究竟为什么亚历山大能成为人们的镜像自我，像万花筒一样持续绽放着魅力和光芒呢？

"天地之间有许多事情，是你的睿智所无法想象的。"

借用哈姆雷特的这句台词来解释，亚历山大具有的某些特性是人类智慧所望尘莫及的。在短短的三十二年又十一个月里，在他风驰电掣的一生中，他的精力和才智超乎想象，仿佛将人类所拥有的潜能发挥到极限。在同时代的人看来，他超越了人类的境界，甚至可以说与众神一样，是不属于这片土地的存在。亚历山大这个人物本身就是一个未知的小宇宙，而我们也正以既惊叹

又憧憬、既畏惧又羡慕的目光注视着
这个小宇宙。

亚历山大头像

解放者？侵略者？ 2005 年 2 月，
奥利弗·斯通
导演的电影《亚历山大大帝》在日本
上映。这部时长近三小时的大作的后
半部分有一幕是亚历山大背依印度
河、激励全军继续前进的场面。

"感到恐惧是理所当然的，因为这是前人未曾踏上过的土地。
再过数周我们就能扬帆起航，踏上回故乡的通道，带上亚细亚
的财宝和冒险的故事，与相爱的人重逢。我们辉煌的成就也将永
远流传后世。"

然而，亚历山大得到的却是一片冷冰冰的沉默。踏上远征之
途已八年，士兵们早已疲惫不堪。

亚历山大的亲信——克拉特鲁斯作为全军士兵的代表，站了
出来，平静地对亚历山大说道："八年前我们有四万伙伴，跟随
陛下远征已超过一万六千公里。不论是狂风暴雨还是烈日暴晒，
我们都与敌军展开厮杀，消灭了数不清的敌人。今天活下来的伙
伴所剩无几。然而现在还要我们继续朝东前进，强渡无数的河
流，与蛮族还有大象这种怪物作战。我们的愿望不过是想和家
人团聚，想在最后的时光里瞧一瞧妻子儿孙的脸，仅此而已。"

士兵们脸上浮现认同的表情。

但是亚历山大并不让步，反而怒斥士兵们堕落，丧失了诚实正直的品质。他坚决地说道："我将继续东征，和亚洲的士兵一同奋战。"

士兵们对亚历山大的不满情绪越发高涨，几乎演变成暴动。对此，亚历山大迅速处死了主谋，抑制住了军队里不满的情绪，带领军队继续朝东前进。

远征到底是为了什么？仿佛即使其他马其顿人不跟随而来，他只身一人也要继续前进。他的目的到底是什么？到底是什么驱使他东征？

电影前半部分的高潮是亚历山大在高加美拉和波斯军决战之前激励士兵的场面。

"大流士率领的大军正在对面等着我们。我们不是奴隶，我们是以马其顿自由战士的身份站在这里。如果有人问我们为什么能英勇奋战、无所畏惧，就这么回答吧：那是因为高加美拉战役是为了自由和希腊的荣耀！伟大的宙斯，保佑我们吧。"

虽然导演斯通表示自己"并没有任何政治意图，电影自始至终只是想表达古代浪漫主义"，但我们很容易将这部电影和现实联想到一块。事实上，投稿到电影宣传册的评论家、记者也不约而同地联想到了布什总统和伊拉克战争。亚历山大和布什总统，一个高举"自由"和"荣光"的旗帜，蔑称波斯人为奴隶，为打倒专制帝国而奋进；一个高喊将伊拉克从萨达姆独裁统治中解放，下令攻打伊拉克，在中东标榜"自由和民主主义"。亚历山大呼唤希腊至高无上的神——宙斯给予庇护，而布什也同样多次说过"愿上帝保佑"。

姑且不论亚历山大是否和布什总统相似，从被征服者的角度来看，他毫无疑问是一名侵略者。从西亚经由辽阔的中亚征战到印度河流域，这一路上到底有多少士兵和平民失去了生命？仅一次战役便有数以万计的牺牲者。平定中亚的战争中还不时出现民族惨遭灭绝的悲剧。而在战斗之外，众多的希腊人、马其顿人在灼热的沙漠和大雪覆盖的山脉中失去了宝贵的生命。亚历山大高呼的自由和荣耀，真的值得付出如此大的代价吗？话说回来，他的自由和荣耀到底又是什么？

和平共存与融合　　也有看法与上述观点截然相反，认为亚历山大是促进多民族、多文化共存和融合的伟大先驱者。日本 NHK 电视台在 2003 年 4 月 20 日播放的特别节目《文明之路》（共八集）便是其中的一个例子。第一集的标题是"亚历山大的时代"，其主题是亚历山大东征和东方世界的关系。

自 2001 年，美国发生了"9·11"连环恐怖袭击以来，"文明的冲突"这一词语再次受到了广泛的关注。而《文明之路》正是在这样的背景下播放的。其内容是描述人类相互间尽管冲突不断，但逐步克服文化差异，走向共存和融合的历史。事实上，不论是波斯帝国、蒙古帝国，还是奥斯曼土耳其帝国，都长期对多民族、多语言、多宗教的人民进行统治。长期统治的秘密在于宽容，而这种宽容政策的先驱者正是亚历山大。

因此，《文明之路》的焦点放在了亚历山大大帝是如何对亚洲各民族采取融合政策上。最有代表性的是他在进入巴比伦城时对当地居民所讲的那番话。巴比伦出土的泥板档案记载着他当时所说的话：“我不会入侵大家的家园。”节目认为，这证明了他并非一味依赖武力，还懂得尊重人们的宗教和习惯。亚历山大采用的是构建世界帝国的新方针。

亚历山大设想让多民族多文化和平共存是具有一定真实性的。因为他的征服地极为广阔和复杂多样：从地中海沿岸延伸至尼罗河、印度河流域肥沃的土地；从伊朗，阿富汗的险峻山脉一直到中亚的沙漠和绿洲。各地方的各民族拥有各自固有的传统、文化和宗教，从事农业或畜牧业，建筑大规模的城市，经营国际贸易，长期共存。其中像埃及、美索不达米亚等地拥有近三千年的古老文明，相比之下，仅有数世纪文明的希腊人不过是从西方来的新人罢了。亚历山大超越了狭小的希腊世界范畴，让自己顺应如此复杂多样的东方世界。在埃及和巴比伦尼亚，他被视为当地的王而受到欢迎，并遵循各地的传统举行了宗教仪式。亚历山大自称“亚洲之王”，他渐渐将帝国的根基向东方迁移，以东方多民族为基础构建新的统治体制。从这样的发展历程来看，他的路线确实可以称为共存融合的政策。

即便如此，在 21 世纪初，亚历山大的形象依旧一分为二，未有定论。一方面是侵略和征服，另一方面是宽容和共存，二者相互对照。他逝去后两千三百年，对他形象的探索依旧进行，如河流般永不停息，而我们也将在其中继续划桨前行。

伟大的形象　　另外，现在我们回顾亚历山大时，争论的焦点往往集中在他为后世留下了什么这一问题上。2003 年 12 月的"丝绸之路——奈良国际研讨会"就是以探讨上述问题为中心召开的。该研讨会设定在丝绸之路延伸至东方的终点——奈良，每两年举办一次。会议将亚历山大大帝的远征界定为丝绸之路发展的起点，从各个方面解读了这位东西文化交流的先驱者。此次研讨会聚集了历史、文学、考古学、美术史、思想史等各领域的专家，针对从罗马到近东中东地区乃至整个亚洲的相关问题，进行了跨专业的积极讨论。笔者虽不才，但也有幸参与其中。

可以断言的是，亚历山大对政治、社会乃至思想文化的各个方面都产生了深刻的影响。虽然他遗留的实物寥寥无几：坟墓至今仍未发现；曾经建造的亚历山大城，如今除了埃及的那座例外地保留下来，其他的基本消失了；就连绘有他形象的雕塑和镶嵌画也是后人的创作，原作并没有保留下来。然而，从"亚历山大"这一名号和流传至今的形象中，我们依然能体会到他的伟大。比如，象征疾步如飞的"韦陀天"一词，就是"亚历山大"的阿拉伯语读音的汉语拼写的变形，它也反映出亚历山大在短暂一生中东征西战、行军如风的英姿。

同时，亚历山大开创的世界为后世提供了各种文化和思想交流的场所。如果没有他的远征，希腊文化向东方的传播可能会局限在很小的范围内。希腊化这一概念是否恰当，笔者将在下文详述。但不管怎样，他所征服的世界，在他死后，让新的可能性变成了现实，这是毋庸置疑的。

以上不管哪一点，都是在描述亚历山大大帝对后世的巨大影响。他给这个世界留下了无限的可能性，比起生前，在他死后人们更能深切感受到他的伟大。就这一方面来说，他可以说是历史上屈指可数的存在。

变幻莫测的帝国　实际上，不断扩大的疆土和亚历山大帝国的实际统治并不能一概而论。表面上，亚历山大帝国只不过是一个由专制君主随心所欲地支配的大国。然而深入了解后我们就会发现，帝国的中心随着远征军不断移动，从不停留。亚历山大大帝常年辗转于各地，除了大规模的包围战，只有在冬营时才会在一个地方停留几个月。亚历山大行踪不定，所到之处常常就成为帝国的首都，整个国家看起来就像是无法抓住的流体。另外，国家的统治体制也没有一贯的原则。征服的城市和地区各有不同的环境和传统，因地制宜，统治的方法也不尽相同。这正是一种宽容政策，意味着一旦对方臣服，就不去干预具体的统治，甚至可以说是放任。因此他的帝国并不像是一座统一稳固的大厦，倒像是由各种碎片拼接起来的脆弱的艺术品，一旦失去亚历山大这个唯一的支点，便会瞬间瓦解。

与此同时，亚历山大大帝的身份也在不断变化。起初他作为马其顿的国王、色萨利联邦的长官和科林斯同盟的盟主，是个大权在握的统帅；后来他又成为埃及法老和巴比伦尼亚的国王，并以波斯阿契美尼德王朝的继承者身份出现在世人面前。在血统方面，他是腓力二世和奥林匹亚斯的儿子，英雄阿喀琉斯和赫拉克勒斯的后裔，后来又自诩是希腊最高神宙斯和埃及最高神阿蒙神之子。除了这些震慑人心的名号，他还被征服地的各民族按照当地的传统文化接纳为新的统治者。由此亚历山大大帝像变色龙一样不断转变身份。恐怕当时就连他的亲信们都不能预测下一次他会变成什么身份。

总而言之，亚历山大帝国就像是从围绕着中心旋转的巨大的星云中逐渐诞生的新星，宛如成长过程中的天体。而亚历山大却在这个天体尚未成型前就抱憾而终了。

希腊化的幻象　　说起亚历山大的遗产，就不能不提及"希腊化"一词。亚历山大为了传播希腊文化出发远征，希腊文化也的确因此传播到东方，并与东方文化相融合，产生了新的希腊式文化，这种新形式的文化正是他的遗产。希腊化的说法被编入高中世界史教科书和历史概论书，得到广泛普及，现在也作为历史常识为人们所通用。但是，这个概念在历史认识层面上包含了重大的问题。

希腊化的概念最早是由19世纪普鲁士历史学家德罗伊森提出的。在此之前，只有所谓的古典时期的希腊，即公元前5世纪至公元前4世纪的鼎盛期，受到学界的瞩目。被马其顿征服以后的希腊则被视为进入衰退期，没有得到充分的研究。对此，德罗伊森认为，亚历山大大帝开创了一个新的时代，在他之后的希腊史也有独特的价值，并把该时代命名为希腊化时代。这里的希腊化——"Hellenism"一词源于希腊语"Hellenismos"，意为说希腊语，或是过希腊式的生活。德罗伊森以后，希腊化的概念被古代史学界接受，被认定为希腊史上继古典时期之后的又一个时代，并与希腊文化向东方传播的历史现象相联。

现在所谓的希腊化，一般有以下三种意思。

第一，希腊化文化。如上文所述，指希腊文化向东方传播后与东方文化相融合，从而产生的新的希腊式文化。

第二，希腊化时代。指从亚历山大大帝执政开始，到地中海东部被罗马征服之前，历时三百年左右的时代。该时代始于亚历山大大帝执政，终于托勒密王朝埃及女王克娄巴特拉七世自杀，罗马统一地中海的公元前30年。

第三，希腊精神。和希伯来精神（即犹太教和基督教）并肩成为欧洲文明的两大源头。在这个解释中，希腊化意为希腊、罗马的古典文化。

在上文解释的第一条中，价值判断的前提是希腊文化相对于东方文化的优越感。其中象征性的表达是"融合"一词。欧美的历史学家把希腊文化与其他文化的混合称为"融合"，但称呼波斯文化与其他文化的混合时却使用具有歧视意义的"折中"一词。事实上，波斯文化吸收了之前的亚述、巴比伦尼亚、埃及、米底等各种文化，既取其精华，又富有特色。这一点在波斯波利斯的浮雕上有具体体现。此外，希腊化时期有很多希腊人移居东方，商业繁盛，各地城市不断发展，被称作柯因内语（koine）的通用希腊语也得到广泛使用。但就连高中的世界历史教科书也会提及，在波斯阿契美尼德王朝时各民族的和平共存和交流就已经实现，当时的国际商业通用语是阿拉姆语。尽管如此，贸易发展和文化交流依然被认为是希腊人的专利，其背后显然存在一种视希腊文化为最优而视东方文化为劣等的歧视性价值观。日本公认的希腊化的概念中也包含了希腊中心主义，以及在此基础上发展而来的欧洲中心论。

又如在日本，犍陀罗美术作为希腊化文化的代表常常被提及。20世纪前期的法国美术史学家富歇（Alfred Foucher）认为犍陀罗的佛像充满希腊风情，希腊化文化的精华可见一斑。然而这种观点已经过时。事实上，在希腊人统治犍陀罗地区的公元前1世纪至公元1世纪前半期之间还没有出现佛像。佛像制作兴起于1世纪后期的贵霜王朝，和亚历山大的时代相隔了近四百年。现在的研究认为，犍陀罗的佛教美术受到了希腊、伊朗和罗马三种文化的影响。认为亚历山大和佛像有直接联系不免牵强附会，只能说我们常识中的希腊化不过是幻象。

综上所述，要想揭开亚历山大帝国的神秘面纱，就必须从根本上重新探讨东方史和希腊化史。在本系列丛书中，本卷以特定的人物为中心，与其他各卷相比，内容略为特殊。但相信读者在了解上述原因后可以理解笔者的用意。总而言之，亚历山大大帝本身就是一个小宇宙，其存在足以与一个拥有复杂构造和发展过程的帝国相匹敌。我们自身该如何展望、构想 21 世纪的世界？亚历山大似乎解答了我们这个问题，让我们的脑海中浮现出符合新世纪要求的人物形象。本书尝试要做的正是展示这一问答的过程。

第一章

亚历山大形象的变迁

亚历山大形象的原点

对亚历山大的赞辞 凭借自身的睿智与英勇，这位国王在短时间内建立了空前绝后的伟业。尽管自古以来，众多的国王在人们的记忆中流传了下来。但亚历山大的功绩之大，足以让他凌驾于所有的国王之上。因为他用十二年便征服了欧洲不少地方，以及大半个亚洲，收获了与古代英雄及半神相媲美的显赫名声。（狄奥多罗斯《历史丛书》，第十七卷第一章）

回想当时，任何民族、任何人都对亚历山大这一名字耳熟能详；他的名字传遍了所有的城市。实际上他这样无与伦比的人，让我无法认为是这个世界的人，只能是神。
（阿里安《亚历山大远征记》，第七卷第三十章）

上述引用不过是对亚历山大的赞辞中的片鳞半爪。他的伟大，纵使费尽千言万语也不足以称赞。那么，诸如此类赞辞所代表的亚历山大形象，又是经过怎样的途径传播到今天的呢？

撰写于古代的亚历山大传记是了解他的基本史料。现存完好的亚历山大传记有五部，其中有三部以希腊语撰写，两部以拉丁语撰写。实际上，上述所有传记均写于罗马时代。罗马许多政治家、将军和皇帝都仰慕亚历山大的东征，恳切地希望能够复制这份伟大功业。因此，为探索亚历山大形象的源流，首先应该将目光投向罗马时代。

仰慕亚历山大的罗马人　将军庞培活跃于公元前1世纪，据说他的容姿与亚历山大有几分神似。庞培从年少起便刚柔兼备，朝气蓬勃又带有王者风范，因此人们称他为亚历山大。他本人对此称呼并不抗拒，以至于长大成人后也常常有人称他为亚历山大。庞培在征服小亚细亚和叙利亚等地、巩固罗马在东方的统治体制后，于公元前62年回国举行了凯旋仪式。据说，在盛大的队列中，他乘坐镶满宝石的战车，身披亚历山大曾用过的斗篷。这件斗篷是他从小亚细亚的本都王国国王米特里达梯处缴获的战利品中发现的。对庞培而言，该斗篷象征了现

亚历山大与波罗斯王的战役 亚历山大称赞波罗斯王的英勇，诚恳地对待他。夏尔·勒·布伦的画作，卢浮宫美术馆藏

在的罗马成为了欧洲及亚洲的统治者。

历史上，庞培后来败给了恺撒。而恺撒在公元前61年赴任西班牙行省之际，读过亚历山大的传记后陷入长时间的沉思，并潸然泪下。友人问他哭的理由，他答道："与我同龄时，亚历山大已经成为了如此多民族的国王，而我却依然无所建树，能不伤感吗？"

此时恺撒已三十九岁。渡过卢比孔河、成为罗马独裁官则是十二年以后的事情。

公元前44年，恺撒遭暗杀后，安东尼和屋大维将地中海世界一分为二。安东尼与埃及艳后克娄巴特拉结婚，两人生下孩子，起名为亚历山大，并加上"赫利俄斯"（太阳）一名。公元前30年，屋大维击败安东尼和克娄巴特拉两人，征服了埃及。他让人将亚历山大的遗体从首都亚历山大城的陵墓中运了出来。他望着亚历山大的遗体入神，将黄金的皇冠放在遗体之上，撒满鲜花表示敬意。有人问他是否还想看托勒密王朝历代国王的遗体，他这样回答："我想看的是亚历山大大帝，而不是死者。"

对他而言，亚历山大仍如同活着一样。

后来，屋大维获得奥古斯都的尊称，成为首任罗马皇帝。有段时间，在给各类文件和信函盖章时，他用的是刻有亚历山大肖像的印章。

此外，他那弯举右手、巍巍然站立的雕像也被认为是模仿了亚历山大的雕像。

古罗马第三任皇帝——卡里古拉，曾试图远征不列颠和日耳曼尼亚。他在出发前就穿上凯旋将军所穿的服装踱步，时而还佩戴上从亚历山大的石棺中找到的胸甲。只是他的远征尚未实现便已结束。

五贤帝之一的图拉真远征至美索不达米亚地区，于公元116年顺底格里斯河而下，抵达波斯湾海岸。在那里，他望着驶向印度的船只，联想起亚历山大，感触万千："亚历山大是幸运的，若我也年轻的话，想必也一定会远征印度。"

成为守护神的亚历山大

在帝政时期的罗马，亚历山大渗透到日常生活的方方面面。在贵族马修斯的家中，男性使用的戒指、银器，女性使用的手镯、戒指，以及其他所有的装饰品上，都刻有亚历山大的浮雕。此外，衣服、房间的装饰、女性外套等都织有亚历山大的图案，颜色五彩斑斓。该家族的成员科尔内利乌斯·马塞尔在赫拉克勒斯神殿举行聚餐时，首先高举碗干杯，然后把碗在所有亚历山大的狂热崇拜者之间传一遍。碗面四周以精细的画像表现了亚历山大伟大的一生。当时的罗马人有一种信仰：只要身上带有亚历山大的像，不管是金制的还是银制的，做什么都能得到他的庇佑。总而言之，亚历山大的像成为了守护神。

像这样，罗马的皇帝、政治家、贵族纷纷赞美、模仿亚历山大，并持有一个相同的态度：信奉亚历山大，从而获得好运。这并不只是单纯的仰慕，也不是没有依据的白日梦，而是具有现实性的。在当时，罗马完全征服了地中海世界，并逐渐扩大东方的疆域。在东方与罗马对峙的先是帕提亚王国，随后是萨珊王朝的波斯帝国，尤其后者是自称被亚历山大消灭的阿契美尼德王朝后继者的大国。此外，在小亚细亚的边境行省，平定周边各民族的战争接连不断。在东部国境与其他民族展开的战争，不断让罗马执政者想起亚历山大的东征。这也给他们提供了心理依据，视自己为那位伟大的征服者。

专制君主的亚历山大　　另一方面，知识分子之间存在一种强烈的认识：亚历山大是冷酷无情的暴君，是与东方专制君主同类的野蛮统治者。罗马皇帝尼禄的老师、斯多葛派哲学家塞涅卡在《论愤怒》中选取了亚历山大被愤怒支配、刺杀心腹克莱特这一片段，谴责这种与东方野蛮君主们相同的残暴行为。斯多葛哲学的影响直达罗马的上层阶级，它重视内心的沉着，指出人不应被心情左右，强调严格的克己之心与义务，认为理性的生存方式才是最崇高的。以该观点来看，亚历山大沉溺美酒、杀害亲信、沾染上东方"落后"的习惯，作为人，这是名副其实的堕落，更有违君主之道，是不可取的反面教材。

公元4世纪的神父奥古斯丁在其代表作《上帝之城》中，为了诠释失去正义的王国不过是一个大规模的海盗团伙，介绍了这样一段逸闻：一名海盗在被抓捕后，亚历山大责问他："你为什么在海上抢劫？"他毫不畏惧地回答道："跟陛下抢劫全世界是一样的。只不过我用小船来做这件事，所以被称作海盗。而陛下用一支大舰队来做这件事，因此被称为皇帝。"奥古斯丁认为这个回答正中要害，确切地说出了真相。（第四卷四章，部分字句有所调整）这让笔者想起了一句相似的电影台词。卓别林在《凡尔杜先生》中曾这样说过："杀了一个人是杀人犯，但杀了一万人就是英雄。"实际上，被亚历山大杀害的心腹克莱特正是因为说出了类似"一将功成万骨枯"的话而激怒了亚历山大。亚历山大也正是因为进行了数以万计的杀戮才成了英雄。

顺带说一句，这种暴君形象在中世纪得到了继承。在但丁的《神曲》中，亚历山大堕入第七圈地狱。在那里，"杀人掠财的暴君们"在滚烫的红色血河中，不断地发出刺耳的惨叫声（地狱篇第12首）。

现存的亚历山大传　现存的五部亚历山大传都是在上述罗马时代政治性、理性的氛围中撰写出来的。这五部作品基于当时罗马人对亚历山大形象的理解而写成，一方面作品受这些理解的影响，另一方面作品也对罗马人观念中亚历山大形象的形成产生了影响。这五部内容丰富多彩的作品，不仅对流传下来的亚历山大形象提出自己独特的主张，还对与自己观点不符的形象提出批判。从这个意义上来说，现存的传记都是"争议之书"。

这些传记中有的强调亚历山大的伟大、突出其英雄性格，具代表性的如公元前1世纪希腊历史学家狄奥多罗斯所撰写的《历史丛书》第十七卷。该书叙述多有夸张的描写，感情色彩浓厚，给人以哗众取宠的印象。

而最具个人传记特色的是普鲁塔克的《亚历山大传》。他在序中写出了他作传的目的：

> 比起数万人伤亡的战斗、规模庞大的阵列和种种城邦包围战，细微的动作、片言只语和玩笑话更能凸显人的性格。画家在画肖像时，只捕捉展现性格的脸和眼睛的神情，而不考虑其他部分。与此相同，大事件、战争等交给他人来写，而我则重在挖掘他的灵魂特征。（第一章）

普鲁塔克的传记不仅突出了亚历山大英勇和果敢的性格，还涉及他与亲信的关系以及日常生活的细节等。他坦率地承认亚历山大的弱点和短处，细致地描写了亚历山大后悔和悲叹的情景，给人展现了一个富有人情味的亚历山大。

与此相对，公元 1 世纪元老院议员库尔提乌斯的《亚历山大传》则突出道德层面的描写。据他所言，波斯灭亡后，亚历山大采纳了东方风格的宫廷礼仪，变得傲慢和懒惰，再加上过度酗酒，人格已经堕落。这样的定性与斯多葛派有异曲同工之处。此外，在《地中海世界史》第十一至第十二卷中，作者查士丁努斯的道德审判也十分突出，书的基本内容是亚历山大沾染上东方的陋习，自甘堕落，最终沦为暴君。

　　在罗马帝政时代，将亚历山大视为野蛮的专制君主、染上东方陋习的暴君的看法广泛传播。实际上，这也折射出了现实中罗马皇帝的形象。在公元 1 世纪，卡里古拉、尼禄、图密善等皇帝沉迷酒色，淫荡不堪，他们采取恐怖政治，杀害近亲，肆意惩处元老院议员，接连做出种种独裁者般的行为。这些残暴无情的皇帝——不——昏君，很容易让人联想到亚历山大。因此，当时的罗马人很容易就接受了亚历山大的暴君形象。

　　而阿里安的《亚历山大远征记》则对上述暴君形象进行了反驳，他将亚历山大描写为伟大的统帅、旷世的国王。这本书的独特之处体现在对史料的选择上。阿里安依据被认为是可信度最高的作品展开论述，特别是采用了曾是军人的托勒密的记述，因此战斗场面的描写异常详细。传记中还融入了作者对亚历山大战术的讲解，这反映出阿里安作为政治家、将军，自身具备的素质和才能。另外，就其他传记中指出亚历山大的缺点、堕落行为等，阿里安以第一人称进行辩解，认为亚历山大也是血肉之躯的人类，当然会有弱点。在近代历史学界，这部传记因准确、理智的记述而获得很高的评价，长时间都被视为亚历山大的"正史"，与其他四部相比具有更高的地位。

亚历山大传的原本　以上为现存的亚历山大传。对此，我们不可以忽略一个简单的事实，即上述传记都是在亚历山大死后数百年才撰写出来的。即便最早的狄奥多罗斯，其生活年代也在亚历山大离世近三百年后，而阿里安更是晚了五百年。这时间间隔正好与现代日本历史学家、作家撰写战国时代大名的传记一样。因此，作家们当然只能以在自己之前的作品为线索进行撰写。那么，罗马时代的作家所依据的材料到底是什么？这个问题可以追溯到与亚历山大一同远征的从军者，代表人物有以下五人。

（1）亚里士多德的亲戚、历史学家卡利斯钦斯。他接受任务，负责撰写这次远征的官方记录，因此他的作品可以说是亚历山大的"正史"，但实际上他将亚历山大描写为英雄转世，作品具有很强的史诗韵味。

（2）工程师、建筑家阿里斯托布鲁斯。据说，他从公元前3世纪初开始执笔亚历山大的传记，当时八十四岁。根据人们的评价，这部作品既没有逢迎亚历山大，也没有歪曲事实，因此可信度很高。罗马时代的阿里安多采用他的资料。

（3）马其顿贵族、亚历山大亲信之一托勒密。他是埃及托勒密王朝的缔造者，其晚年撰写的亚历山大传是一部军事史，详细记录了亚历山大参与的战役。其中详细且准确地记载了各场战役的兵力、经过，以及亚历山大的意图和命令等。

（4）师从犬儒学派哲学家第欧根尼的哲学家昂西克里特斯。他的作品把事实和空想混杂在一起，强烈地奉承亚历山大。但作品中保留了一些有关印度的片段，记载了当地的自然、风俗和婆罗门僧侣等。

（5）亚历山大的朋友、希腊人奈阿尔科斯。在印度河河口，他受命指挥舰队，完成了印度洋沿岸的航海探险，留有详尽的航海记录。

此外，还有一些小人物作家，以下从略。但这里必须再增加一位没有参加远征，却对后世产生巨大影响的作家。

（6）公元前3世纪，活跃在埃及托勒密王朝首都亚历山大城的克莱塔库斯。他在托勒密的庇护下撰写了十二卷的亚历山大传。该作品迎合一般民众对亚历山大的印象，与史实有不小的差距，但由于作品富有故事性，因而从希腊化时代至罗马时代被广为传阅。

如上所述，在亚历山大传的作者中，作品保留至今的有罗马时代的五人；作品已失传，但仍至关重要的有希腊化时代的六人，共计十一人。由于前者根据后者的作品撰写传记，因此这些已失传的作品被称为亚历山大传的原本。研究亚历山大时，有必要时常关注这十一人，不断确认现存作品中的哪些部分借鉴了哪部原本，同时检验其中叙述的意图和可信度。仅以上工程已经十分烦琐了，然而实际上远不仅如此。因为原本的六部作品本身已经塑造了各自的亚历山大形象，在此基础上，罗马时代的作家再加以改造和修正。也就是说，我们要观察亚历山大，只能通过希腊化时代和罗马化时代这一双重滤镜。十一位作家与双重滤镜的搭配组合让亚历山大反射、散射，展现出变化莫测的形象。两千多年来，亚历山大的人物形象之所以犹如万花筒般变化万千，可以说是因为现存史料的保存状况及其性质造成的。

近代历史学界的亚历山大形象

马基雅维利的绝赞　　那么，近代历史学界又是如何研究亚历山大的？历史学作为严谨的实证科学诞生于19世纪。为弄清亚历山大传各自的特征，除去有悖事实的记述，探寻双重滤镜对面"客观的"亚历山大，古代史方向的研究人员做出了不懈的努力。然而，历史学家也是所处时代的一分子，不可能完全脱离他们所生存时代的价值观。本以为取下滤镜，实际上又增添了其他的滤镜，甚至在古代亚历山大形象上，抹上浓厚的近代颜料。这种现象并不罕见。

在介绍近代历史学界的亚历山大形象之前，我们先了解一下近代思想家们的认识。

16 世纪的意大利人马基雅维利在描绘理想君主形象的《君主论》中，多次以亚历山大的事迹作为例子。亚历山大死后，他的帝国为什么没有爆发针对其继业者的叛乱？在古代波斯，王与诸侯的关系就如同主人和用人，并在此基础上展开统治。因此，哪一方一旦获得胜利并切断君主的血统，要维持其后的统治就很容易了。马基雅维利冷静而透彻地观察到，比起胜利者的力量，统治安定的关键更是在于臣民的存在形式。进入启蒙思想时代，对亚历山大绝对的赞扬成为主流。人们对于他的缺点，不仅不进行辩解，反而视这些缺点为衬托优点的材料。

16 世纪法国思想家蒙田在《随想录》中写到最伟大的三名希腊男性时，把亚历山大排在了第二位（其余两位是叙事诗人荷马和公元前 4 世纪底比斯将军伊巴密浓达）。他认为，亚历山大在一般人的半生时间里达成了人类所能达成的全部成就，让人不能不认为他超越了人类的范畴。正义、节制、宽容、信义、对部下的爱、对败者的仁爱等，他的一身集中了那么多崇高的品德。亚历山大虽也有种种异常行为，但普通的正义准则不可能铸造如此伟大的功绩。蒙田认为，不能用人类社会的一般准则去衡量亚历山大（第二卷三十六章）。

18 世纪的孟德斯鸠也持有同样看法。他认为亚历山大努力消除征服者和隶属民之间的差别，礼遇波斯王国的女性，因此在他死后，被他征服的所有人都进行了哀悼，被他击败的王族甚至还落下眼泪。这正是亚历山大的特别之处，是他人无法比拟的地方。那么，如何看待亚历山大的恶行？不论是放火烧毁波斯波利斯王宫，抑或杀害亲信克莱特，他都发自内心地后悔，因此人们才不憎恨他，反而同情他，从他暴躁的性格、缺点中发现了灵魂的美（第十篇第十四章）。在孟德斯鸠看来，亚历山大的各种缺点是使他更伟大的佐料。

高举崇高的理念

近代历史学不进行上述主观的道德评价，而是以严密、实证的态度对待各类事实。但这里想讨论的问题有二，一是观察亚历山大的视角，二是在长期的视野下亚历山大的历史意义。

在 19 世纪中叶的普鲁士王国，亚历山大因建立了统一、多民族的世界帝国而获得极高的评价。获得同样评价的还有征服希腊各国的腓力二世，以及统一了地中海世界的罗马人恺撒。当时的政治背景是：德意志尚未统一，而普鲁士作为领军国家，推动着德意志的统一进程。因此，对于普鲁士的历史学家而言，把分散的众多民族和国家统一为一体，是具有最高价值的。从这个视角出发，亚历山大的远征被赋予了重要的历史意义。

1871 年，德国在普鲁士强大的军事实力下实现了统一。与此相对应，亚历山大的世界帝国形象也具有了浓厚的军事色彩。

另一方面，亚历山大也被认为是促进东西文明融合的旗手。早在 19 世纪初叶，黑格尔在《历史哲学》中论述道："由于亚历山大，高度成熟的文化才得以传播到东方，被占领的亚洲土地也得以希腊化。"（部分字句有所调整）他认为，亚历山大将优秀的希腊文化带到了东方，在落后的东方播撒下了文明的种子，是文明化的使者。而这个为人们所熟知的口号，也与殖民地统治正当化，即由先进的欧洲统治落后的亚洲、非洲的理论相重合。

20世纪30年代，第一次世界大战后，英国学者塔恩提出了一种新的解释。他把亚历山大描述为拥有人类同胞观念的先驱者。亚历山大在生命的最后时光里，曾祈祷马其顿人和波斯人团结合作，各民族齐心协力。对此，塔恩认为，这正是所有人类皆为同胞的宣言，在历史上，亚历山大是最先超越了民族界限的人。上述冠冕堂皇的解释所处的时代背景是第一次世界大战后发生变化的国际形势。在当时，英帝国应在其统治下各民族的要求，给予他们一定的自治空间，成立了英联邦。另外，国际联盟成立，列强间缔结了不战条约和裁军条约，国际合作的势头高涨。与此相对应，亚历山大世界帝国的军国主义色彩有所减弱，换上了理想主义的外衣以便适应国际合作的潮流。并且，塔恩出身名门，19世纪维多利亚时代的价值观根深蒂固。其结果是，在他笔下，亚历山大被塑造成与英国绅士相称的形象，如在性生活方面禁欲。塔恩的亚历山大形象与东西融合论相并立，对第二次世界大战后的研究产生了决定性的影响。

如上所述，亚历山大被塑造成胸怀世界帝国、融合东西、人类同胞等崇高理念，朝着远大理想迈进，然而最终未能实现的年轻天才英雄形象。

不夸张、虚饰的亚历山大 20世纪70年代以后出现了新的研究，对上述亚历山大的形象进行了根本性的批判。这些研究否认亚历山大具有崇高的理念、目的，认为他的行动和政策都是应不同时期的状况而采取个别判断的结果。新研究着眼于小状况而非大状况，不依靠先验的观念而重视一个个事实关系。这类研究被称为极简主义（minimalism）。这与时装界去掉礼服多余的装饰、保持简约风格的简约主义是一样的。这种研究认为，亚历山大不是一直遵循着某一大原则，而是就不同的状况，在不同的时期做出最合适的决断，因此他是一名能冷静辨别目的和手段的有为政治家。亚历山大的英雄光芒也因此被削弱，超凡魅力被剥夺，成为一个不加以夸张和虚饰的大帝。这样的亚历山大，也许可以说适应了大众民主主义时代的要求，因为这个时代警惕强势的领导者登台。

极简主义的研究方法带来了微观视角，这一点确实促使亚历山大的研究产生了飞跃性的进步。20世纪70年代以来学界从根本上对现存史料重新进行探讨，在这种趋势的影响下，极简主义的研究方法具有很强的说服力。但由于极简主义将亚历山大这一人物和功绩分解为一个个的要素和局面，反而隐藏了另一个危险——无法把握一个整体的亚历山大。也许正因为如此，最近出现的数种研究著作都提出了是否应该对亚历山大进行整体把握这一问题。本书开头也曾提过，亚历山大是一个包含巨大矛盾、极为复杂的人物。以近乎显微镜般的视野观察，再加以合理解释，就能把握如此复杂的人物吗？现在，专家中据主流的研究方法依然是将亚历山大非理性的情感和冲动涵括在内，试图把他作为一个人从整体上进行理解。这种方式也符合目前这个时代的状况——不论哪里，领导者的资质都被质疑；不论哪里，都需要优秀的领导者。人们正在寻求一个符合当今21世纪时代背景的亚历山大。

探寻21世纪的亚历山大形象

读到此处，各位读者的心中大概会油然生出一种失落感。因为不论怎样的亚历山大形象，都不过是各个时代不同作家、学者的主观创造，大家一致认同的亚历山大形象根本就不存在，可能将来也不会出现。不是这样吗？一方面来讲，的确如此，因为历史学只能依据现存极少的线索去靠近历史，无论积累多少合理的论证，结论却往往只能停留在假设的阶段。这可以说是历史研究的宿命。

但从另一方面来讲，历史学研究也是社会工作的一种，要从过去与现在的对话中为当代人提供他们所需要的历史形象，这是我们承担的职责。而构建上述历史形象，需要基于实证研究，而不是没有依据的推论。这也是我们的使命。

那么，怎样才能构建与21世纪初叶相符的亚历山大新形象呢？

第一，不陷入片面的英雄史观，而是尽可能地在客观的历史条件中把握亚历山大这一人物。的确,亚历山大是旷世奇才,但任何伟人都不可能超越他所处时代的历史条件。不论东征是多么空前绝后的伟业,亚历山大只不过是最大限度地活用了当时他拥有的条件,与当时面临的课题展开较量,不断攻克,不断前进。笔者认为,通过探究清楚这些条件、课题和具体的解决策略,可以让亚历山大的人物形象建立在更为客观的基础上。

第二,在长期的框架中考察亚历山大的业绩。亚历山大以短短的十年完成了令人难以置信的伟业,如果以短期的视野进行考察,那么只会对他的功业瞠目结舌。评价历史上的人物,关键在于长期观察,即他从前一个时代继承了什么,又给后一个时代留下了什么新的东西。并且,像亚历山大这样的征服者,必须仔细探究他在各个征服地继承了什么,又留给各个征服地什么。总而言之,要在时间和空间的二重框架内评价亚历山大的东征。

当然,亚历山大研究的领域非常广,本书不可能包含所有的主题。再者,本书也不是他的传记。与亚历山大的内心世界相比,本书更侧重于以时间、空间为视点,重点探究其帝国的实际状况。这是因为直接展现他本人主观意图的史料十分稀少,大多数情况只能通过当时的证据来进行推断。与此相比,笔者认为以下研究更有建设性:通过现存史料来研究军队的构成及权力结构、亚历山大的人事等各类政策、与各民族之间的关系、在各地区面临的课题等,不断构建相对可靠的侧面,以此来呈现亚历山大帝国的实际状况。通过这样的研究,如果能从历史中的亚历山大那里找到指向未来的指针，那么本书或许可以说有些许存在的价值了。

亚历山大的征服与神话

第二章

马其顿王国与地中海世界东部

重新审视希腊与波斯的关系

重置历史舞台　　　　　　亚历山大是马其顿的国王。马其顿王国位于希腊本土北部，诞生于巴尔干半岛的一角，在与波斯帝国、希腊世界的密切联系下成长起来。它在吸收希腊文化的同时，国力得到了增强，到了亚历山大的父亲腓力二世的时代，马其顿征服了希腊世界，成长为巴尔干半岛最强的国家。亚历山大继承了这个强大的国家，进攻东方世界，远征的范围包括整个波斯帝国，最远处到达印度的西北部。为了讨论亚历山大，我们有必要将这个广袤的世界收缩到可以一目了然的程度。为此，我们首先必须摆脱已经成为常识的历史形象的束缚，设定新的历史舞台。

日本高中的世界史教科书里，古代希腊史与古代东方史的内容分别放在不同的地方，给人一种感觉——二者分属完全不同的世界。古代希腊史虽讲述了希腊与波斯的关系，但只有希腊在希波战争中获胜，以及亚历山大东征与波斯帝国灭亡两项内容。马其顿王国在希腊衰退期突然崛起，但是大多书籍都没有记载其崛起背景和国家情况。在面向普通读者的《世界历史》系列中，希腊、罗马与东方被分在不同的卷册，东西两个世界的关系含糊不清。并且，希腊化时期的记载也是以亚历山大东征和希腊文化传播到东方为主题，希腊化史和东方史成为了完全不同的两段历史。

从这样的叙述中我们获得的印象就是：希腊与波斯常常处于敌对状态，亚历山大的远征开辟了东方世界的新时代。但是，这样的历史观是基于希腊人的立场，在今天，希腊中心主义广受批判。事实上，希腊文化是在东方世界的深刻影响下诞生的，希腊人与波斯人等东方各民族在经济、文化等多方面都有密切交流。从黑海经爱琴海到地中海东部形成了一个贸易圈，希腊商人往来频繁，众多的手工业者、雇佣兵为了生计也在这个贸易圈里流动。在政治上，希腊和波斯也并不是常年对立。在希波战争期间，许多希腊国家接受了阿契美尼德王朝对它们的统治。希波战争后，雅典、斯巴达等国频繁派遣外交使者到波斯王那里，请求缔结同盟或提供资金。波斯王乘机煽动希腊人，让他们内部对立，甚至还操纵了他们。波斯帝国版图从西亚一直延伸至印度

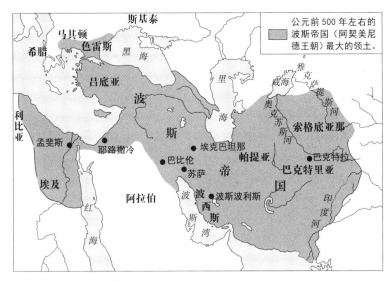

波斯帝国的最大版图（公元前 500 年左右）

西北部，在他们看来，希腊不过是隔海的西部边境而已。

过去对希腊化时代的理解也是片面的。如前一章所述，一般认为，由于东征，许多希腊人迁移到东方，传播了希腊文化，各民族间的交流变得频繁，希腊文化与东方各地的文化相融合而诞生了希腊化文化。然而，这过高评价了希腊文化的贡献。阿契美尼德王朝对征服的各民族实行宽容政策，在其统治下已经实现了多民族间的和平共处。阿拉姆语作为国际语言得到广泛使用。在文化层面上，波斯人积极学习埃及、亚述等地的先进文化。正如波斯波利斯王宫的浮雕所显示的那样，他们用独特的方式融合了不同的文化。另外，他们还建设了"御道"及驿站制度等交通和通信网络，构建了有效的统治体系。亚历山大在东征时也充分利用了上述制度和组织，用今天的词语来描述的话，可以说活用了基础设施。

可见，在亚历山大之前，东西两个世界已建立了密切的关系。只有立足于此，才能考察亚历山大登场的背景及东征的历史意义。让我们"重置"迄今为止的常识，首先从希腊和波斯的关系入手。

希腊世界的兴起与东方世界　公元前 8 世纪以后，在希腊本土与爱琴海一带诞生了许多独特的小国家，被称为"城邦"。城邦是广义上的城市国家，作为共同体成员的市民聚居在被称为卫城的山丘周围，共同承担政治、军事职责，共同治国。城市周边的宽广农地被分配给自由身份的农民。起初贵族独占政权，后来政体逐渐演变，最终占市民大多数的平民也能参与政治。城邦是极小规模的国家，被视为市民的成年男子的数量通常只有数千人，小的城邦甚至只有数百人。鼎盛时期的斯巴达和雅典是例外，前者有近一万市民，后者则拥有四万市民。此外，希腊人在公元前 8 世纪到公元前 6 世纪期间，在黑海和地中海沿岸地方建立了许多殖民城市，频繁开展交易活动，同时扩大了希腊世界。据推算，城邦的总数多达一千五百个。

此时在东方，亚述人于公元前 8 世纪统一了美索不达米亚地区，建立了帝国，将版图扩大到埃及。在小亚细亚，弗里吉亚

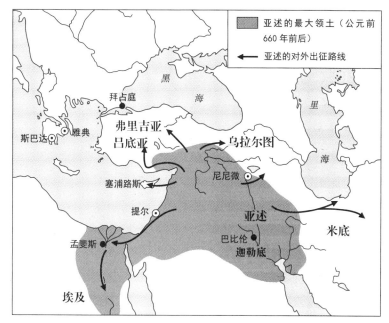

亚述帝国及其周边（公元前 660 前后）

王国兴盛，经由地中海东部、小亚细亚沿岸及内陆的贸易发展起来。东方先进的文化给予希腊人巨大的刺激。希腊人不仅改良腓尼基文字，创造出拉丁文字，还在雕刻、建筑样式，以及冶金技术、金属加工技术等方面积极学习东方世界。因此，公元前 8 世纪至公元前 6 世纪被称为东方化的时代或东方样式化革命的时代。像这样，在东方世界的影响下，独特的希腊文明诞生了。

在希腊世界中，小亚细亚西岸的爱奥尼亚地区受到东方文化的深刻影响，当地城邦最先得到发展，文化繁盛领先于希腊本土。公元前7世纪至公元前6世纪，紧邻这一地区东部的吕底亚王国兴盛起来。该国君主夸耀自身繁华，非常关注希腊文化，向德尔斐等希腊圣地进行大规模捐赠。公元前6世纪，该国克罗伊斯王首先征服小亚细亚沿岸的希腊诸国，强制其朝贡，反而使双方的经济关系更加紧密，亚洲大陆的希腊人得以继续享受繁荣。

这一时期在希腊本土，斯巴达在王权的引导下，确立了全民专注于政治和军事的独特国家制度，并与伯罗奔尼撒半岛的各城邦组成同盟，成为希腊首屈一指的强大势力。雅典则在公元前6世纪初实行梭伦改革，迈出民主政治的第一步，之后在庇西特拉图的僭主政治下发展工商业，中小农民的生活也安定下来。僭主政治倒台后的公元前508年，克利斯梯尼改革国家制度，确立了以重装步兵阶层为中心的民主政治。此外，波奥蒂亚、色萨利、福基斯、洛克里斯等地的许多城邦都通过共同的方言和宗教联结在一起，各自形成了松散的联邦制度。虽然落后于爱奥尼亚地区，但是希腊本土的各国也逐渐实现了政治上的发展。

而使这种状况发生巨大改变的是波斯帝国的建立和西进。

波斯帝国的西进　　　　波斯人从中亚南下，公元前700年左右，在扎格罗斯山脉东南部的帕萨（希腊语称"波西斯"，即"Persis"）地区定居，受到埃兰人和米底人的影响组建了王国。公元前559年，居鲁士二世即位，波斯开始了频繁的征服活动。公元前546年入侵小亚细亚，消灭吕底亚王国，并征服了小亚细亚沿岸地区的希腊人。公元前539年占领巴比伦，统一东方世界。其后，冈比西斯二世征服埃及，自此出现了空前的大帝国。公元前522年冈比西斯逝世，大流士一世篡夺王位，用一年时间镇压了全国各地的叛乱，确立了王权。此时，帝国版图从埃及经中亚直达印度河流域。他将领土分为若干行省并设总督，整治"御道"及通信网；另一方面，对统治下的各民族采取宽容政策，准许自治，等等，确立了作为世界帝国的管辖体制。到底如何统治众多宗教、习惯各不相同的民族，对此，波斯帝国阿契美尼德王朝作出了榜样。这种管辖体制被后来的罗马帝国和奥斯曼帝国视为范本，继承了下来。

大流士进一步横渡博斯普鲁斯海峡，沿黑海北上，远征斯基泰。远征虽以失败告终，但以此为契机，波斯帝国将势力扩张到欧洲一侧。当时的巴尔干半岛，从爱琴海沿岸开始，越过海姆斯山脉、罗多彼山脉直到多瑙河，都是色雷斯人居住的地区。他们分为多个部族，并未建立统一的国家。其西部紧邻的斯特鲁马河一带居住着派奥尼亚人，再往西就是马其顿王国。被大流士留在欧洲的将军美伽巴佐斯，于公元前510年左右征服了色雷斯地区，将派奥尼亚人强制迁往亚洲，并使马其顿王国臣服。直至波斯被希腊打败并撤退为止，大约三十年的时间里，巴尔干北部都属于波斯帝国。在此期间，东西贯穿品都斯山脉的贸易之路，经由爱琴海北岸通往小亚细亚，甚至到达多瑙河流域，贸易活动十分兴盛。色雷斯和马其顿的王公贵族也是从这个时期开始模仿波斯式的生活方式。例如，马其顿国王狩猎用的广阔庭院可能就是受到波斯人的影响。

公元前499年，爱奥尼亚地区的希腊人叛乱，六年后被镇压了下来。之后，大流士迫使爱琴海岛屿和希腊本土的部分人承认其宗主权。波斯人的统治是通过国王及波斯高官与各国统治者之间的个人友好关系实现的。希腊各城邦的统治阶层依赖波斯人作后盾以维持自己的政权，而波斯方面，则通过向行善的希腊人给予土地和村庄作为报偿，来确保他们的忠诚。对小亚细亚沿岸和爱琴海一带的希腊人，波斯人则通过密布的私人友情关系网络维持其统治。

雅典之海　爱奥尼亚的叛乱得到雅典的支援，以此为导火索，公元前492年爆发了希波战争。公元前490年，大流士一世向雅典发兵，在马拉松战役中败北。继任国王薛西斯在前480年亲征希腊，在萨拉米斯海战中败退，剩余的陆军也于次年在普拉提亚战争中败北。最后，希波战争以希腊的胜利告终。

然而，波斯军队虽然战败，但余威尚存。公元前477年，以雅典为中心，爱琴海及周边各城邦结成提洛同盟，以防备波斯军再次来袭。

希波战争中，希腊舰队的反攻作战范围到达小亚细亚西南

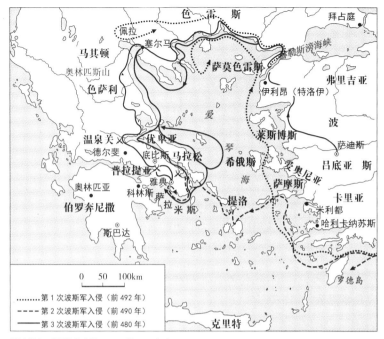

色　雷　斯
拜占庭
佩拉
塞尔马
马其顿
奥林匹斯山
色萨利
萨莫色雷斯
赫勒斯滂海峡
伊利昂（特洛伊）
弗里吉亚
波
莱斯博斯
萨迪斯
爱
温泉关
优卑亚
德尔斐
底比斯
马拉松
普拉提亚
希俄斯
琴
吕底亚
斯
奥林匹亚
科林斯
雅典
萨
拉米斯
义
提洛
萨摩斯
奥尼亚
海
米利都
哈利卡纳苏斯
卡里亚
伯罗奔尼撒
斯巴达
罗德岛

0　　50　　100km

.... 第1次波斯军入侵（前492年）
------ 第2次波斯军入侵（前490年）
——— 第3次波斯军入侵（前480年）

克里特

希波战争时的希腊（前500—前479年）

部，大陆上的希腊各城邦得以摆脱波斯的掌控。如此一来，爱琴海成了希腊之海——准确地说是雅典之海，因为雅典对希波战争的胜利贡献最大，凭借其威信及强大的海军实力称霸爱琴海。从公元前5世纪中期开始，在政治家伯里克利的领导下，雅典确立了直接民主政治，垄断了提洛同盟的资金，用于兴建帕特农神庙等众多公共建筑设施。雅典作为希腊最大的城邦，在政治及文化上都迎来了最鼎盛的时期。

　　另一方面，希波战争之后，希腊的奴隶制发展起来，以亚细亚人为主的大批奴隶被带到市场买卖。在雅典，除相当贫困的市民外，每个人一般都拥有两三个奴隶，中等阶层拥有五六个甚至七八个奴隶用于役使做家务和农活。奴隶制得到普及，并成为日常生活中必不可少的部分。在这样的现实背景下，于是产生了"外国人即奴隶"的观念。原本仅指非希腊人的词语"barbaroi"，也有了"野蛮人、蛮夷"等歧视含义。波斯人被看作"野蛮人"的代表，只有他们的国王是自由身，其余人都被视为奴隶。希波战争的胜利是希腊反抗东方专制国家的胜利，是自由的胜利，这种思想产生于全盛时期的雅典。每年在祭典上演出的悲喜剧也都重复着"外国人野蛮落后"的老调，它成为固定观念，深深浸透到希腊人的脑海中。

然而，上文所述的其实只是希腊、波斯关系的一面。希腊人憧憬丰富多彩的波斯文化，在政治上希腊各国也渐渐受到波斯国王的摆布。

波斯文化的流入　希波战争之后，丰富多彩的波斯文化流入希腊世界。在近代以前，战利品为人们详细了解异国文化提供了绝好的机会。在这个意义上，可以说战争起到了广义的文化交流作用。希波战争之后的希腊人也不例外。他们在普拉提亚战役中从波斯人那里缴获了豪华的家具用品，不仅感到惊艳，还进行了仿造。例如，雅典建造的执政团成员聚会所是圆形的，别名叫作"Skias"（太阳伞），据说就是模仿了波

给国王撑伞的侍从　波斯波利斯玉座阁的浮雕

斯国王的帐篷或是伞的形状。另外，伯里克利在卫城的山麓建造了名为"odeion"的建筑物，四边是 60 米以上的方形柱子队列，共 81 根，以 9×9 的形式排列，支撑着四棱锥形的屋顶。虽然该建筑的目的尚不明确，但其样式不是当时的希腊能够设计的，一般认为是模仿波斯王帐篷而建的。有学者认为，提洛同盟各国的贡品在这里展出，因此"odeion"是为了夸耀雅典的权力。这和波斯波利斯的觐见大殿、玉座阁显示出来的"权力的表象"这一思想有相通之处。如果根据这种解释，则"odeion"表明了一个非常有趣的事实，即雅典的公共建筑采用了波斯宫殿的设计理念。

对波斯风格的喜好还扩展到个人层面。例如，有的陶壶上描画了穿着东方风格长上衣的男女和手持伞或扇子的女性。服装是政治的视觉化表现，上层市民为了表现自己优越的地位，身着东方风格的服装；女性外出时让奴隶撑着太阳伞，以显示自己的社会地位。在波斯，伞是权力的象征，因此浮雕上会刻有侍者在国王背后撑伞的场景。另外，雅典派出的外交使节接受波斯王的豪华赠品，带回各种舶来品，其中最有名的是皮里兰佩带回的孔雀。雅典使节们的见闻和礼物，令越来越多的人对波斯产生兴趣。

波斯波利斯觐见大殿的浮雕 各民族代表团持贡品觐见国王的场景。上方中间拉着骆驼的是埃利亚人，正中间是牵着瘤牛的是巴比伦尼亚人，下方赶着马车的是吕底亚人

诸如此类，雅典人一方面蔑视波斯人，视其为奴隶，另一方面却又强烈憧憬波斯丰富多彩且充满异域风情的文化。特别是上流阶层，他们竞相追求波斯风格，并以之彰显其社会地位和独特之处。

波斯帝国边缘的希腊

雅典海上统治地位的发展威胁着陆地霸主斯巴达。公元前431年，两国为争夺希腊世界的霸权，爆发了伯罗奔尼撒战争。伯里克利死后，雅典政治家们为迎合民众，鲁莽作战，过度耗费了国力。两国竞相向波斯王派遣使节以求得资金援助，斯巴达利用从波斯得到的资金打造舰队，最终击败雅典海军，逼其投降。公元前404年，伯罗奔尼撒战争结束。

掌握海上霸权的斯巴达对希腊诸国实行高压统治，并以解放复归波斯统治的希腊各国为名义，侵犯小亚细亚。波斯王为消除斯巴达的威胁，向雅典和底比斯等强国提供资金支持。这些国家结成了反斯巴达同盟。公元前395年，科林斯战争爆发。如波斯所期待，斯巴达从小亚细亚撤军。战争进入了胶着状态，斯巴达和波斯都担忧雅典恢复海上霸权，便于公元前386年缔结议和条约，结束了战争。此条约一方面保障各城邦自由和自治，同时又承认小亚细亚的希腊人从属于波斯王。因本土和爱琴海一带的全部希腊国家都加入到条约中，所以又称为普遍和平条约（也称波斯国王和约，或取自斯巴达使节名，称安塔西达斯和约）。就这样，以波斯为后盾的斯巴达再次君临希腊，但因出卖了亚洲大陆的希腊人而遭到谴责。

此后，处于斯巴达支配之下的雅典再次奋起反抗，于公元前377年以自由和自治为旗号复兴海上同盟。同时，底比斯谋求霸权，挑战斯巴达，于前371年在留克特拉战役中大获全胜，使斯巴达从最强国的高位上跌落下来。而波斯国王则从这些强国争霸中获渔翁之利。波斯王挑起希腊人的内部战争，并更改普遍和平条约，不允许任何一国手握霸权，以便操控各国。如此一来，希腊人合力进攻波斯的隐患消除了。由此，公元前4世纪希腊被禁锢在普遍和平条约的框架中，受制于波斯国王。

在战火连绵的希腊，由于政治斗争和经济没落，众多市民离开城邦，为了生计成为雇佣兵辗转各地。希腊雇佣兵是优秀的战士，颇受好评，波斯王和小亚细亚的总督们都积极雇佣。而雅典的将军们为了谋求个人利益也前往国外，作为雇佣兵首领大展身手。至于斯巴达，在留克特拉战役大败之后，国王亲自领兵受雇于埃及王，所得收入用于重整国家财政，可谓"全民打工"。埃及于公元前4世纪时叛离波斯，波斯王为恢复宗主权数度对埃及用兵。因埃及、波斯双方都依靠希腊雇佣兵，因此只是希腊人之间的作战而已。

在波斯国王的控制下，希腊各国战火连绵，国力不断被消耗；希腊人为谋生而流浪于国外，受雇于王侯，成为雇佣兵。这就是公元前4世纪的希腊，处境悲惨，只能被称为"波斯帝国的西方边境"。令这样的希腊臣服的，是马其顿王国。

马其顿王国的崛起

马其顿是什么　亚历山大是古代马其顿王国的国王，也是希腊的统治者。他率领的东征军就是马其顿和希腊的联军。观察地图就能发现，古代马其顿的中心地区属于现在的希腊领土。现在希腊的货币已经换成了欧元，但以前希腊的百元德拉克马货币上就刻着亚历山大大帝的侧面像。那么，马其顿和希腊究竟有何关系？这并非一两句话所能说清的。

今天我们所说的马其顿，是指1991年从前南斯拉夫独立出来的马其顿共和国。马其顿是与希腊接壤的内陆小国，面积约两万六千平方公里，有两百万人口。当初申请加入联合国时，遭到了希腊的强烈反对。希腊政府声明，马其顿只是希腊的一个地名，"马其顿人"这一民族是不存在的。这背后显示出了希腊人的民族意识。他们认为，马其顿是亚历山大大帝的故国，这个国家是希腊的一部分，因此亚历山大是希腊最伟大的英雄。实际上，现在的马其顿人是中世纪斯拉夫人的后裔，语言也属斯拉夫系，因此和古代马其顿人是完全不同的民族。尽管如此，马其顿的独立仍然触怒了将亚历山大视为民族骄傲的希腊人。最后双方各自退让，1993 年马其顿以"前南斯拉夫马其顿共和国"的名义加入了联合国。

如何界定某个民族的系统，不仅是学术问题，实际上也是政治问题。在现代马其顿的领土上，除了马其顿人以外，还居住着阿尔巴尼亚人、保加利亚人、希腊人、瓦拉几亚人、犹太人、土耳其人等。马其顿已经成为复杂的代名词，意大利料理中的水果鸡尾酒就叫马其顿，足以证明其复杂性。马其顿人的民族意识诞生于 19 世纪末的奥斯曼帝国时代。第二次世界大战之后，在铁托的努力下，马其顿共和国首次获得独立，成为南斯拉夫社会主义联邦共和国的成员。南斯拉夫政府致力于普及新马其顿语，培养马其顿的民族性。也就是说，马其顿人是在 20 世纪后半叶形成的，是欧洲最新的民族之一。

那么话题重回古代。根据目前的研究，古代马其顿人属于古代希腊人的西北方言群的一族，但是其国家和社会都与城邦世界截然不同。

马其顿王国的成立　　　　古代马其顿的领土是由面向塞尔迈湾的扇形平原和包围平原的圆弧形山岳地带两部

分构成。平原部分与爱琴海相接，山岳地带则与巴尔干半岛北部相连，坐拥大海与陆地。其气候类型也是地中海性和大陆性气候并存。其景观与希腊不同，乘坐汽车旅行的话，立刻就能明白两者的区别。与希腊南部绵延的山地和狭窄的平原相比，马其顿的低地则是连绵不断的平原地带。

马其顿人原本在南北贯穿巴尔干半岛的品都斯山脉迁徙、放牧。他们赶着山羊或绵羊群，夏天去往凉爽的高原，冬天去往温暖的平原，为寻找牧草地而迁徙。公元前7世纪中期，马其顿人在奥林匹斯山北部宽广的皮埃里亚山脉的山脚下定居并建立王国。依据建国传说，马其顿人遵循神谕，在山羊群的引导下建立国家，定都埃盖。"埃盖"一词即来源于希腊语中山羊的复数形式。一直以来，马其顿人在远征之际必定会在军旗前放山羊群。他们向北拓展势力，统治塞尔迈湾腹地广阔富饶的平原。

公元前6世纪末，波斯帝国阿契美尼德王朝向西扩张，将色雷斯地区纳入统治范围，并强行将派奥尼亚人迁往亚洲，而马其顿趁此机会，将领土扩大至斯特鲁马河一带。阿敏塔斯一世将女儿嫁给波斯总督之子以结同盟，并服从于波斯帝国的统治。前492年，大流士一世派遣马尔多尼奥斯麾下的远征部队前往希腊。陆军经过爱琴海北岸西进到达马其顿。然而，海军在阿陀斯半岛海上遭遇暴风雨，损失惨重，只好放弃远征回国。前480年夏季，薛西斯国王亲自率领海陆大军集结马其顿，南下进攻希腊本土。当时的国王亚历山大一世也随之参与攻打希腊。但最终波斯军败退，放弃了爱琴海一带。

之后，马其顿凭借木材的输出，加强了与希腊各城邦的联系。马其顿森林地带广阔，木材资源丰富，国王以此进行垄断输出，补充王国财政。雅典是其最大的输出地。希波战争后，雅典作为提洛同盟的盟主称霸爱琴海，为维持和扩充海军部队，每年需要大量的木材。因此，雅典与马其顿结成同盟，以确保木材供给。对于马其顿来说，与当时希腊世界最强势力雅典保持友好关系，是保障王国安全必不可少的条件。在这个意义上，木材可以说是与现在的石油相匹敌的战略物资。公元前5世纪末，雅典公民大会通过决议，表彰马其顿国王对木材贸易的贡献。

另一方面，伊利里亚人、色雷斯人等好战民族分成许多部族居住在马其顿王国的北面。他们不断向南侵犯并掠夺，有时甚至威胁到王国的生存。如何防御这些民族的侵犯是王国最重要的课题。

马其顿的社会　　马其顿王国由阿吉德王族世代统治，并获得贵族的支持。普通的自由人从事农业或迁徙放牧，与希腊不同的是，这里不存在奴隶或隶属身份。这样的社会让人们联想到荷马英雄叙事诗中所描述的原始族长社会。

国王是军队的最高指挥官，还负责主持宗教仪礼，并发挥着法官的作用。在非常古老的仪式中还存留有军队的净化仪式，具体做法是将一只狗作为牺牲平均分成两半，士兵们从两半之间行进。每年春天的远征季之初，国王会带领全副武装的战士们举行祭典，执行这种净化仪式。贵族们被称作"Ἑταίροι（朋友、伙伴）"，他们侍奉君主，以获得土地和额外收入。

军队主力是骑兵。马其顿的广袤平原适宜饲养马匹，贵族子弟自幼接受骑马训练。当时尚未发明马镫，骑乘时脚无法向下蹬，必须两腿紧紧夹住马的侧腹。要以这个姿势自由操纵马匹，同时持长矛战斗，需要高度熟练的技术。在马其顿，骑兵才是军中的宠儿。而相比之下，希腊军队以重装步兵为中心，骑兵不过是配角。战争是他们最重要的活动。在马其顿，古时甚至有这样一条法律：一个敌人也没有杀死过的士兵不能用腰带，只能用马缰绳绑腰。这是屈辱的标志。只有战场上的英勇才是最高的荣誉。

除战争以外，王公贵族的生活中不可欠缺的还有狩猎。茂密的森林里栖息着狮子、豹、野猪、鹿等许多野兽。狩猎场不只是娱乐场，也是培育勇敢战士的训练场。没有用长矛杀死过野猪的贵族，进食时甚至不被允许躺在睡椅上，只能坐在上面。狩猎的重要性是马其顿与亚述、波斯等东方帝国的共识。为狩猎而专门建造庭院、圈起猛兽的做法，可能是在波斯统治时代习得的。

另外，酒宴也是重要的消愁解闷方式，马其顿人的豪饮臭名昭著，狂欢作乐极尽所能。亚历山大的父亲腓力二世出发远征时必定带上乐师，连日痛饮并陶醉在余兴中。

古代马其顿如同画中所描绘的粗野又蛮勇的战士世界。联想一下美国西部片中粗莽汉子的形象，或许就容易理解了。

希腊人还是野蛮人　　　　　如此这般的马其顿人社会与南方先进的希腊人社会是完全异质的。上文曾提到，大部分学者都认为马其顿人是属于古代希腊人西北方言群的一族。但是对于当时的希腊人来说，马其顿只不过是北方的落后边境地区。在古典时期（公元前 5 世纪—公元前 4 世纪）的希腊，大多数城邦都已废除王政，拥戴国王本身就被视为国家落后的表现。希腊人在葡萄酒中兑水喝，马其顿人则直接喝，这也被视为野蛮的表现。不过笔者认为，希腊的葡萄酒非常酸，而马其顿的葡萄酒口感均衡十分美味，兑水就浪费了。

马其顿王室自然是知道希腊人如何看待自己，因此他们想方设法证明王室祖先继承了希腊英雄的血脉，是纯粹的希腊人。历史学家希罗多德在描写希波战争的《历史》一书中，介绍了两个自证血统的故事。

一是建国传说，曾经的忒墨诺斯后裔中有三兄弟从亚各斯逃亡，建立了马其顿王国。忒墨诺斯属于赫拉克勒斯一族，是亚各斯的统治者。亚各斯是希腊城市，其渊源可以追溯到迈锡尼时代，因此马其顿王室祖先与希腊神话中最大的英雄有关联，是纯粹的希腊人。

另一个是希波战争时期的国王亚历山大一世的逸闻。他年轻时曾参加奥林匹克运动会，在斯塔迪昂赛跑中出场。斯塔迪昂是长度单位，大约一百八十米，相当于现在的两百米赛跑。然而，其他选手提出抗议，认为他是外国人，没有出场资格。因为奥林匹克运动会是只属于希腊人的盛典，参加者需要进行严格的资格审查。当时亚历山大证明了自己属于亚各斯人的血统，资格审查委员也认可并判定他是希腊人。他所拿出的证明，想必就是上文介绍的亚各斯逃亡者的建国传说。最终他得以顺利上场，并取得了与第一名不相上下的成绩。

希罗多德的记述非常含糊。"与第一名不相上下"是同时获得冠军的意思吗？但是，奥林匹克的冠军名单中并没有记录他的名字。如果他确实参加了，那从年龄来看应该是在希波战争之前，即公元前6世纪末。总之，这则逸闻的疑点非常多，很多学者都认为这是亚历山大的捏造。但是，奥林匹克运动会是希腊最著名的盛典，编造与之相关的谎言很难令人轻信。很有可能是希罗多德亲自访问马其顿，从亚历山大口中直接听说的。

且不说事情的真伪，从这两则故事中就可窥见，马其顿王室为了证明他们的希腊血统，可谓煞费苦心。希波战争之后，马其顿王室在希腊世界谋求王国的未来，为了能让希腊人接受，他们必须要这样做。

腓力二世与王国的崛起　　上文叙述的也只是古代马其顿的一个侧面。随着与希腊关系的加深，历代国王都积极地采取了希腊化政策。特别是在公元前5世纪末，阿基劳

斯国王建设了新首都佩拉，汇集了希腊文化的精粹。他聘请众多有名的希腊艺术家，让他们在宫殿的建造及绘画、雕刻和镶嵌画的创作中大显身手。雅典的悲剧作家欧里庇得斯也在马其顿度过晚年直至逝世。此后，马其顿贵族将希腊悲剧作为基本修养，他们可以自如地背诵出欧里庇得斯的名作。

腓力二世的头像　亚历山大之父。维尔吉纳王室坟墓出土的象牙制品。维尔吉纳博物馆藏

　　阿基劳斯死后的公元前4世纪前期是王国动荡不安的时期。王位的争夺战导致王权混乱，北方的伊利里亚人不断侵犯，一度占领首都，后来在希腊人的援助下才收复国土。前359年，面对伊利里亚人的大举进攻，佩尔狄卡斯三世与四千士兵壮烈殉国。紧邻的派奥尼亚人也时刻准备入侵，甚至还有外国势力干涉王位争夺。马其顿王国正如风中残烛一般岌岌可危。

　　此时即位的就是年仅二十三岁的腓力二世。他依靠紧急组建的军队与巧妙的交涉，度过了当时的危机。第二年，在与伊利里亚人在激战中，最终击败了对手，解除了北方的威胁。之后，他最大限度利用丰富的资源，培育强大的军队，扩张版图，仅用二十多年就令马其顿成为巴尔干半岛首屈一指的强国。而强国之本在于对国家和社会的改造。以下一段反映了当时的状况，作为

史料经常被引用。前324年，亚历山大大帝对引发骚乱事件的马其顿士兵进行了如下演说：

> 我父王腓力起初看到你们的时候，你们不过是些走投无路的流浪汉，大多数只穿着一张老羊皮，在小山坡上放几只羊。为了这几只羊，还常常和边界上的伊利里亚人、特利巴利人和色雷斯人打个不休，而且往往吃败仗。

> 后来，是我父王叫你们脱下老羊皮，给你们穿上大衣，把你们从山里带到平原上，把你们训练成能够对付边界敌寇的勇猛战士。因此，你们才不再相信你们那些小山村的天然防卫能力，而相信了你们自己的勇气。不仅如此，他还把你们变成城市的居民，用好的法律和风俗把你们变成文明的人。（阿里安，第七卷）

虽然有赞美和夸张的成分，但是腓力二世的国家建设确实是一项大事业，从居民的生活方式到社会的存在状态，他都从根本上进行了改革。不怕读者误解的话，可以称之为"近代化革命"。

腓力二世在征服的地区建立众多城市，强制命令统治下的各民族迁居当地，开垦农田。通过改革，把马其顿人改造成均一的"国民"。他还将巴尔干半岛第一大金矿所在的潘盖翁山区据为己有，铸造大量金币，促进经济活动，并向各国有权势者散财，以增加支持者。另外，婚姻也是十分重要的外交手段。腓力遵从一夫多妻的惯例，一生共娶了七位妻子，其中六人是周边各国王公贵族之女。国王的婚姻是为了缔结同盟关系，换言之，这无非是王国的安全保障政策。

而最重要的工作是军队的改造和强化。他十几岁时曾作为人质在底比斯生活了三年。公元前4世纪60年代，底比斯在伊巴密浓达和派洛皮德这两位希腊历史上第一流的将军指挥下争夺希腊世界的霸权。年轻的腓力二世仔细观察他们的所作所为，并亲身了解了希腊各城市的政治、军事情况。他依据这些经验，改良重装步兵，编练了持5.5米长矛的马其顿独立密集步兵方阵，并将他们与优秀的骑兵部队进行组合。希腊的重装步兵平时是务农的普通市民，相比之下，腓力二世培养的是远离生产活动的职业战士，并将他们组成精锐部队。只要国王一声令下，无论何时何地，不管耗时多久，马其顿军队都能远征。这也颠覆了此前希腊人的战争常识——靠普通市民在限定时间内出征。就这样，巴尔干最强的无敌常备军出现了。

巧妙的征服战略　　腓力征服巴尔干和希腊时，绝不是单方面轻率地调兵攻入。他冷静地观察周围各民族和国家的状况，胸有成竹之后才出兵。同时，为了达成目的，他不惜花钱收买对手，巧妙地操控外交交涉等。从个人交际到宗教权威，他充分利用各种隐形的要素。他成功的原因在于，能够根据当时的状况和对手的情况，灵活运用各种能力和手段。

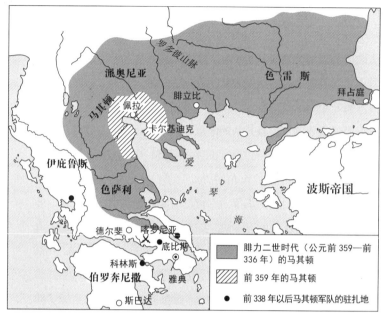

图中文字：
罗多彼山脉
派奥尼亚
色雷斯
马其顿
佩拉
腓立比
卡尔基迪克
拜占庭
伊庇鲁斯
爱
色萨利
波斯帝国
琴
海
德尔斐
喀罗尼亚
底比斯
科林斯
雅典
伯罗奔尼撒
斯巴达

腓力二世时代（公元前359—前336年）的马其顿
前359年的马其顿
前338年以后马其顿军队的驻扎地

马其顿领土的扩大

另一方面，希腊各国无法靠自己的力量解决内部问题，而是仰仗势力强大的腓力，并积极地拉拢他。其结果是腓力得以进入希腊世界的政治、宗教体系，适应其中的规矩，披上具有"合法性"的外衣，君临希腊世界。以下来看几个实例。

前354年，色萨利人受到内部城市斐赖的僭主吕科佛隆的威胁，于是向腓力求援。腓力于当年及翌年两度远征色萨利，挫败僭主，因其功绩而被选为色萨利联邦的最高官职——执政官。色萨利广阔的平原上盛产优质的马匹，贵族阶级作为骑兵从军，

　　　　　　　　　亚历山大的征服与神话

掌握着各城市的实权。腓力成为整个色萨利的统治者后，将丰富的农产品和希腊最强的骑兵部队收入囊中。

在公元前346年，腓力对持续十年的第三次神圣战争的终结起到了决定性作用。希腊各地自古以来就存在近邻同盟，这是一个周边各城市为共同管理圣域而结成的宗教性组织。其中最为重要的是以阿波罗神谕闻名的德尔斐近邻同盟，希腊主要的十二国加入其中，并派遣二十四名代表组成最高决议机关——评议会。公元前356年，因耕作神圣土地而被判处罚金的福基斯人以武力占领了德尔斐，由此引发了第三次神圣战争。福基斯人挪用神殿财产，征集了众多雇佣兵，希腊的主要国家都卷入战争中，十年战火使各国疲乏不堪。公元前346年，福基斯最大的敌人底比斯谋求与腓力结盟，介入其中，而腓力一开始远征，福基斯军队就放弃抵抗投降了。近邻同盟评议会于是决议将福基斯的两个议席交给腓力和他的子孙，并且让他担任德尔斐运动会的共同举办者。

这个运动会被称为皮提亚运动会，是与奥林匹克运动会齐名的古希腊四大盛典之一。像这样，腓力被盛赞为希腊最具权威的圣地德尔斐的守护者，不仅以勇武闻名，还获得了敬奉阿波罗神的美誉。

征服希腊的决定性战役是公元前338年的喀罗尼亚战役，但其契机则是神圣战争。公元前339年，近邻同盟评议会以侵害圣地为罪名，通过了对洛克里斯人发动神圣战争的决议，并将指挥权交给了腓力二世。腓力二世立即南下，打算利用这个机会进攻雅典。他逼迫同盟国底比斯做出选择，要么参与进攻雅典，要么允许马其顿军过境。雅典政治家，同时也是反马其顿派领袖德摩斯梯尼亲赴底比斯，以天生的雄辩之才说服了底比斯人，与雅典结成同盟。由此，翌年便发生了马其顿军与雅典、底比斯联军的决战（参照第三章）。

总之，腓力二世因响应了周边各国的要求而收获了友好和权威，他裹着"合法性"的外衣，巧妙地捕捉机会，实现自己的野心。他的征服是一项计算周密的工作，以尽可能少的付出而达到最大的效果。

爱琴海的彼岸　不知从何时起，腓力二世的目光投向了爱琴海的彼岸。公元前337年，他注意到了小亚细亚西南部的国家卡里亚。卡里亚地区本是波斯帝国的一个行省，公元前4世纪时，总督海卡托诺斯和他的儿子们巩固了该地区的统治，使其成为一个半独立王国。其中，摩索拉斯的功绩尤为重要，他将各个村落聚集之后，兴建了都城哈利卡纳苏斯（现土耳其博德鲁姆），并积极吸收希腊文化，使卡里亚一跃成为强国。他还将手伸向附近爱琴海上的岛屿，离间雅典的同盟各国，这些举动都显示出他想扩张海上势力的意图。另外，他建造了被称为"摩索拉斯陵墓"的巨大坟墓。这座坟墓高达五十米，被列为古代的七大奇迹之一，至今，"摩索拉斯陵墓"

仍然是巨大陵墓的代名词。

摩索拉斯死后，他的妻子，也是他妹妹的阿尔特米西娅继承了他的事业。在阿尔特米西娅死后，她的弟弟披克索达洛司掌管了这个国家。腓力二世曾计划和披克索达洛司结成姻亲，也就是让他的儿子、亚历山大的兄弟亚黑大由斯迎娶披克索达洛司的女儿。然而，这一计划未能实现。如果这桩婚姻达成了，马其顿与卡里亚将成为同盟国，由此结成强大纽带，连接爱琴海东西两岸。在腓力二世远征波斯之际，卡里亚也必然会成为得力的协助者。由此可见，在当时腓力二世的目光已经瞄准了东方大国波斯。

公元前336年，腓力二世被亲信暗杀，他的儿子亚历山大继承了王位。此时的马其顿王国已经将巴尔干半岛和爱琴海的大多数岛屿都纳入版图中。正是有了这个基础，亚历山大的大规模远征才有可能。

维尔吉纳的王室墓地　那么，从腓力二世到亚历山大时代，即公元前4世纪的后半期，马其顿王国的内部到底发生了怎样的变化？幸好，20世纪70至80年代发掘出的王室墓地为我们提供了重要的线索。

发掘出王室墓地的地点是古代的埃盖，也就是现在的维尔吉纳村。即便是在佩拉成为新首都之后，埃盖依然作为马其顿王国宗教和祭祀的中心，占有重要位置。1977年至1978年，塞萨洛尼基大学的考古学家安德罗尼克斯在维尔吉纳发掘了三座

一号王陵壁画 冥界之神哈得斯诱拐珀耳塞福涅的场景。公元前4世纪的杰作。出自 Andronicos, *Verging*

墓葬。其中两座墓尚未被盗，放眼望去满是绚烂夺目的陪葬品。这是20世纪希腊考古史上最后的大发现。而且，安德罗尼克斯提出：埋葬于二号王陵的是腓力二世及其王妃。这一观点引起了极大的反响。虽然仍然没有确凿的证据能够判定墓主的身份，但从陪葬品的豪华程度来看，毋庸置疑，这是公元前4世纪末马其顿王室的墓地。接着，1987年又发掘了前所未见的最大、最古老的马其顿式墓地，从推定的年代来看，应该是腓力二世的母亲欧鲁迪凯的墓。

在这些墓地中发现了精美壁画以及金、银、青铜等各种陪葬品，证明了当时的马其顿王国在艺术、工艺上已经达到了非常高的水平。

一号王陵虽然被盗，但墙壁三面的壁画仍然保存完好。特别是冥界之神哈得斯诱拐珀耳塞福涅、携她乘马车而去的场景，灵动的笔致让人印象深刻。在另外两面墙上，分别画着珀尔塞福涅的母亲得墨忒耳女神和三位命运女神摩伊赖。在古代希腊绘画已经遗失殆尽的今天，这些壁画在古代美术史研究方面的价值无疑是不可估量的。

银器和黄金冠

　　陪葬品最豪华的是二号王陵。墓主的尸骨由绣有金线的紫色布块包裹着，放在纯金制的骨灰盒中。盒盖上压出了十六道星星的光线，这是马其顿王室的象征。除此之外，还有纯金的王冠、花冠，贴有金箔的青铜护腿及其他武器，棺台上的象牙小浮雕，银制餐具，等等，发现了大量堪称工艺精华的陪葬品。在欧鲁迪凯的墓葬里发现的大理石宝座高约两米，贴有金箔。靠背部分画着一幅色彩鲜艳的画，描绘了哈得斯和珀耳塞福涅亲密地乘着四驾马车的场景。此外，宝座上还装饰有女性立像、斯芬克斯、狮子等精细浮雕。

　　到亚历山大时代，马其顿王国已不再是北方的落后国家。在吸收了希腊的先进文化后，已经达到了非常高的水准，其繁荣持续了近两百年，直到被罗马帝国灭亡。

第三章

亚历山大登场

从诞生到即位

亚历山大的肖像和真实形象　关于亚历山大的真实形象，存在着各种各样的证言。他的体肤十分白皙，长相俊美，脸上和胸前还微微泛红。金色的头发从额前捋至脑后，打着波浪般的小卷。他的眼神优雅而快活，双眸颜色各异，右眼是黑色，而左眼是蓝灰色。

目前有两件作品被认为描画了亚历山大二十岁时的真实容貌。一是在维尔吉纳的二号陵墓里发现的象牙雕像，高度仅有三厘米，头部微倾，眼睛向上看着。该雕像并未将亚历山大理想化，因而被认为非常接近他本人的真实形象。

另外一个，是墓葬正面入口封檐板处的壁画，画中的亚历山

亚历山大的面部雕刻　被认为是亚
历山大青年时期头像的象牙小雕
像。维尔吉纳博物馆藏

狩猎图中央的亚历山大　复原后的维尔吉纳王室墓地正
面的壁画。出自 Drougou, *Vergina*

大表情还略显稚气。这幅画描绘的是他骑马狩猎、右手持矛刺
向猎物的一瞬间。

　　在亚历山大成为国王之后，他的雕像制作任务全部交给了利
西波斯。利西波斯出生于伯罗奔尼撒半岛的一个小城市斯基昂，
他因才华横溢、作品众多而为人们所熟知，据说他的作品超过
一千五百件。普鲁塔克对利西波斯的作品有过这样的描述：

　　　　各种雕像之中，最能表现亚历山大外貌特征的要属利西波
　　斯的作品，连亚历山大本人也只让他来为自己创作雕像。因为
　　这位艺术家准确地抓住了亚历山大微微左倾的头部和深邃的眼
　　神这两个特征。而这两点也是在亚历山大身后，他的后继者和
　　朋友们所竞相模仿的。（第四章）

利西波斯的原作已经失传，现存的只有罗马时代的仿制品。其中，被认为最接近原作的是"阿扎拉之亚历山大头像方碑"。这一作品于 1779 年在罗马近郊的蒂沃利被发现，因曾被西班牙大使阿扎拉赠送给拿破仑而得名。其保存状态并不算好，唇、鼻、左右眉处都有修复痕迹。底座上用希腊语刻着三行碑铭"亚历山大、腓力二世之子、马其顿人"。其最大的特征是额发从额头中央被撩至脑后，呈

阿扎拉之亚历山大头像方碑　罗马帝政时期的仿制品。希腊化时代制作亚历山大雕像的模型。卢浮宫博物馆藏

现出毛发倒竖的样子。这是通过模仿狮子的鬃毛，使人联想到亚历山大有着狮子般的秉性。利西波斯的头像方碑，成了希腊化时代人们制作亚历山大大帝雕像的模型。

亚历山大的诞生与神话　亚历山大大约出生于公元前 356 年 7 月 20 日。他的父亲是腓力二世，母亲是奥林匹亚斯。奥林匹亚斯是摩洛西亚王国的公主，该国位于品都斯山脉西侧的伊庇鲁斯地区。马其顿和摩洛西亚都面临着北方伊利里亚人的威胁，因此，两人的结合是一场政治婚姻，以两国结成同盟、相互获得安全保障为目的。

与其他历史上的大人物类似，关于亚历山大的出生也有着众

多传说。其中之一讲述了他的父母相恋后结婚的故事。传说中，两人在爱琴海北部的萨莫色雷斯岛一同参加秘密宗教仪式，腓力二世爱上了奥林匹亚斯，并立即向她的监护人提出了结婚的请求。可以确定的是，奥林匹亚斯是这种秘密仪式的信徒，至于腓力二世则难下定论。因这个故事的创作时期是在萨莫色雷斯岛成为马其顿王族重要圣地的公元前4世纪末以后。

据说，奥林匹亚斯在结婚仪式的前夜做了一个梦。梦中，一个响雷落到了自己的腹中，并从中窜出了火焰，火势蔓延烧成一片，随后便消失了。因为雷是由主神宙斯引发，所以这个梦暗示着宙斯与她进行了结合。而腓力则在婚后不久，梦见自己封印妻子的腹部，封印的图案则是狮子。宫廷中的预言者在解梦时，预言奥林匹亚斯怀上了一个如狮子般勇敢的孩子。狮子被认为是和伟大的君主、统治者相称的高贵动物。因此，在亚历山大的雕像上，他的头发会像狮子的鬃毛一般向上竖立着。

腓力收到王子诞生的消息时，刚刚占领了希腊城市波提狄亚。与此同时，将军帕曼纽打败了伊利里亚人，自己的爱马在奥林匹克运动会上夺冠的消息也相继传来。这些事情接连发生在夏季短短一段时间里。腓力欣喜地说，这个孩子是和三场胜利一同诞生的，他一定会成为一个战无不胜的人。

亚历山大双亲的家族血统都和神话英雄有关联。马其顿王族的祖先，可以追溯到希腊神话中最大的英雄赫拉克勒斯，摩洛西亚王族则与特洛伊战争中的勇将阿喀琉斯有着血缘关系，

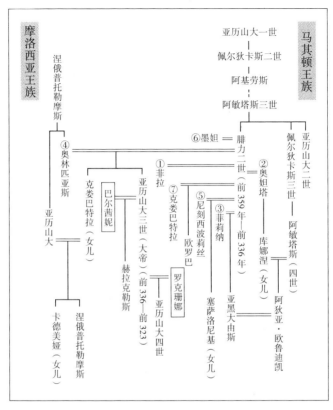

亚历山大的族谱（①—⑦是结婚的顺序）

也就是说，他们双方的身上都流淌着最高神宙斯的血液。当然，编造这种族谱，无非是为了给王族的血统镀上一层金。当时的人们认为，人类和众神在传说的世界里相结合。神与人结合，生下的孩子就被称为英雄。自己的祖先是英雄这一事实，深深地影响着亚历山大的心理和行为。

少年亚历山大与他的爱马布塞弗勒斯
调教爱马的亚历山大。亚历山大在
远征的所有战斗中都骑着布塞弗勒
斯作战。佛罗伦萨考古学博物馆藏

少年时期的亚历山大

关于少年时期的亚历山大，在现存的亚历山大传中，只有普鲁塔克的记载较为详细。以下列举几个有名的逸闻。

从少年时期起，亚历山大就在克己节制这一点上做得十分优秀，重视荣誉的性格使得他在精神上有着与年龄不符的沉稳和不凡的气度。亚历山大跑步速度很快，周围的人便问他怎么不去参加奥林匹克运动会的斯塔迪昂（180米）赛跑，这时他的回答是："国王中得有我的对手才行。"

有一次，腓力二世不在国内，波斯国王派遣的使节团来访。亚历山大以国宾礼节接待了他们。他并没有提出幼稚的问题，而是询问他们国家道路的长度、深入内陆旅行的情况、国王在战争中的情况、波斯人的胆略和才能如何，等等。使节们震惊于他所提的问题和友善的态度，甚至惊叹这个孩子的干劲和高远志向，连以贤明闻名于世的腓力二世也无法匹及。

每当腓力二世攻陷了著名的城市或在大战役中取得胜利的消息传来，亚历山大总是忧心忡忡地和同辈人说："什么都让父亲大人抢先，我想和你们一起干一番大事业都没有用武之地了。"

最有名的逸闻要属亚历山大与名马布塞弗勒斯的相遇。有一

亚里士多德　罗马国立美术馆藏

位商人牵着一匹名叫布塞弗勒斯的烈马来贩卖。布塞弗勒斯有色萨利所产名马的血统，意为"雄牛的头"，因肩头上有雄牛头的烙印而得名。售价为十三塔兰特。在当时的希腊，拥有一塔兰特的财产就已经算富人了，而马匹的平均价格一般在五分之一塔兰特左右，因此这实在是个天价。而且，这匹马的性情十分粗暴，不让任何人靠近。亚历山大看出马是因为恐惧自己影子的移动而发狂的，便将马头调向太阳的那一面让它平静下来，接着又骑上马，出色地征服了它。人群中瞬时爆发出一阵欢呼声。腓力二世也欣喜不已，热泪盈眶地说道："去开拓你自己的王国吧，马其顿对你而言实在是太小了！"在远征的所有战斗中，亚历山大都是骑着布塞弗勒斯作战。公元前326年，衰老的布塞弗勒斯在印度死去。亚历山大为哀悼爱马之死，建造了一座城市，并命名为布塞弗拉。

　　可以肯定的是，这些逸闻都来自亲历者的证言。据已故的古代马其顿史研究的权威哈蒙德推测，证言的出处应该是亚历山大的同窗玛西亚斯所著的《亚历山大的教育》。书中对少年亚历山大的感情与行动的生动描写，或许是基于玛西亚斯与亚历山大一同学习成长的记忆。虽然这部作品已经逸失，但普鲁塔克有所引用，为我们留下了有关亚历山大少年时代情况的重要证据。

亚里士多德的上任和教育 亚历山大十三岁时，他的父亲腓力二世为了给儿子提供正式的帝王教育，聘请哲学家亚里士多德为教师。

公元前384年，亚里士多德出生于爱琴海北岸一个叫斯塔基拉的小城市。由于父亲尼科马科思在马其顿宫廷里担任阿敏塔斯三世（腓力二世父亲）的御医，亚里士多德便是在首都佩拉度过童年的。公元前367年，他前往雅典游学，在哲学家柏拉图开设的希腊学园里钻研学问。二十年后，柏拉图去世，他便离开了雅典，前往小亚细亚。被马其顿王室聘为教师时，亚里士多德三十九岁。普鲁塔克评价他为"最著名而博识的哲学家"，然而，虽说他当时正年富力强，但作为一位百科全书式的大学者取得巨大成就，还是此后的事情。

学校设在首都以西约四十公里处的米埃扎。在这片风光明媚的土地上，亚历山大与同龄的贵族子弟们聚集在一起学习。其中有托勒密、赫菲斯提昂、利西马科斯等，都是东征时期活跃在他身边的人物。亚里士多德在三年的时间里，将希腊文化的精华教授给了这群年轻人。从政治学、伦理学到文学、医学，范围不可谓不广。原本就喜爱读书的亚历山大，在老师的指导下，天资得到充分挖掘。他尤其喜爱荷马的叙事诗《伊利亚特》。亚历山大将这部讲述了特洛伊战争中英雄们勇武精神的长篇作品当作"战术资料"。不仅如此，他还将亚里士多德亲自校订的抄本放入手提箱，带去远征，甚至总将它与短剑一同放置在枕边。当然，他也喜欢埃斯库罗斯和欧里庇得斯的悲剧作品，能够自如地背诵它们。甚至在东征途中，会让亲信将在亚洲无法读到的书送去。亚历山大十分尊敬亚里士多德，他说自己虽然从父亲那里获得了生命，但从亚里士多德那里却获得了生命的艺术，他就像热爱亲生父亲一样爱戴亚里士多德。

亚历山大继承王位时，亚里士多德写了一篇论说《为王者》送给他。这是一份阐明作为国王应如何进行统治的指导书。这篇论说对亚历山大的内心产生了极大的影响，当他没有令任何人获益时，总是说："今天的我不是一个国王，因为我今天没有为任何人带去益处。"

然而，我们也不应美化在米埃扎的那三年。无论怎么说，他们都只是些十四五岁、血气方刚的年轻人。亚里士多德为了他们的教育，似乎也费了不少功夫。下文是有关这些青年们的文章，是反映亚里士多德在米埃扎教师生活的记述，也常常被引用。

　　年轻人无法集中精神。对于更大一些的孩子来说，教育成了他们的玩具。(《政治学》)

　　年轻人容易陷入对身体的欲望，特别是性欲的追求，自身又缺乏抑制力。而且，即便产生欲望，他们也容易见异思迁、容易厌烦，刚刚还激烈地追求却倏然停止。因为他们尚未看到世间的丑恶，所以性情并不坏，然而，也正因为是老实人，所以容易

被骗。他们又固执地坚信自己知道所有的一切。(《辩论术》)

在亚里士多德为亚历山大所写的另一篇论说中，有《关于殖民地的建设》一章。在文中，亚里士多德劝告他，要把希腊人当作朋友与同族人来关怀，就像他们的指导者一样；而对待异民族要像他们的专制君主一样，把他们当作动物与植物来对待。亚里士多德将异民族视为动植物这一言论，融会了当时希腊人视外国人为野蛮人的情感。这也证明了他的学问乍看之下十分宏大，但终究无法超越希腊世界的狭隘框架。与此相对，亚历山大在远征的各地建设城市，马其顿人、希腊人甚至连当地的居民也都准予居住在里面，此外，他还任用波斯贵族担任高官或侍从等。在后文中我们将会说明，这些措施和所谓的同化、融合政策并没有关系，但无论如何，可以明确的是，他采取的政策与亚里士多德的教诲是对立的。普遍认为，亚里士多德在听闻亚历山大的东方政策后感到担心，为了劝导他对异民族采取"正确"的措施，执笔写下了这篇论说。

由此看来，我们不得不接受这样一种情况：在个人情感和普通教育等方面之外，亚历山大和亚里士多德走的道路完全不同。亚里士多德是学问上的巨匠，亚历山大则是政治和军事上的天才。一位停留在希腊体系内，另一位则远超过这个框架，创造了另外的世界。看上去是哲人与大帝实现了历史上少有的结合，实际上两人最终擦肩而过。

最早的城市建设　　　　正如从少年时期的逸闻中了解到的那样，亚历山大对父亲有着强烈的对抗意识。这种意识具体表现出来是在公元前340年。这一年，腓力二世远征紧邻博斯普鲁斯海峡的希腊城市拜占庭，十六岁的亚历山大负责留在国内处理国政。当时，色雷斯地区（现在的希腊东北部至保加利亚一带）的麦狄人发动叛乱。亚历山大随即出兵，轻而易举地镇压了叛乱。这是他第一次率兵，值得注意的是，他占领了麦狄人的城镇，将希腊人迁入，自己出资建造了城市。他将其命名为"亚历山大波利斯"，即亚历山大之城。正是这座城开启了他东征途中建造众多亚历山大城的先河。

年仅十六岁，就建设以自己名字命名的城市，意图何在？很明显，他一直牢记着父亲开创的先例。公元前356年，腓力二世在与色雷斯人的战斗中，接管了希腊城市克里尼德斯。接着他将附近的居民迁入，扩充了这座城市，以自己的名字将其改名为"腓立比"。城市附近有座潘盖翁山，山中埋藏着优质的金矿矿脉，腓力二世打算将这座城市作为矿山开发的据点。统治者以自己的名字给城市命名，这在希腊世界里是前所未有的行为。不管是出于年轻王子的虚荣心，还是对父王的抵抗心，这次城市建设都成为以后亚历山大城的原型。

喀罗尼亚战役　　　　公元前338年8月2日，在波奥蒂亚地区的城市喀罗尼亚东部的广阔平原上，希

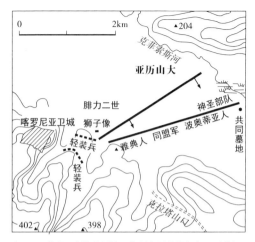

腊、马其顿两军进行决战。马其顿军的右翼是由腓力二世指挥的近卫兵部队，中央是密集步兵部队，左翼则是亚历山大率领的骑兵部队，包括轻装兵在内，总兵力共有三万四千。

喀罗尼亚战役 希腊联军缺乏统括全军的指挥权，马其顿以压倒性胜利结束战争

十八岁的亚历山大第一次参加正规军队的战斗，就被分配了重任——指挥马其顿军队的精锐骑兵，从中可以看出腓力二世对儿子的信赖。希腊联军中，雅典军在左翼对阵腓力二世，中央是同盟各国的部队，以底比斯为中心的波奥蒂亚军在右翼与亚历山大对阵。包含轻装兵在内，总兵力为三万六千四百。特别是最右翼，为底比斯军中最强的神圣部队。这支三百人的精锐部队自公元前378年创立四十年以来，未曾有过败绩。

战斗一开始，腓力二世便将步兵部队迅速后撤，正面的雅典军紧紧追击。当雅典军的阵列拉长变得混乱时，腓力二世突然反击，将他们击败。中央的各国部队为了不和雅典军产生较大间隔，便向左移动，右翼的波奥蒂亚军也紧跟着移动。因此，底比斯阵列中产生了许多间隙。亚历山大抓住机会，率骑兵部队

突入，成功穿过神
圣部队的侧面绕到
了他们的背后，与
神圣部队展开了激
战。在底比斯人公
共墓地里挖掘出
的 254 具士兵的遗
骸，被认为是神圣

维尔吉纳的剧场遗址　腓力二世被刺杀的现场。侍从在众人面前刺杀了腓力二世。笔者拍摄

部队的战死者。三百人中只有四十六人生还，可见这是场毁灭性
的打击。

　　就这样，喀罗尼亚战役以马其顿军的压倒性胜利结束。凭借
后退战术将敌军的阵列搅乱并击破，在对方战斗方阵产生间隙
时以骑兵突入，一切都按照腓力二世的计划进行，这也显示了他
卓越的指挥才能。此后，亚历山大在东征中也模仿了这种战术。
另一方面，希腊联军虽然在人数上占有优势，但却缺乏统括全军
的指挥权。仅雅典就有超过一千人战死，两千人被俘。

　　雅典人一收到战败的消息，便设想自己可能会遭遇包围战，
于是采取紧急措施。然而腓力二世却避开了再次直接对决，通
过无条件释放俘虏、归还战死者遗体和遗物等宽大条件与雅典
议和。被派去雅典进行议和的是亚历山大和重臣安提帕特。熟
知希腊文化的亚历山大在访问他所向往的雅典时，内心想法如何
呢？遗憾的是，没有一本亚历山大传对此作了记载。

相比之下，对底比斯的处置则严厉得多。腓力二世要求大量赎金才释放俘虏、归还战死者遗体。而且，他要求处死或流放反马其顿派的领导者，并让亲马其顿派的逃亡者回国，建立起三百人的寡头派政权，甚至还在卫城卡德美亚的山冈派驻了马其顿军队。

之后，腓力二世将希腊各国的代表召集至科林斯，宣布他的战后构想。公元前337年，除斯巴达以外的希腊各城邦都接受了这一构想，结成科林斯同盟，这是由腓力二世控制的希腊统治体制（参照第四章）。他自己被任命为统帅，即全权将军，分配各国应提供的兵力，动员他们成为远征波斯的同盟国。自即位起二十余年，腓力二世终于成为希腊世界的霸主，也成为了巴尔干最强的统治者。

腓力二世被刺杀　　公元前336年春，腓力二世终于着手他的下一个大目标——远征波斯。他首先任命重臣帕曼纽等三人为指挥官，派出一万人的先遣部队。先遣部队渡过赫勒斯滂海峡（现达达尼尔海峡），登上小亚细亚的土地，"解放"希腊各城市。部队基本没有遇到波斯方面的抵抗，沿着爱琴海沿岸一路顺利南下。不久，腓力二世便决定亲自率领主力部队出发。

初夏时，腓力二世的女儿克娄巴特拉和邻国摩洛西亚的王子亚历山大举行结婚仪式。新娘是亚历山大的妹妹，新郎是母亲奥林匹亚斯的弟弟，因此这是舅父和外甥女的结亲。为进一步强化两国的同盟关系，没有比这更好的亲事了。腓力二世为了夸示自己的权力和名声，最大限度地利用了这次婚礼，招待了来自整个希腊世界的众多名人。在这个充满生机的初夏，古都埃盖迎接了从各地来参加庆典的人。宴会上，希腊各强国的代表们一个接一个地向腓力二世献上了黄金王冠。虽说是女儿的婚礼，但真正的主人公无疑是到达了权力与威信顶峰的腓力二世自己。这次婚礼的庆典也是远征波斯前的盛大壮行会。

宴会结束的翌日，预定在宫殿后面的剧场举行音乐会。还未等到天亮，观众便陆陆续续涌至剧场。终于，腓力二世身着一身白衣，出现在剧场中。陪伴在他左右的是两位亚历山大，即他的儿子和女婿，护卫也被命令保持一定距离，跟随在他身旁。然后他走向宝座，在离两个年轻人有了一人之距的瞬间，贴身护卫帕萨尼亚斯突然逼近，用偷偷携带的短剑刺入了腓力二世的胸膛。腓力二世仰面朝天倒在了地上，随即死亡。帕萨尼亚斯飞奔出剧场，跑向准备逃跑用的马匹。护卫兵赶上去抓住了他，用矛将他杀死。

这是一场在光天化日之下，全场观众的面前上演的暗杀剧。就在那一瞬间，腓力二世从辉煌的顶峰坠入地狱，是年四十六岁。这无疑是在人生鼎盛时期突如其来的末日。

帕萨尼亚斯刺杀国王有个人原因。他因为同性恋的纠葛对腓力二世怀恨于心。虽然大家可能会叹息"居然只是这个缘故"，

德摩斯梯尼　雅典的辩论家，反马其顿派的领袖。出自 Richter, *The Portraits of the Greeks*

但与希腊一样，在马其顿男性间同性恋十分平常，这绝不是件稀奇的事。事实上，公元前 5 世纪末的阿基劳斯国王就曾因为同性恋的原因，被年轻的爱人（当然是男性）杀害了。在那个王族之间的血腥斗争和整肃清洗时常发生的世界，甚至连刺杀国王也不是特别出奇的事件。

王权的确立

年轻的狮子

由谁来继承王位？亚历山大自然是最有力的继承者，但同时也有别的候选人。比亚历山大年长十岁的表哥阿敏塔斯在国内也有一些支持势力。新的国王在形式上由马其顿人的公民大会选出，实际上则是由极少数有权威的贵族决定的。重臣安提帕特推选了亚历山大，王位继承者最终确定下来。就这样，亚历山大三世登上了马其顿王国的王位。

成为国王后做的第一件事，自然是父亲的葬礼。遗体火化后，骨灰被放进用黄金打造的骨灰盒。随后，在宫殿的一个山脚下建造了坟墓，顶部是马其顿特有的半圆锥体形状，黄金王冠、武器、日常用具等豪华的陪葬品被一同入葬。

下一件事，便是清除国内的反对势力。被认定是暗杀者共犯的人依次遭到逮捕、处死。最难对付的人是贵族阿塔鲁斯。他的侄女克娄巴特拉在一年前成为腓力二世的第七个妻子。那之后，与国王结下外戚关系的阿塔鲁斯威信迅速提高，并被选为先遣部队的指挥官之一远征波斯。

阿塔鲁斯当时正在小亚细亚。亚历山大派出一支部队声称是援军，并任命亲信中的一人为队长，将杀掉阿塔鲁斯的密令交给他。与阿塔鲁斯同为指挥官的帕曼纽默认了此次计划，暗杀顺利实施。如此，亚历山大铲除了最大的政敌。而王族内的敌对者阿敏塔斯也于翌年被亚历山大以反叛罪处死。

另一边，希腊方面的情势也严重告急。投降马其顿不过两年，征服者腓力二世就突然死亡，这对于希腊各国来说，实在是求之不得的好消息。雅典公民大会立即通过表彰刺杀者帕萨尼亚斯的决议，反马其顿派的领袖德摩斯梯尼也暗地与身处小亚细亚的阿塔鲁斯取得联系，推进恢复独立的运动。同时，以底比斯为首的其他城邦纷纷驱逐马其顿驻军，并让一度被腓力二世赶走的逃亡者回国，等等，叛离运动不断扩大。

对此，亚历山大极其迅速地做出应对。首先，他前往色萨利，施展辩才进行游说，让他们认可由自己来承袭父亲所担任的色萨利联邦最高官职。由此，被誉为希腊最强的色萨利骑兵部队也就成了他的囊中之物。接着，他在温泉关召开近邻同盟评议会。近邻同盟是为共同管理阿波罗神的圣地德尔斐而成立的组织。因这个组织中色萨利人及其周边各民族占大多数，所以亚历山大要继承其父王的议席是件很容易的事。

之后，亚历山大率领军队一路疾行赶往底比斯。底比斯对亚历山大的意外到来惊恐不已，急忙收起武器。得知此事的雅典人也十分惊愕，慌忙派遣使节团前去为迟于承认王位而道歉，并表达了明显的恭顺之意。德摩斯梯尼原本也在雅典使节团中，却中途折返。年仅二十岁的亚历山大以惊人的精力和疾风般的敏捷，令所有希腊人都瞠目结舌，也让他们轻易地放弃了抵抗。事情以科林斯同盟代表会议的召开而告终。亚历山大将希腊各国的代表全部召集起来，任命自己为全权统帅，并通过了共同远征波斯的决议。如此，亚历山大全盘继承了他父王所构筑的希腊统治体制。

多瑙河的彼岸

即位翌年，即公元前335年的春天，亚历山大向色雷斯地区进发。曾一度臣服于腓力二世的色雷斯系各部族在获得腓力二世被暗杀的消息后，开始了独立运动。亚历山大必须将他们完全压制，巩固王国的北部防御。他率领一万五千人的部队，越过横跨保加利亚东西的海姆斯山脉（现在的巴尔干山脉），到达多瑙河。在当时，多瑙河是与尼罗河并立的世界最大河流。特利巴利族和周边的色雷斯人纷纷带上妇女儿童到河中的一个小岛上避难。多瑙河北面住着凯尔特系的革太族人，他们集结在对岸的堤防处，如果马其顿军渡河的话，就在水边展开阻击战。革太族人的兵力约为骑兵四千、步兵一万。

为了能够渡河攻击对岸的革太族，亚历山大命令士兵把宿营用的皮制帐篷装满干草，缝成皮筏，并把附近所有的独木舟搜集起来，趁夜渡过多瑙河。其中骑兵有一千五百人，步兵有四千人。上岸后，马其顿军在黎明展开猛烈的攻击，革太族惊魂落魄，狼狈逃窜。亚历山大胜利的消息不胫而走，特利巴利族和周边各部落，甚至连亚得里亚海沿岸的凯尔特人，也对他俯首称臣。亚历山大胆略过人，渡河作战出其不意，攻敌不备，在正面击败革太族的同时，也让在岛上布阵的敌军斗志全无，其巧妙的战术可谓完美。

此外，他此次渡河作战还有一个隐匿的动机，那就是挑战父王腓力二世的功绩。从公元前342年到公元前339年，腓力二世对色雷斯进行了大规模的远征，一直打到海姆斯山脉北部，这也是他远征的最北线。腓力二世虽然没有真正攻打到多瑙河流域，但在名义上却拥有多瑙河流域的领导权，多瑙河也被看作是其王国北部的国境。因此，对于亚历山大来说，渡过多瑙河、超越父王时期的国界线，就等于凌驾于父王的功绩之上。

对未知世界的"愿望"　站在多瑙河畔时亚历山大的心境是怎样的？对此，罗马帝政时期著有亚历山大传的阿里安曾说过"他已经有了一个强烈的愿望，非到对岸去不可"。"愿望"一词，阿里安在亚历山大传中用了十次，而且是在谈到亚历山大打算做大事业的动机时使用的。德国学者伊兰伯格在1937年发表的论文中提出，这是亚历山大内心世界的核心，他给"愿望"赋了独特的意义：对于触不可及的事物、未知的事物，以及遥远无法达成的事物的憧憬。追求世界边际的那种难以抑制的愿望，刺激着他的内心，成为他称霸世界的原动力。但其他学者提出反论，称"历史之父"希罗多德也用过同样的表述，这一词语实际上并没有特别的意义。

　　确实，仅从词语的用法来看，这种反论可能是正确的。如果说阿里安想对亚历山大的行动做出什么合理解释的话，恐怕也只是谈到亚历山大的"愿望"而已。虽说如此，我们不能否认，在那一瞬间，也让我们窥见到了亚历山大这位巨人的内心世界。例如，在远征的第四年，即公元前331年，亚历山大站在埃及尼罗河河口，内心强烈渴望在那里建造一座城市。于是他便建成了亚历山大城，后来成为托勒密王国的首都。作为希腊化世界的中心，这座繁荣大都市起源于此。当亚历山大远征回程时，沿着幼发拉底河和底格里斯河顺流而下，内心强烈渴望能目送两河奔腾入海，汇入波斯湾。远征中，他的心底恐怕也是与凝望多瑙河彼岸时一样，汹涌着对未知世界的"愿望"。

征服伊利里亚人　　　　　　离开多瑙河的亚历山大，朝着阿克西奥河上游向西前进。此时传来了巴尔干半岛西部伊利里亚人各部落暴动的消息。亚历山大当机立断，直接向西南方向进发，到达伊利里亚人据守的城镇坡利亚，列阵备战。但是第二天，伊利里亚人的救援部队也赶到了，且占据了马其顿军队后部的高地。不论马其顿军队攻击哪一方，另一方都会从背后对其夹攻。本打算包围对方的亚历山大，反过来却陷入被围攻的局势中。此时他想出一个绝妙对策，成功摆脱了困境。以下直接引用阿里安的描述：

> 在这种情况下，亚历山大把密集步兵部队全部疏开，形成二十纵列，两翼各部署二百名骑兵。命令他们保持肃静。这个命令他们执行得很出色。他还命令重装步兵部队先把长矛直竖，然后，听到命令立即把矛头向前作冲锋姿式，一排排的矛头先向右、后向左摆。方阵本身，在他亲自指挥下，前进时步法矫健、军容严整，然后又向左右两翼交替回旋。就是这样，他在很短的时间里表演了各种队形变换，然后命令左翼突出一部作为尖兵，亲自率领他们发动进攻。敌人看到他的部队调度灵活、纪律森严，早已目瞪口呆，未等亚历山大的部队靠近，就放弃了头一排山丘逃走了。(第一卷第六章)

这场战争除了凸显出亚历山大作战经验丰富以外，还证明马其顿军队军纪严明、训练有素。三日后，马其顿军队发动突击，并展开追击战，一直打到伊利里亚人深山中的根据地。

像这样，亚历山大用半年时间就完全征服了马其顿王国以外的巴尔干半岛全境。不仅超出了父王征服过的范围，还建立了巴尔干帝国的坚固统治体制。年仅二十一岁的年轻国王，凭借着自己果敢的指挥和英勇的气魄达成如此丰功伟绩，同时也收获了马其顿王国兵将们的信赖。这位卓越的指挥官、优秀的国王，不仅让他的子民折服，也激发出他们内心的深深敬意和百分百信赖。而这种君臣之间强烈的一体感，也构成了远征东方部队的坚固根基。巴尔干征服战可以说塑造了亚历山大王权的核心。

底比斯的起义与平息　　刚刚平定伊利里亚的反叛，就传来希腊底比斯起义的消息。这年九月，曾被腓力二世驱逐的民主派市民秘密潜回底比斯，他们先杀害了两名马其顿留守军的士兵，之后现身公民大会会场呼吁"为了自由站起来"，甚至散播谣言说亚历山大已在伊利里亚阵亡。底比斯人决定反叛，他们包围了马其顿军队驻扎的卡德美亚山冈，并派遣使节向希腊各国请求援助。

这次，亚历山大依然采取急行军，与时间赛跑。他率领着全副武装的士兵，仅花费两周时间，就走完了从坡利亚到底比斯大约四百公里的路程。虽然马其顿军队平时的行军速度就是一日三十公里，但这次行程三分之一以上都是在险峻的品都斯山中。

如此迅捷的行军，让底比斯人难以相信出现在他们眼前的是亚历山大本人，甚至认为是其他军队。在布好战阵后，亚历山大先给了底比斯人回心转意的机会。然而底比斯人并不妥协，呼喊着解放希腊的口号。亚历山大忍无可忍，决定全力攻击。于是，马其顿军队向城内强攻，而原驻扎在城内的留守军也从卡德美亚山冈向外夹击。两军配合，城内沦为人间地狱。

底比斯起义平息后，亚历山大召开了科林斯同盟会议，委托同盟国处置底比斯。然而，并不是所有加盟国都参加此次会议，只有参战国家出席。他们或是曾经与底比斯为敌，或是国家曾被底比斯破坏，内心燃烧着复仇的火焰，决定给予底比斯最严厉的惩处。他们在卡德美亚驻扎军队，大肆毁城，瓜分了除神殿所属以外的土地。存活下来的市民包括妇女、儿童全部沦为奴隶。幸免于难的只有马其顿王族的友人和诗人品达罗斯的子孙等极少数人。这次作战，死者有六千人，作为奴隶被贩卖的人口多达三万。

就这样，希腊最强大的国家之一、有着各色传说的古都彻底灭亡了。希腊全境受到强烈的冲击。反抗者被彻底消灭，这种方式在此后的东方远征中反复出现。而且这次是科林斯同盟的决定，亚历山大因而把残酷处置的责任转嫁给希腊人。效仿底比斯企图反叛的各国，转眼间全部屈膝投降，至此，亚历山大稳固了王国内外的根基。之后，他返回马其顿，着手准备远征东方。同时，在王国的圣地狄翁举行了祭祀宙斯的盛大运动会。

以上是亚历山大继位两年间发生的事情。或许因为东方远征的光环太耀眼，以至于让远征前的事情变得暗淡无光。但正是因为有这两年的准备，才有了后来我们熟悉的亚历山大。对多瑙河彼岸的向往；迅速果敢的行动；灵活机动的作战；对反抗者果断的处置；国王与将兵之间亲密感的形成。这些可以说是亚历山大的原型。而此后的东方远征中，进入我们视野的，正是这个原型不断被磨炼、被全面雕琢的过程。

远征东方论的由来

希腊知识分子的远征东方论　远征东方这个设想最初是从何而来的呢？亚历山大的远征工程太过浩大，可能会被认为是他的专利。其实不然，我们之前已经提到，其父王腓力二世就曾着手远征。那么这个设想是腓力二世独创的吗？答案是否定的。实际上，远征东方论最初是希腊人提出的，它的出现还要追溯到公元前5世纪末。

公元前427年，来自西西里岛的古希腊辩论家高尔吉亚访问雅典。他在为战死者而作的《葬礼演说》中提出"征服蛮夷的胜利要用赞歌来赞颂，征服希腊的胜利要用镇魂歌来安抚"，煽动雅典对波斯人的敌意。公元前4世纪初，他曾在奥林匹克运动会上发表《奥林匹克庆祝演说》，劝说相互抗争的希腊各城邦停止内斗，鼓励他们把眼光投向别的民族的领土。在雅典从事辩论活动的吕西阿斯，也在公元前384年发表《奥林匹克庆祝演说》，劝说希腊人要停止相互间的战争，共同守卫本民族的安全。

伊索克拉底　希腊最伟大的辩论家。出自 *The Portraits of the Greeks*

两者均表达了对希腊人内部无休止战争的无奈，呼吁他们停止内斗，联手去征服波斯人的领土。实际上，在希腊，战争是非常平常的事情，结果不仅使得很多人命丧黄泉，还导致大片农田荒废，许多农民沦为无产市民。另外，在很多城邦里，派系间的激烈斗争屡见不鲜。获得政权的派系积极打压、驱逐反对派，没收其财产。被驱逐的一派有时会得到外国势力的支援，用武力等方式再次夺回政权，夺取政权之后又驱逐他们的反对派。如此循环往复，致使很多流亡者（政治难民）和家人一起流亡。而人们认为解决这种现状的最根本的办法，就是组成希腊联军征服波斯，由无产市民和流亡者组建殖民地。就这样，在公元前4世纪初，劝告希腊人和睦团结、发动对波斯的战争，成了政治辩论的固定主题。

将上述主题体系化的是和德摩斯梯尼并称为希腊最伟大辩论家的伊索克拉底。公元前380年，他把花费十年完成的《泛希腊集会演说辞》公之于世，明确提出远征东方的构想。他指

色诺芬 著有《远征记》的雅典作家

出：希腊的土地本就贫瘠，大陆有那么广阔的土地却被闲置着。波斯人不仅是希腊人不共戴天的敌人，而且是柔弱、劣等的民族。现在波斯帝国各地动乱四起，是发动战争的绝好机会。希腊人应该团结一致，把斗争的矛头指向大陆，为亚细亚的土地带来繁荣。只有这才是当务之急。

实现伊索克拉底构想的关键是由哪个国家来领导这场远征战争。在《泛希腊集会演说辞》中，伊索克拉底把希望寄托于雅典和斯巴达。但是斯巴达在公元前371年被底比斯打败，地位下降。雅典也在公元前355年与叛离的同盟国的战争中战败，失去威信。其间，伊索克拉底也曾写信给各地的独裁君主，请求他们领导远征东方。但最终他把眼光投向了新兴的马其顿国王腓力二世。公元前346年，他以《致腓力》为题发表论说，呼吁"希望您能够协调希腊诸国的关系，成为远征东方战争的领导者"。对于已经取得伟大军事成就的腓力来说，恐怕没有比这更高的功绩了，一旦成功便可取得举世无双的英名。公元前338年，腓力在喀罗尼亚战役中取得胜利，伊索克拉底立刻给他发去贺信。同年秋，当伊索克拉底一直以来的梦想近在眼前时，他却走完了自己长达九十八年的人生。

亚历山大的征服与神话

希腊人进攻波斯的经历

希腊知识分子的这种构想，并非不可能实现。实际上希腊人已经有过多次进攻波斯帝国的经历。

其中最有名的要数色诺芬在《远征记》中描写的希腊雇佣军逃生之事。公元前401年，波斯国王阿尔塔薛西斯二世的弟弟居鲁士觊觎王位发动叛乱，率领多达一万三千人的希腊雇佣军，从小亚细亚向首都巴比伦进攻。两兄弟在巴比伦北部对决，居鲁士战死，希腊雇佣军被困在敌国。他们沿路北上，历经艰辛，翻越小亚细亚东部的亚美尼亚山岳地带，终于在翌年二月到达黑海沿岸的特拉佩佐斯。行军途中担任部队指挥的是雅典人色诺芬。关于行军过程，《远征记》中有详细记载。对于希腊人来说，这次成功逃离，证明了希腊士兵的优秀和波斯帝国的软弱。

此外，还有斯巴达军队对小亚细亚的远征。公元前400年，小亚细亚沿岸的希腊各城市，因受波斯总督压迫向斯巴达求救。斯巴达在四年前结束的伯罗奔尼撒战争中打败雅典，自认担负着解放希腊全境的任务，即刻派遣军队"解放"希腊各都市。公元前396年，斯巴达国王阿格西劳斯派遣军队攻打波斯，一直打到波斯管辖的萨迪斯，第二年因希腊本土爆发科林斯战争，才不得不返回本国。

因此，早在腓力远征之前，希腊人就攻打过亚洲，且多次打败波斯军队。只是，一次是雇佣军部队，另一次仅仅是斯巴达独自的远征。因为这些事实，当时希腊的知识分子普遍认为，若是能组织全希腊联合军队，亚洲的广阔领土唾手可得。伊索克拉底对腓力寄予厚望是有充足依据的。

腓力二世的动机和构想　腓力自身并不是仅仅因为伊索克拉底的劝告才决定东征的，他也有自己的动机和构想。很多学者把腓力和亚历山大作比较，大多认为腓力的构想有局限性，即他的远征范围仅仅停留在小亚细亚，最远到达幼发拉底河流域就心满意足了。但是仔细阅读史料后，我们就会发现他最初的目标就是打倒波斯、征服全亚洲。

公元前336年，派出先遣部队后，腓力向德尔斐的神谕询问"是否能够征服波斯王国"。神谕的说法虽然很含糊，但是腓力满意地理解为能够打败波斯，且亚洲也将被马其顿收入囊中。在被暗杀的前夜的宴会上，一位有名的诗人吟诵了一首诗歌，暗示波斯王国的繁盛注定要被颠覆。腓力听后大喜过望，打倒波斯王取而代之的念头占据了他的头脑。根据公元前1世纪的哲学家菲洛德莫斯记载的片段，亚里士多德曾劝告腓力不要继承波斯王权。恐怕就是考虑到，如果腓力成为波斯国王似的专制君主，就会视希腊人为奴隶，因而才对他的野心发出警告。这也说明腓力早已有了推翻波斯王权、自己君临亚洲的打算了。

另外，在他被暗杀当日的庆典行列中，他在奥林匹斯十二神像的后边摆上自己的像。这暗示他把自己神化了。实际上伊索克拉底在给腓力的信中曾说道：

如果让蛮夷之人成为希腊人的奴隶，让波斯国王对您俯首称臣的话，您将成为神一般的存在。

腓力的野心昭然若揭：打败波斯帝国，称霸亚洲，完成人类的最高目标——获得不朽的声名，甚至在有生之年加入神的行列。这不也是亚历山大所要追求的最终目标吗？毫无疑问，腓力确实是亚历山大的引导者和榜样。

第四章

亚历山大和希腊人

远征东方略史（一）

东征时期划分　　从本章开始到第七章，我们将按照远征过程，依不同主题，详细论述亚历山大帝国的实况。首先把东征划分为三个时期，以图示意。

第一个时期是从公元前 334 年远征开始，到公元前 330 年夏大流士三世被杀、波斯帝国阿契美尼德王朝灭亡为止。这期间，亚历山大以为希腊复仇为名攻打波斯，在格拉尼库斯河战役、伊苏斯战役及高加美拉战役中大获全胜。此后和平占领了埃及、巴比伦尼亚这些拥有古老传统的国家，取得波斯帝国的西半部领土。阿契美尼德王朝的灭亡，使得远征的表面目的达成。

第二个时期，从公元前 330 年秋进攻中亚开始，到公元前

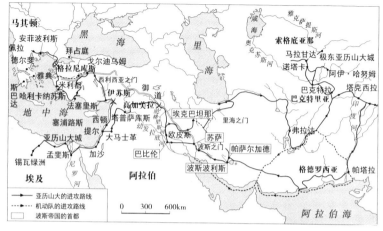

亚历山大的远征图

326年跨过印度河，在希法西斯河停止远征，决定返程为止。亚历山大为了追求自身的目的，已经抛弃了为希腊复仇的名义。他自称亚洲之王，提拔波斯贵族担任高官，吸纳东方的宫廷礼仪。像这样，因采取与东方合作的方针，遭到将士们的强烈反对，但他还是一次次地排除亲信中的反对派，坚持己见。在进攻原波斯帝国的东半部领土时，马其顿军队直面险峻的山脉、炙热的沙漠和雨季的印度河，所到之处若是有居民反抗，便进行残酷的杀戮。

第三个时期，从公元前326年末开始，马其顿军队沿印度河而下，到达河口，向西行进，返回巴比伦，到公元前323年亚历山大去世为止。这一时期，亚历山大面对的是如何统治帝国这一重要课题。他肃清叛乱的波斯人总督，让马其顿老兵退伍，将大量亚洲人编入军队，对权力的根基进行重组。希腊各城市虽然迈出了将亚历山大神格化的第一步，但另一方面又因流亡者的归国而弥漫着躁动不安的空气。亚历山大接下来计划乘船周游阿拉伯半岛，然而在出发前因热病而倒下，还没来得及指定继承者就去世了。

基于以上示意图，第四、五、七章的开头将再就远征的过程稍作详细说明。但因叙述方便的需要，各章关于远征简史的划分，和以上的时期划分可能有不一致之处，在此事先声明。

远征军的编制　　远征军出发时的兵力如下图所示。这里简单介绍一下远征的主要部队。

骑兵部队是马其顿军队的中坚力量，八队共1800人，被冠以代表着伙伴、朋友的"hetairoi"一词，而获得"伙伴骑兵"的美称。他们顶戴头盔，身披铠甲，腰佩短剑，单手紧握长达2.7米的长矛。组成战斗队列时，八队中最右侧的一列担任全队前进引导的任务，其布局每日更新。战斗方阵一般采用矩形，有时也可转变为楔形。所谓楔形，就是部队的指挥官位于楔形的前端，全体排列成一个细长的等腰三角形，如雁形阵般敏捷地杀入敌军方阵。

马其顿步兵分为被称为"Pezhetairos"的重装步兵部队和被称为"Hypaspistai"的近卫步兵部队两种。虽然两者都是排成密集方阵作战，但说到密集步兵部队时特指前者。

亚历山大的兵力

	东征出发时的兵力		
	骑兵	马其顿伙伴骑兵	1800
		色萨利人	1800
		希腊同盟军	600
		"巴尔干各民族（色雷斯人、阿格瑞安人、培欧尼亚人）"	900
		骑兵合计	5100
	步兵	马其顿近卫步兵部队	3000
		马其顿密集重装步兵部队	9000
		希腊同盟军	7000
战斗人员		希腊雇佣兵	5000
		"巴尔干各民族（奥德里赛人、特利巴利人、伊利里亚人）"	7000
		阿格瑞安人标枪兵	500
		克里特人弓兵	500
		步兵合计	32000
	总兵力		37100
	公元前336年的先遣部队		
	骑兵		1000
	步兵		9000
	在小亚细亚会合后总兵力		47100
非战斗人员	随从人员		16000
	与土木、测量等相关的各类专门技术人员		几百至1000
共计			约64000
本国留驻部队	骑兵		1500
	步兵		12000

"Pezhetairos"是伙伴步兵的意思，为了培养士兵对国王的亲近感和忠诚心，连一般的步兵也给予"国王的伙伴"的荣誉称号。共分六队，每队一千五百人，共计九千人。这支由腓力二世独创的步兵部队，最大的特点是每人手持长达5.5米的长矛（Sarissa）。铁质的矛头长五十厘米，整体重量达七公斤，士兵两手持矛。战斗时，前四排的士兵水平持矛向前推出去，五排以后的士兵长矛向斜上方立起前进。当时希腊步兵的长矛为2.5米左右，而马其顿步兵的长矛攻击距离远，能够先发制人。这种像刺鼠般令人恐惧的密集部队，直到公元前2世纪才被罗马军击败，的的确确是不败的步兵部队。

"Hypaspistai"即近卫步兵，本来只是持盾的随从兵，腓力二世进行了扩充，选拔出身体强健的优秀者组成精英步兵部队。其战斗作用和密集步兵一样，只不过密集步兵每次打仗前临时征集、依据出生地编练而成的，而近卫步兵是职业军人，可以长期随军战斗。亚历山大将近卫步兵扩充到三千人，分三队，每队一千人。其中有一队是精锐中的精锐，作为国王的禁卫队。这支部队战法灵活，可以进行游击战、奇袭作战，沙漠和山岳地带的急行军，以及骑兵部队的侧面防卫，等等，所有的状况都可以应对。

除此之外还应特别说明的是，腓力二世的时代攻城兵器飞速发展。公元前340年攻击希腊城市佩林苏斯时，腓力搭建了高达三十七米的木制攻城塔，把塔拖到城墙前，从塔中投射石弹和箭。另外还用破城槌撞坏城墙，挖掘坑道使城墙向下塌陷等。腓力甚至改良了远距离发射箭和石弹的发射机。用发射机以四十五度仰角射出箭和弹，射程远达四五十米。

而国家财政方面则是另一番情况。虽然腓力二世开发矿山，收获大量战利品来补贴国家，但是无休止的战争、贿赂他国，以及对亲信的慷慨解囊，都造成了大量资金被浪费。

等到亚历山大远征出发时，国家财政已经极度拮据。他在公元前324年发表演说时，提到国库只有六十塔兰特，父王的借款却有五百塔兰特。因此亚历山大又借了八百塔兰特，这才勉强凑齐远征的费用。而据普鲁塔克所述，当时亚历山大手头只有七十塔兰特，又借了二百塔兰特，且军队所带粮食也仅够吃三十天。直到伊苏斯战役后，军队获得波斯的大量财宝，财政状况才从根本上得到改善。

对小亚细亚沿岸地区的进攻

公元前334年春，马其顿军队在安菲波利斯集结，出发远征。二十天后到达渡河点塞斯托斯。副统帅元老级人物帕曼纽率领主力部队，率先渡过赫勒斯滂海峡（今达达尼尔海峡），登上亚洲大陆。

亚历山大亲率六十艘船，向以特洛伊战争的传说而著称的古都特洛伊进发。他从船头将长矛掷向亚洲土地，最先登陆，并宣称"用矛夺取领土，从众神那里接管亚洲"。这是把自己比

作特洛伊战争英雄
们的举动。之后他
们和两年前派出的
先遣部队会合，兵力
达到 47100 人。

波斯一方把小
亚细亚各地的总督和
将军们召集到泽雷

萨迪斯的神殿遗址　萨迪斯曾经是吕底亚的首都，也是波斯统治小亚细亚的据点。笔者拍摄

亚，商议对策。希腊雇佣军队长门农（Memnon）提出焦土作战方针，以使马其顿军陷入粮食危机，逼其撤退，但因受到当地总督阿西提斯的强烈反对而被驳回。最终两军在格拉尼库斯河对决。马其顿军以骑兵为先锋，渡河进攻。战争很激烈，就连亚历山大周围也陷入骑兵乱战。他自己也像荷马史诗中描述的一对一决斗那样，杀死了敌军的两个指挥官。突然，敌军中另外一人挥刀砍向亚历山大，千钧一发之际，亚历山大被亲信所救。之后中央的步兵打垮敌军，波斯军溃败而逃。

首战告捷，通往小亚细亚西岸的道路由此打开，部队南下，向萨迪斯进发。这里曾经是吕底亚王国的首都，波斯人把它变成统治小亚细亚的据点。然而，当兵临城下之际，驻扎军的指挥官主动交出了城市。此后，爱琴海沿岸的希腊各城市也纷纷打开城门，主动投降。亚历山大"解放"的各个城市都树立了民主政治的旗帜。只有米利都和哈利卡纳苏斯顽强抵抗。尤其是哈利

从剧场望向博德鲁姆湾　曾经称作哈利卡纳苏斯的博德鲁姆。笔者拍摄

卡纳苏斯，它是坚固的要塞城市，将军门农率领精锐部队据守城池。马其顿军反复使用攻城武器，在激烈的包围战之后，攻破了哈利卡纳苏斯。占领米利都后，亚历山大解散了由一百六十艘战船组成的希腊舰队。这是因资金不足，加之他判断自己的舰队可能不敌作为波斯海军主力的腓尼基、塞浦路斯舰队。于是他采取夺取港口以控制沿岸地区、从陆地逼迫波斯海军解体的作战方针。

　　冬天到来，亚历山大命令副统帅帕曼纽率领骑兵部队和同盟军向萨迪斯方向移动，在内陆的戈尔迪乌姆会师。他自己则率领步兵部队向小亚细亚南岸进军，征服了从吕基亚地区到皮西迪亚地区的各城市。途中在法塞里斯北部，有一段浪涛汹涌、难以通过的岩滩道路，但是亚历山大一行通过时正巧赶上北风压倒浪涛，因此得以平安渡过难关。历史学家卡利斯钦斯把这看作上天的保佑，是亚洲之海为表示欢迎而向亚历山大行的跪拜之礼。这也是亚历山大神话的开端。之后部队北上，到达弗里吉亚地区的首府戈尔迪乌姆。这是自赫梯帝国时代以来小亚细亚内陆地区的交通要冲，波斯"御道"也经过这里。就这样，远征第一年，

马其顿军占领了小亚
细亚的西半部分。

戈尔迪乌姆王宫曾经所在的山丘　中央是城门遗址，左边
是其他遗迹。笔者拍摄

伊苏斯战役

公元前333年春，
帕曼纽的部队在戈
尔迪乌姆与大部队
会师，开始了第二年的远征。出发前，亚历山大访问了戈尔迪乌
姆的城堡。那里有古代国王米达斯献纳的大车，传说谁能把车
辕上的绳结解开，谁就能称王。亚历山大接受了这个挑战，有记
载说他是把钉子拔下来解开的，也有记载说他是用剑把它斩断
的。这就是有名的戈尔迪乌姆之结的传说。

　　在爱琴海，门农率领的波斯海军活动频繁，夺回了很多希腊
的岛屿和城市。据说他想要把战火烧向马其顿、希腊本土一侧。

　　这种作战方针若成功的话，远征军就将断开与本国的联系，
被孤立在敌方领土上。但到了初夏，门农在进攻莱斯博斯岛的
米蒂利尼的战斗中因病去世。这对亚历山大来说是一大幸运，在
远征初期就排除了最大的敌人。虽然门农去世，但在新指挥官的
领导下，波斯海军仍控制着爱琴海东部的制海权。马其顿军的后
方被搅乱，亚历山大不得已只能命令重建海军。制海权的前景
难以预料，远征军的前途也不容乐观。

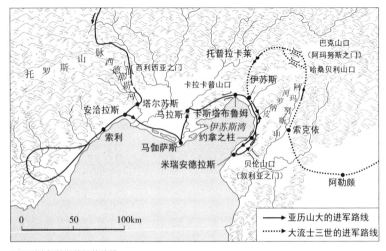

两军到达伊苏斯战场的路线

初夏离开戈尔迪乌姆的马其顿军向前进发，从安塞拉（今安卡拉）南下，在称为西利西亚之门的关卡攻破波斯守卫队，到达沿岸的塔尔苏斯。在这里，亚历山大在西德那斯河洗澡后发起高烧，在病床上躺了两个月左右。塔尔苏斯山脉流下来的水即使在夏天也很凉，据此推测他可能得了急性肺炎。初秋时，亚历山大的身体终于恢复，于是在征服了西利西亚地区之后，向伊苏斯进发。途中，得到波斯军在阿玛努斯山东部宿营的消息，军队就直接向阿玛努斯山南部的山隘急进。

大流士三世率领的波斯军队8月从巴比伦出发，10月到达索克依。这里是广阔的平原地带，对于波斯骑兵大部队极为有利。但因亚历山大病倒及马其顿军进军迟缓，大流士三世的判断被打乱。他不再等待，率军从阿玛努斯山北部朝伊苏斯进发。两军共计近十万大军，演绎了史上绝无前例的"错过"。敌军出现在身后的消息让亚历山大非常吃惊，他即刻北上。就这样，两军相逢在皮纳罗河（今帕亚斯河），在海与山之间宽度仅为2.5公里的堤防上对决。

伊苏斯战场　两军对峙的皮纳罗河。近处是波斯军，对面是马其顿军队。笔者拍摄

伊苏斯战场全景　战争在阿玛努斯山山麓到海边2.5公里处进行

亚历山大率领近卫步兵快速渡河，突破迎面而来的波斯轻装兵，与紧随其后的骑兵部队一起向敌军中央的大流士杀过去。大流士见势不妙，迅速逃走。波斯军中央部分虽占据优势，却因主帅逃跑而全线崩溃。波斯军队的骑兵因战场狭小无法展开战阵，数量上的优势更不能显现。放弃广阔平原移军到狭窄海岸地带开战，是大流士的致命失误。亚历山大乘胜追击大流士，但未能追上。

大流士的豪华帐篷和精美日常用品全部被缴获，他的母亲、妻子和三个孩子也都成了俘虏。按波斯惯例，国王亲征时，后宫

提尔城

也陪同左右，甚至国王和贵族的家属也随军前行。亚历山大将她们妥善安置，给予王室应有的待遇。大马士革的一个波斯军据点也被帕曼纽占领，从那里掠夺了大量财富和贵族妇女。丰厚的战利品让亚历山大终于摆脱了财政危机。

公元前333年晚秋，马其顿军队向腓尼基进军，为追赶大流士而进入内陆，但在这之前，有必要确保东地中海沿岸一带的稳定。腓尼基各城邦虽有国王执政，但是几乎所有的国王都率领舰队在爱琴海活动，大半城市的国王都不在城内，不攻自破。然而，作为迦太基的母邦而闻名于世的提尔城却拒绝归顺。亚历山大断定：将拥有强大海军的提尔城置之不顾，这是很危险的。于是，从公元前332年1月开始，他发起了持续整整七个月的包围战。

提尔城是一个重要的要塞城市，位于距离陆地八百米的岛上，周围有坚固的城墙，要攻克这座城市极其困难。亚历山大投入了大量的木材和沙石，从陆地向海岛营建长堤，在长堤前段安置攻城武器展开进攻。提尔人也不甘示弱，驾驶舰船放火，顽强抵抗。然而，腓尼基人和塞浦路斯人的国王们却叛离波斯，率领两百艘舰船归顺亚历山大。从陆地进攻海上的战术因此得以奏效。亚历山大命全部舰队封锁海岛，击溃南边的城墙，让步兵突入城内。似乎为了宣泄长期包围战的愤懑，马其顿军队大开杀戒，犯下了不可饶恕的罪行。最终，八千提尔人战死，近三万人被卖作奴隶。

远征军再次南下，只有巴勒斯坦地区南部加沙地区的居民进行了顽强抵抗。他们的城市离海岸约四公里，位于海滩和沙地环绕的山冈上。亚历山大在周围建造土台，在上面安放攻城武器展开进攻。在两个月的包围战后，城里的男性全部被消灭，女人和孩子被卖作奴隶。由此，亚历山大将从叙利亚至巴勒斯坦的沿岸地区全部收入囊中。

另一方面，在小亚细亚，从伊苏斯战役中逃亡的波斯将军们召集士兵，伺机反攻。公元前332年春，他们率军攻打吕底亚地区。弗里吉亚总督安提柯击溃了他们。就这样，小亚细亚内陆地区也被完全平定了。

科林斯同盟与希腊的大义

科林斯同盟组织　如第三章所述，腓力二世把征服的希腊各国统一为科林斯同盟，以此作为统治希腊的工具。亚历山大继承了这一做法，以科林斯同盟全权统帅的身份，动员希腊同盟军远征。这里我们探讨一下同盟的内容。

虽然条约原件没有保存下来，但根据同时期的政治辩论可知，条约规定保障各城邦的自由与自治，禁止变更政体、消除债务及土地再分配，保障海上运输安全，将背叛者视为敌人。庆幸的是，在雅典卫城出土了一件碑刻，上面记载了条约末尾各国代表的誓约。

誓约：本人向宙斯、盖亚、赫利俄斯、波塞冬、雅典娜、阿瑞斯等所有的神和女神起誓，本人将守护和平，绝不破坏有关马其顿腓力的条约。对于信守此条约者，无论是在陆地抑或是海上，本人绝不会怀有敌意进行攻击。对和平参与者的城邦、要塞和港口，本人绝不用任何方法夺取。本人绝不破坏腓力及其子孙的王权，绝不破坏各城邦和平起誓时的国家制度。本人绝不违背此条约，其他人如若违反，绝不饶恕。若有人破坏此条约，本人必依据受害者的请求，对其进行援助，并遵从评议会的决议与总帅的命令，与破坏普遍和平者斗争到底。

此条约接下来还列出了参与国的名称及各国的决议权数量。由于石碑受损严重，只能读出一部分国家的名称。决议权则是根据各国能提供的兵力大小来分配的。

条约最后所提及的是普遍和平，如第二章所述，这是自公元前386年以来希腊人在波斯国王的主导下反复缔结形成的和平条约。很明显，科林斯同盟继承了普遍和平条约的框架。腓力利用这一条约形式，设立了各国代表组成的评议会，以此实现对希腊各国的统治。禁止变更政体是为了在各国延续亲马其顿政权的统治，禁止消除债务和土地再分配则是为了保护那些支持腓力的上层民众的利益。也就是说，这些条款的目的其实就是把加盟国的政治和社会秩序按照现状固定下来，更进一步向马其顿国王及其子孙起誓，确保忠诚。像这样，将希腊人半个多世纪奉行的国际关系体系变成了统治希腊的工具。这可以说是腓力巧妙的外交策略和干练的手腕得以充分发挥的例子。

条约中对希腊人承诺的"自由和自治"，通常只是歌颂希腊各国独立的固定表达而已，其实它已经变质为马其顿统治下带有限制的独立了。此外，腓力二世为了巩固希腊统治，在科林斯、底比斯、安布拉基亚、卡尔基斯四个城市驻扎军队。这些军队后来被称为"希腊的桎梏"。另外，小亚细亚的希腊各城市从波斯统治下被"解放"后，并没有加入科林斯同盟。

希腊的大义

进行东方远征的大义从名分上说有两个。其一，为了报复约一百五十年前希波战争中波斯人蹂躏希腊土地、亵渎众神的行为；其二，为了把小亚细亚的希腊人从波斯的统治下解放出来。亚历山大用语言和行动反复宣传：自己所做的一切从始至终都是为了希腊。

首先，在格拉尼库斯河战役获胜后，亚历山大将战利品中的三百具盔甲赠予雅典，供奉卫城的雅典娜女神。还命人刻了以下碑文：

此为，腓力之子亚历山大及除斯巴达人以外的希腊人，从亚洲夷狄（波斯）手中缴获的物品。

给雅典送去盔甲，是因为雅典是希波战争胜利最大的功臣。供奉卫城，是因为过去波斯人占领雅典时，烧毁了卫城神殿，亵渎了雅典娜女神。特意刻上"除斯巴达人以外"，是因为斯巴达是唯一一个拒绝加入科林斯同盟的国家，把它和"忠诚"的雅典作对比，以此拉拢雅典民众。此次送给雅典三百具盔甲，与公元前480年希波战争温泉关战役中牺牲的三百名斯巴达士兵的数量一致。就这样，亚历山大把希波战争中斯巴达的贡献堂而皇之地从希腊大义中抹去了。

高加美拉战役之后，亚历山大对普拉提亚和克罗顿两国予以特别关照。首先，他下令复兴在公元前373年被底比斯破坏的普拉提亚。因为在希波战争中，普拉提亚把他们的国土作为战场，为此承受了沉重的灾难。此外，亚历山大命人给位于意大利南部的希腊人城市克罗顿送去了部分战利品。因为意大利和西西里岛的其他希腊人没有参加希波战争，只有克罗顿人派一艘船参加了萨拉米斯海战。实际上，这也并不是正式参战，只是某个拥有运动会夺冠经历的克罗顿人装备了船舰，以个人名义参战的。总之，亚历山大特别表彰了他们在希波战争中的勇气和贡献，对此表达敬意。

在波斯帝国都城之一苏萨的宫殿里收藏了薛西斯国王从希

腊带回的战利品，其中包括哈莫迪奥斯和阿里斯托基顿的青铜像。他们在公元前6世纪末刺杀雅典僭主，为推翻庇西特拉图一族的僭主政权创造了契机。亚历山大下令马上把这两尊青铜像送回雅典。从专制君主波斯国王手中夺回推翻僭主政权功臣的青铜像，没有比这更好的远征名义了。

对背叛者的惩罚　反之，与波斯站在同一阵营的人被视为希腊大义的背叛者，绝不宽恕。在格拉尼库斯河战役中，五千希腊雇佣兵埋伏在波斯军背后的山冈上。波斯骑兵战败逃亡后，伏兵被马其顿军包围。他们向亚历山大请降，却遭到拒绝。亚历山大命令步兵、骑兵齐进向他们发起猛烈的进攻。这五千名希腊雇佣兵中，有三千人战死，两千人成为俘虏。亚历山大在这些俘虏的脚上扣上脚镣，押往马其顿，以违背希腊大义为由，让他们从事重体力的劳动。

虽然可以认为这是正确的政治决断，但普鲁塔克在亚历山大传中记载"他的愤怒战胜了理智"，所以才对希腊人发起猛攻。如果理性决断的话，他应该饶恕这些优秀的雇佣兵，把他们编入自己的部队，这才是明智之举。然而，他首先想到的却是对背叛者的惩罚。事实上，这样残酷的惩罚反而使受雇于波斯军的其他希腊雇佣兵吸取了教训。他们不再对亚历山大的原谅抱任何希望，于是在各地与波斯军队一起奋勇抵抗。特别是在伊苏斯战役中，希腊雇佣兵被部署到波斯战列的中央，压制马其顿密集步兵部队，使其陷入苦战。

然而，并不是所有的雇佣兵都被无情判罪，在公元前334年的米利都攻围战中，三百名希腊雇佣兵逃到了一座无名小岛上，打算抵抗到底。亚历山大得知后动了恻隐之心，以把他们编入远征军为条件，与之和解。

在格拉尼库斯河战役中被俘的雇佣兵中也有雅典人。公元前333年，雅典向驻扎戈尔迪乌姆的亚历山大派遣使节，请求释放同胞。亚历山大拒绝了这一请求，但称如果情况好转，可以再派遣使节过来。释放雅典俘虏是在平定埃及后、再次驻扎腓尼基的公元前331年夏天。当时他已经统一了地中海东部一带，完全掌握了制海权。

希腊雇佣兵受雇于波斯的时期不同，受到的处置也不尽相同。大流士三世死后，曾追随他的一千五百名希腊雇佣兵在里海南岸的希尔卡尼亚投降。亚历山大释放了科林斯同盟成立前的雇佣兵，给其余士兵发放与受雇于波斯军队时相同的酬金，把他们编入自己的军队。

像这样，亚历山大对背叛者的态度并不相同，那是因为他的政策需要因时而异。对格拉尼库斯的雇佣兵进行严惩，这对刚开始的作战有很大作用，正因为远征才刚刚开始，他有必要把大义名分放在首位。

然而，随着远征的不断深入，也出现了残忍报复的例子。公元前329年，亚历山大抵达了位于中亚索格底亚那（译者注：中国古称粟特）地区布朗奇达伊居住的城市。布朗奇达伊出生于小亚细亚的米利都，是掌管狄迪玛阿波罗神殿的神官一族的后裔。公元前479年，薛西斯国王从希腊撤军后，布朗奇达伊将神殿的财宝转让给了这位波斯国王，随后薛西斯王放火烧光了神殿。据说，此后布朗奇达伊一族追随波斯军队，离开故国，来到这个偏僻的地方定居。亚历山大把布朗奇达伊的后代视为希腊的背叛者，于是派步兵包围他们并将之残忍杀害，不留一个活口。不仅如此，他还破坏城市，拆毁城墙，甚至连神圣的森林也全部被夷为平地。虽然许多学者认为此事并不可信，但多种古代史料均有记载，事件的真实性毋庸置疑。希腊大义并不足以为这些彻底的杀戮和破坏行为提供理由。极有可能是马其顿军队对中亚民众的不断起义束手无策，便杀害他们来宣泄不满。可以认为，布朗奇达伊的背叛与对神的亵渎只是将那些残忍行为合理化的借口而已。

小亚细亚的希腊人被解放了吗?

宽大的处理：普里埃内

远征第一年，亚历山大沿小亚细亚沿岸地区南下，沿途不断解散希腊各城市的寡头政治，建立民主政权，恢复各地原有的法律，允许自治。建立民主政权是因为在波斯统治下，寡头派在各城市掌握政权，亚历山大要在各城市建立支持自己统治的政体，并不是因为对民主派有共鸣。

问题是其真实情况到底如何。关于小亚细亚沿岸各城市的情况，保存至今的刻有亚历山大所发书简及公告的石碑能够反映一些问题。首先看一下得到最宽大处理的、位于迈安得罗斯河畔的普里埃内。以下为公元前332年左右亚历山大发布的公告的一部分（[ ]内为复原部分）。

亚历山大之公告

瑙洛库斯居民中的普里埃内人拥有自治和自由权，与其他普里埃内人一样，可拥有位于市区和乡间的土地及房屋。米尔瑟莱欧和佩迪埃司的土地及其周边属于本王，这些村落的居民需缴纳租贡。普里埃内人的筹款，予以免除。另，允许尔等派兵驻留"卫城"。……诉讼……[判决]……法庭……（以下缺损）

大致经过和内容经复原如下：公元前334年，马其顿军从波斯人手中"解放"了普里埃内之时，亚历山大命令这个城市提供筹款。翌年，波斯人发起反攻，虽然夺回沿岸各城市和岛屿，但普里埃内始终忠于亚历山大。与此相反，在普里埃内西部约7公里的一个叫作瑙洛库斯的小港口，非希腊人居民却投靠了波斯。完全驱逐波斯军队之后的公元前332年，亚历山大发布了以上公告。为奖励普里埃内人的忠诚，免除其筹款；为惩罚投靠波斯的瑙洛库斯民众，把瑙洛库斯城与普里埃内合并，规定非希腊人的土地全部归亚历山大所有，并要求其缴纳租贡。租贡为定期缴纳的税金，筹款为特殊时期要求支付的资金。像这样，虽然希腊城市普里埃内被允许自治和自由并免除筹款，但非希腊人的居住地收归亚历山大所有，并被要求缴纳租贡。

　　普里埃内人被免除筹款，意味着沿岸地区的其他希腊城市要承担被免征的那部分款项。另外，从公告中提及的驻扎军队，以及之后出现的诉讼、法庭、判决等词来看，可以推测亚历山大有干涉内政的权力。此外，上述命令不是以条约的形式，而是以公告的形式发布的，也就是说，亚历山大可以随时撤销或更改。虽然普里埃内得到了最宽大的处置，但其"自由和自治"事实上是受限制的，只有遵循亚历山大的意志才能被认可。

亚历山大的介入：希俄斯

　　与大陆相邻的爱琴海海岛各城市虽然已经从波斯帝国独立出来，但东方远征开始后，反而被卷入了波斯海军的反攻战争。针对其中的一个城市希俄斯，亚历山大于公元前334年发布了以下公告。

　　从希俄斯逃亡的人应全部回归祖国。希俄斯的国家体制应为民主政体。为避免民主政体与逃亡者归国相互矛盾，应选举立法委员会起草并修订法律。修订以及起草的法律应送至亚历山大处过目。希俄斯人应出资提供配备船员的二十艘三层划桨战舰。在我方舰队与希腊人的其他舰队一起巡航期间，这二十艘战舰必须停留在海上。至于把城邦拱手让给夷狄（波斯人）的叛徒，已经逃跑的，应将其驱逐出所有共同守护和平的城邦，且应遵从希腊人的决议，予以逮捕。对已被逮捕的，应将其押至希腊人评议会，接受判决。回归希俄斯者若与市内留守者产生纷争，应将其带至我处接受裁决。在其相互和解之前，亚历山大国王将派遣一支具有一定规模的部队驻守希俄斯。希俄斯应承担一切费用。

公元前 5 世纪提洛同盟成立以来，希俄斯一直是雅典在爱琴海地区强有力的同盟国。公元前 357 年希俄斯脱离雅典，建立了寡头政治。但在公元前 336 年，腓力二世派遣远征波斯的先遣部队到小亚细亚沿岸，推翻了其寡头政治，希俄斯投靠马其顿，随后也加入了科林斯同盟。然而，次年波斯军队夺回了沿岸地区，希俄斯的寡头政治得以复辟。公元前 334 年，以亚历山大的到来为契机，亲波斯的寡头派市民被驱逐。上文的书简就是这一时期亚历山大致希俄斯人的公告。公告规定，对逃亡者的逮捕和审判按照科林斯同盟决议执行，这也符合解放希腊人这一远征的大义名分。与此相反，新法的制定要有亚历山大的认可，对于恢复归国者财产而可能引发的纷争，"由我处"即亚历山大自己裁定。因为希俄斯是与爱琴海制海权紧密相关的军事要岛，所以亚历山大对其内政干涉的程度，要比普里埃内强得多。

当时，爱琴海上尚存有波斯海军的势力，他们在各地夺回岛屿及城市，使得局势短时间内仍动荡不已。上述书简中亚历山大命令希俄斯派遣二十艘三层划桨战舰，就是为了应对这一状况。然而，翌年因亲波斯派内奸的串通，致使希俄斯再次落入波斯军手中。最终"解放"希俄斯是在公元前332年末，那时波斯舰队被完全驱逐，爱琴海也成为了"马其顿之海"。

有关希俄斯的情况，还保存了一封亚历山大以第一人称所写的书简，从中我们可以窥探到他是如何解决逃亡者回国后产生的纷争的。

> 他（姓名不详）意志坚定，没有向夷狄（波斯人）投降，特此证明。他是我的朋友，对你们中的大多数人也是友善的。并且，他为了让逃亡者归国、为了解放曾被夷狄建立寡头政治的城市，尽心尽力。因此，我提出以下请求：为了报答他为市民团所做的贡献、为诸位所参加的战斗，撤销对他父亲的决议；在归国者中将没收的财产最先返还于他；表彰他和他的朋友，把他作为爱国者来看待，信赖他。

从上文提及的对其父亲的决议可以看出，此人曾追随被驱逐的父亲出境，无奈之下投降于波斯，最后对"解放"希俄斯做出了贡献。幸运的是，他受到了亚历山大的赏识，在其支持下平安回国，还恢复了财产。问题解决的关键是他和亚历山大的个人交情，是亚历山大的决断。

随后，在公元前331年，被逮捕的寡头派希俄斯人被带到了停留在埃及的亚历山大面前。亚历山大把他们流放到了尼罗河上游阿斯旺附近的象岛上。之后，在希俄斯人的请求下，亚历山大终于撤走了驻留部队。

国家体制变更的影响：埃菲索斯

像这样，各城市的政治体制变更频繁。流放与回归、没收与恢复财产，在这样的反反复复中，市民内部发生了激烈的冲突，有时甚至达到了城邦分裂的程度。埃菲索斯便是其中一例，相关事例整理如下。

直到公元前336年，在波斯的统治下，寡头派掌握了埃菲索斯的政权。

公元前336年，腓力二世派出的先遣部队南下后，民主派发动政变，驱逐了寡头派。为了称颂腓力，民主派把他的画像立于神殿前。不久后民主派领导人希罗庇托斯离世，民众把他视为城市的解放者予以表彰，并在广场为其修建墓地。

大约公元前335年，波斯一方的希腊雇佣兵队长门农率领军队开始反攻，驱逐马其顿军队，把他们逼到小亚细亚西北部。逃亡的埃菲索斯寡头派与门农串通，夺回了政权，并驱逐了民主派。寡头派以希尔法克斯一族为核心，抢掠了阿耳忒弥斯神殿，放倒了腓力画像，甚至挖掘了民主派领导人希罗庇托斯的坟墓。

公元前334年，亚历山大的军队到来后，又驱逐了寡头派并恢复了民主政治。民主派市民马上报复寡头派，杀害了希尔法克斯一族。亚历山大禁止了其他报复活动，恢复秩序，受到了埃菲索斯民众的拥戴。

这是多么残酷又混乱的一幕悲剧！卷入这场混战的市民及其家人承受了多大的痛苦与辛酸？类似的事例在史料中并没有一一记载，这是因为此类国体变更在希腊城市是常有的事。尽管埃索菲斯从波斯的统治下解放出来了，可还是很难从激烈的政治斗争中走出来。

自由大义的背后 高加美拉战役结束后，亚历山大在致希腊的书简中称：所有的僭主政治已被消灭，希腊人可根据各国法律执政。这意味着，在波斯国王支持下统治各国的僭主们，与波斯王权一起被推翻了。从前后文的关系来看，这里说的希腊人指的是居住在亚洲的希腊人。而"根据各自法律"的统治，正如上文所分析的，终究是以服从亚历山大的统治为前提的。

然而，在当时，希腊本土的几个城市还存在亲马其顿派的僭主政治。根据公元前331年所作的、以德摩斯梯尼之名流传下来的政治辩论，伯罗奔尼撒半岛的斯基昂、培林尼和美赛尼亚三个城市还保留有僭主政治，并且都是由安提帕特扶植的。安提帕特是亚历山大的代理统治者，毋庸置疑，这些僭主都是在亚历山大的认可下才掌握政权的。尽管标榜着希腊的大义——"自由"，但只要对亚历山大自身有利，即使是僭主政治也会予以支持。大义名分与现实政策相悖，打着自由的旗号，却支持独裁政权，这一点与现代美国如出一辙。这也许是阐释当权者实利主义和利己主义性格最好的例子吧！

对希腊人的不信任

同盟军的待遇　　尽管高举着大义名分的旗帜，但若仔细分析远征中亚历山大和希腊人的关系，可以发现他对希腊人怀有不信任感。不管对希腊文化爱得如何深沉，在战争和现实政治的层面上，他未必信任希腊人。

在与波斯军主要的会战中，亚历山大并不怎么使用作为同盟军的希腊军队。在格拉尼库斯河战役中，他仅派遣了六百名骑兵，而近七千名步兵没有参战。一千八百名色萨利骑兵倒是活跃在最左翼。虽然他们也是希腊人，但因很早就臣服于马其顿，所以获得了特殊的待遇。在伊苏斯战役中，也没有出现同盟军步兵，取而代之的是希腊雇佣兵，但除了一小部分被部署在右翼外，大部分都被部署到第二列，即马其顿密集步兵部队的后方。在高加美拉战役中，虽然同盟军步兵被安排在第二列，但却是为了包抄波斯大军背后做准备的。

总之，在三大会战中除了色萨利骑兵外，其余的希腊军队几乎没有参战，即便是参战，起的作用也不大。与此相反，在伊苏斯战役和高加美拉战役中，波斯部署了一批精壮的希腊雇佣兵，他们为大流士三世所器重。在伊苏斯战役开始前，亚历山大召集各级指挥官和部队队长，发表了一场激情澎湃的演说。其中，提到希腊人互相残杀，称对方只是为了金钱，而己方是为了希腊。但"为了希腊"只是个口号，最终亚历山大还是不信任坦然投向敌人一边的希腊人，害怕他们背叛，尽量避免把同盟军部署到第一战线。

海军也是一样。远征第一年，马其顿舰队有一百六十艘舰船，当然其中大多数都是希腊的，但最大的海军国雅典却只有二十艘舰船被编入马其顿舰队。实际上，当时雅典的船坞里拥有三百五十艘舰船。的确，波斯海军的主力——腓尼基和塞浦路斯都拥有强大的海军。亚历山大深知难以抵抗，所以在占领米利都后，便遣散了自己的海军。但实际上，只要利用好雅典海军，就可以抵抗波斯海军，还能确保爱琴海的制海权。但他没有这样做，这在政策层面上是说不通的。虽然亚历山大醉心于希腊文化，但即便对希腊首屈一指的雅典，他在政治方面也不予以信任。这是他心理上的症结。

亚吉斯的起义

亚历山大的担心在希腊本土成为了现实。

公元前331年夏，斯巴达国王亚吉斯得到了波斯的援助，发动了大规模的起义。斯巴达是唯一一个拒绝加入科林斯同盟而选择"光荣独立"的国家。其最大的理由是，科林斯同盟承认了原斯巴达统治下的美赛尼亚人是独立的，而且腓力二世对多起领土纷争的裁定，都对斯巴达极为不利。亚吉斯联合波斯海军司令，寻找时机，在亚历山大的增援部队由马其顿向东方进军后，立即发动起义。起义军兵力步兵两万名、骑兵两千名，其中包括约八千名从伊苏斯战役中逃脱的希腊雇佣兵。与之相比，代理统治者安提帕特率领的军队只有步兵一万二千名、骑兵一千五百名。亚历山大当即派出马其顿舰队，以及当时已经归顺的腓尼基、塞浦路斯舰队共一百艘船只，前往增援。次年初，又通过叙利亚总督运送了战争费用。亚历山大最担心的是雅典是否会参加叛乱。所幸，最终雅典还是没有和亚吉斯结盟。公元前330年春，马其顿、希腊联军举兵四万，在位于伯罗奔尼撒半岛中部的麦加洛波利斯与起义军展开了殊死搏杀。斯巴达起义军中超过五千三百人战死沙场，亚吉斯也殒命于此，这场起义最终得以平息。

令人意外的是，亚历山大却将此次大战称为"老鼠的闹剧"，似乎对其十分不屑。这是想说明此次起义不值一提，还是不想认可统帅安提帕特的功绩，我们不得而知。然而，他正是察觉到了事态的严重性，才不断派遣舰队并运送军费，那又为何对此嗤之以鼻呢？因这一次起义验证了一直以来对希腊人的不信任，他认为抓住了蔑视希腊人的根据，在他心目中希腊人的政治位置更加低下了。不信任感带来的表里不一的虚张声势和蔑视，正是这种意识的表现。

事实的隔离政策

公元前330年夏，大流士三世被杀死，阿契美尼德王朝灭亡。之后，希腊同盟军在波斯帝国旧都埃克巴坦那解散。名义上为了希腊的战争也结束了。此后，从军的希腊士兵除了色萨利骑兵之外，全部变成雇佣兵。那么这些士兵又是如何处置的呢？就结局而言，他们中的大多数都被抛弃或被隔离了。安置这些士兵的地方除了部队驻地之外，还有各地新建的城市，即亚历山大城。

亚历山大城的建设，经常被美其名曰"亚历山大东西方融合政策的一环"，实际上这是不得要领的定性。迁入亚历山大城的居民不外乎三类人：希腊雇佣兵、退役的马其顿士兵及当地居民，其中当地居民还包括当地的战俘。这三类居民中最多的要数希腊雇佣兵。依据德国古代史学家伯尔夫的研究，从公元前334年至公元前328年，被编入远征军的希腊人估计最多有四万四人，其中至少有两万五千人被安置到了东方。在此之中，受雇波斯军队后投降的士兵也不在少数。特别是参加了亚吉斯起义后被送往亚洲的八千名士兵，他们当初由波斯雇佣兵队长门农雇佣，之后经历了伊苏斯战役，都是训练有素的战士。如果追根源的话，他们都是失去祖国的希腊人，其中包括被腓力二世和亚历山大流放的人。他们心中对马其顿人和亚历山大极度怨恨，所以无论是在政治上，还是在社会影响上，这些人对帝国来说都是极其危险的存在。因此，将这些人迁入亚历山大城，是亚历山大出于将不稳定因素隔离在偏远地区的考虑。在隔离的实施方面，马其顿的士兵也不例外。公元前330年，亚历山大将那些对自己提出过批判性言论的人，以及在信中写过有损自己利益内容的人聚集起来，给他们扣上"无纪律部队"之名，进行惩罚。在巴克特里亚、索格底亚那地区，将被认为具有反叛倾向的马其顿骚乱分子别安置到了十二个军事殖民地中。

在距离本土五千公里的偏远地区，希腊的移民们过着怎样的生活呢？严酷的自然环境、流放般的屈辱、格格不入的疏远感、对过去希腊生活的思念、与马其顿人的冲突、来自原住民的敌意，这一相互交织，在原本就不愿长住于此的移民心中产生了常人难以想象的积怨。公元前325年，亚历山大的死讯在印度河沿岸流传来。听闻这一消息，位于巴克特里亚、索格底亚那地区的三千移民揭竿而起。他们一起占领了首府巴克特拉（现巴尔赫），却在回国的方法上出现了意见分歧，而后，领导者被杀害，集内分裂。翌年，印度地区的马其顿人总督腓力遭希腊雇佣兵暗杀这是由于希腊雇佣兵被强制留在印度，加之其他原因导致了两约对立而引发的。公元前323年，亚历山大离世后，东方各档的希腊人联合发动起义，起义军步兵两万、骑兵三千。摄政安提帕特派遣军队进行镇压，三千名起义士兵惨遭杀害。幸存下来的希腊人留在当地，参加了之后的继业者战争。

希腊的大义不过是为了掩盖其征服战争的旗号而已。同时，这个大义本身就是为希腊士兵带去莫大苦难的元凶。

民族间莫大的隔阂 希腊人既是被马其顿人征服的民族，同时也是亚历山大帝国统治者中的一员。那么，希腊人与马其顿人两民族之间的障碍是否消除了？答案是否定的。狄奥多罗斯和库尔提乌斯的亚历山大传中，记录着这样一段逸闻。

公元前325年，在印度河流域，亚历山大邀请归顺的各部落领主，举办了盛大的宴会。宴会上马其顿人库拉格斯酒醉后，向雅典有名的拳手狄奥克西斯提出要一对一地对决。第二天两人的比赛开始，理所当然地，希腊人为狄奥克西斯加油，而亚历山大和马其顿人则为库拉格斯鼓劲。比赛以狄奥克西斯的胜利结束。希腊人为之喝彩，而亚历山大却因马其顿人在其他民族面前败北而面露不悦。从那之后，亚历山大对狄奥克西斯的态度开始变得冷淡。数日后，亚历山大的亲信们命令仆人将黄金酒杯置于狄奥克西斯的床下，并在之后的宴会上指控他有偷窃行为。狄奥克西斯无法忍受周围鄙夷的目光，当即退席，给亚历山大写下一份遗书之后，用剑了结了自己的生命。

按今天的常识来看，运动跨越了民族和国家的界限，创造出和平与友好。然而当时显然并不存在这样的常识。对亚历山大和马其顿人而言，不管是以何种形式，只要是本民族的荣誉受到任何损伤、武勇受到一丝轻蔑，都是无法容忍的。这个事件可以认为是亚历山大想让希腊人再次认识到，到底谁才是帝国真正的统治者。到头来，希腊人虽然算是亚洲征服者中的一员，但对于真正的统治者马其顿人来说，却只是处于从属地位的同盟者罢了。

第五章

在东方世界的传统之中

远征东方略史（二）

征服埃及

公元前332年晚秋，远征军抵达埃及的入口柏路西亚。波斯总督马扎西斯放弃了抵抗，亚历山大被埃及人视为解放者，受到热烈欢迎。亚历山大沿尼罗河到达供奉太阳神拉神（即阿蒙神）的宗教城市赫利奥波利斯，随后又进入埃及古王国时代的都城孟斐斯。他在此将供奉品献给神牛阿匹斯，从而成为真正的埃及王——法老。然后，他从孟斐斯出发，沿河而下，抵达尼罗河三角洲西端的卡诺珀斯。这片土地位于地中海与马雷奥蒂斯湖之间，清风掠过，土肥水美。亚历山大认为这是建设城市的最佳之地，并亲自勾勒蓝图，着手亚历山大城的建设。这座在后世被誉为世界最大的

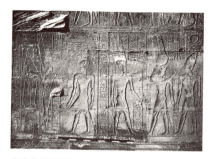

在卢克索阿蒙神殿中所绘的亚历山大图像　　亚历山大（右）在蒙图神的指引下，走向阿蒙神的身边；下一场景中，亚历山大立于阿蒙神（左）面前。出自 Stewart, *Faces of Power*

希腊化文化沉淀之都的城市由此诞生。马其顿舰队司令官赫格罗卡斯也到达卡诺珀斯，带来了从波斯人手中夺回爱琴海所有岛屿的捷报。这样，爱琴海、地中海东部的制海权已完全控制在马其顿人手中。

在利比亚沙漠的锡瓦绿洲中，有一座供奉着埃及最高神阿蒙神的神殿。那里的神谕在希腊也广为人知，希腊人还将阿蒙神与他们的最高神宙斯等同而视。公元前331年2月，亚历山大穿越沙漠，前往锡瓦绿洲。在神谕所，只有亚历山大一人被带入内殿，而他在得到称心如意的回答之后，便踏上归途。人们对于神谕的内容有着五花八门的猜测，但亚历山大只对外宣称，神谕证实了他确为"神之子"。这是他迈向神化的第一步。在孟斐斯的归途中，亚历山大在4月7日举行了新都市亚历山大城的开工仪式。

4月末，亚历山大率军离开埃及，再次前往腓尼基。途中逗留于马拉托斯之时，收到消息称希腊发生叛乱。叛乱领导者是斯巴达国王亚吉斯，他从上一年起便与波斯海军提督接触，接受其资金和船只的援助。得知此消息，亚历山大立即派遣舰队前往希腊。翌年春天，叛军被代理统治者安提帕特击溃，亚吉斯战死沙场。另一方面，亚历山大收到了大流士三世的亲笔信，信中提出愿割让幼发拉底河以西的土地，并将自己的一个女儿嫁给他。当然，这些都遭到了亚历山大的拒绝。此时，无人能阻止他作为唯一的王者君临亚洲。

阿契美尼德王朝的灭亡 马其顿大军离开腓尼基地区，终于前往内陆。7月末，大军渡过幼发拉底河，后又渡过底格里斯河。大流士三世也从帝国东部召集了强大的骑兵部队，组织大军，严阵以待。他下令对步兵的矛进行改良加长，并把战场的地面铲平，以便战车冲锋陷阵。万事俱备后，大流士布阵于高加美拉广阔的平原上。马其顿军在兵力上处于劣势，亚历山大将战列排成并列的两重，部署在左右两端的骑兵部队排成钩状，以防被敌军围攻。这样，10月1日，两军展开对决。

刚一开战，亚历山大便调动右翼骑兵，直破对方战列。随后骑兵与步兵排成浩大的楔形队列冲入敌方，直逼大流士。大流士再一次逃走。当时，波斯骑兵正对马其顿军队的左翼展开猛烈攻击，马其顿军陷入苦战，但得知国王逃跑的消息后，波斯军队很快全线崩溃。就此高加美拉战役落下帷幕。随着大流士逃往首都埃克巴坦那，阿契美尼德王朝的统治实际上崩溃了。

亚历山大继续率军南下，陆续征服波斯帝国的都城。10月21日，他率军进入美索不达米亚最大的城市巴比伦。总督马扎亚斯奉上了城市和财货，巴比伦人则全体出动，欢迎新的王者。亚历山大断定帝国的统治需要波斯统治阶层的协助，于是任命

陶壶上绘有追击大流士的亚历山大　左为骑马的亚历山大，中间是乘马车逃走的大流士。那不勒斯考古学博物馆藏，出自 *Faces of Power*

马扎亚斯继续担任总督一职。这也是他第一次任命波斯人为高官。从此，正式开创他的东方合作路线。

11月25日，亚历山大离开巴比伦，于12月15日到达波斯帝国的行政中心苏萨。他和平地接收了这座城市及其财货。在苏萨的宫殿中，亚历山大首次登上了波斯国王的宝座。12月末，他从苏萨出发，前往波斯波利斯。途经扎格罗斯山脉时，亚历山大平定了攸克西亚人的抵抗，并击溃了在隘路严阵以待的波斯军队。这样，亚历山大便于公元前330年1月末占领了象征阿契美尼德王朝王权的波斯波利斯。他随即放纵了马其顿士兵的欲望，应允他们对城市进行掠夺。这是胜利者的权利，是征服的嘉赏，没有其他行为比这更适合远征的大义名分。远征军在波斯波利斯停留了四个月，把在宫殿中收藏的巨额财物全部收归旗下。然而，波西斯当地的居民愤恨并反感这种掠夺行为，因此拒绝归顺亚历山大。5月末，愤怒的亚历山大为了惩罚波斯人，下令放火，将壮丽的觐见大殿和百柱殿烧为废墟。翌日，亚历山大终于出发，前往大流士的所在地——埃克巴坦那。

大流士得到亚历山大进发的消息之后，立即率九千士兵移至帝国东部，重整军队，打算与亚历山大再决胜负。亚历山大闻讯，随即展开全速追击。然而，由于行军过速，掉队者不断出现，众多马匹也因不堪疲惫而倒下。另一阵营中，大流士的亲信们都背弃国王，相继逃脱，归顺亚历山大。此时，有消息传来，巴克特里亚总督贝索斯等人发动政变，已将大流士拘禁，掌握了实权。亚历山大清楚事态告急，容不得一丝迟缓。7月末，他率军连夜穿越七十公里的沙漠，终于逼近敌军。却不料贝索斯等人将大流士刺杀后逃走。大流士享年五十岁。亚历山大下令将他的遗体送回波斯波利斯，为其举行厚葬。

东方路线的开创

军队在里海南部再次集结后，亚历山大解散了希腊同盟军。从此，以希腊大义为名的远征已结束，接下来的是亚历山大自己的远征。他将副统帅帕曼纽留在埃克巴坦那，命其负责财物的接收与后方的联络。随后，当他正准备讨伐杀害大流士的贝索斯时，有消息传来：贝索斯已在巴克特里亚自封为王。为与之抗衡，亚历山大也穿上波斯风格的服装，并将旧王族提拔为侍从。此时，双方争夺的重点变成了谁是正统的阿契美尼德王朝后继者。

然而，亚历山大的东方化路线让远征军内部产生了裂痕。公元前330年秋，在德兰癸亚那（现阿富汗西部）地区的首府弗拉达，一位无名青年欲暗杀亚历山大的阴谋败露。骑兵指挥官菲罗塔斯疑与此事有染，被处以死刑，随后，其父帕曼纽也在埃克巴坦那被谋杀。帕曼纽和菲罗塔斯父子二人是旧势力的中心，在远征军内部拥有强大的势力，而亚历山大借此次谋反事件，强硬地清除了东方合作路线的障碍。帕曼纽在士兵中有很高的威望，在得知他被谋杀的消息后，士兵们险些掀起暴动。此后，亚历山大又多次对亲信中的反对派进行肃清。

中亚的苦战 远征军进入了冬季的兴都库什山脉。士兵们第一次历经如此酷寒，脚被冻伤，眼睛也因雪光的反射难受无比。抵达喀布尔后，他们决定在此地过冬。其间，他们在中亚建立高加索的亚历山大城。公元前329年初春，远征军穿越哈瓦克山口，进入波斯帝国位于东方的据点——巴克特里亚。为了到达奥克苏斯河（现称阿姆河），远征军不得不穿越长达七十公里的炙热沙漠。好不容易抵达目的地，却有士兵因急于饮水，气管被堵而丧命。贝索斯在山中采取的焦土战术未能阻挡住亚历山大的进攻，最终被叛离的同伴亲手押送给了亚历山大。亚历山大判定贝索斯的罪行为叛逆罪，以波斯的传统方式割其耳鼻，送至埃克巴坦那处以极刑。

随后，远征军抵达雅克萨提斯河（今锡尔河）流域。这是被视为亚洲边界的河流。亚历山大基于将来远征斯基泰的考虑，在河畔建造了极东亚历山大城。然而，在曾逮捕贝索斯的波斯贵族斯皮塔米尼斯的领导下，索格底亚那地区的居民发动叛乱。于是，亚历山大开始了一场历时整整两年的恶战，平定叛乱。亚历山大先是将锡尔河流域附近的七座城市逐一攻破，杀死城中所有男子，并把妇女、儿童收作奴隶。在该地区最大的城市西罗波利斯，有八千居民死亡，剩下的俘虏全被移至极东亚历山大城。

而索格底亚那人与骑马游牧民族斯基泰人联起手来。他们是能够自如地驾驭马匹的骑兵，在当地居民的帮助下，行动神出鬼没。这是马其顿军队第一次经历游击战。在坡利提米塔斯河（今泽拉夫尚河）畔，马其顿军的一支部队遭遇毁灭性的惨败。得知此消息的亚历山大，一怒之下洗劫了坡利提米塔斯河流域一带，并杀害了躲在堡垒中避难的所有居民。这样，曾是索格底亚那最富庶、人口最多的地区化为一片废墟。

公元前328年，索格底亚那人舍弃城市，据守各地难以攻破的堡垒，负隅顽抗。亚历山大把军队分成五队派遣出去，自己也果断投身艰难的围歼战中，逐一攻破。其中，科瑞尼斯山的堡垒海拔两千七百米，周围十一公里被深谷包围，通往山顶的道路只有一条。亚历山大命令从谷底搭起木材，构筑平坦的踏板，昼夜不停为攻击做准备。敌军首领畏于亚历山大的胆魄，狼狈不堪，将堡垒亲自拱手相让。另一方面，亚历山大派遣的一支分队击溃了斯皮塔米尼斯统辖下的部队，走投无路的斯皮塔米尼斯被盟友斯基泰人杀害。自此，巴克特里亚、索格底亚那方面的军事威胁已基本消除。

公元前327年，亚历山大与索格底亚那豪族奥克夏特斯的女儿罗克珊娜结婚。上一年的夏天，罗克珊娜与家人避于堡垒，后因堡垒被攻破，成为俘虏。虽然一直传说是亚历山大爱上了罗克珊娜，但这段婚姻带有政治色彩，为这场持久的征服战争画上和解的句号。

另一方面，远征军中针对亚历山大东方路线的反感再一次显露出来。公元前328年晚秋，在一次宴会上，亚历山大与亲信克莱特发生激烈的口角。他一气之下亲手刺死了克莱特。翌年春天，贵族青年侍从们密谋暗杀亚历山大，败露后都被处以死刑。无论是克莱特还是侍从，都难以忍受亚历山大对于东方世界的沉迷，而对于引入跪拜礼这一波斯式的宫廷礼仪，尤为不满。他们一致认为，向活人跪拜是极其耻辱的行为，和奴隶没有任何区别。当面反对跪拜礼的历史学家卡利斯钦斯，遭到亚历山大冷遇，并受到侍从阴谋案的牵连而被处死刑。就这样，亚历山大一一清除了身边的反对派，而对其忠诚的亲信渐渐占据了远征军的中枢。

作为法老的亚历山大

在古都孟斐斯 在亚历山大征服的波斯帝国领土中，包含着埃及、美索不达米亚这样拥有两三千年古老传统的地区，而为了取代波斯国王来统治这些地区，亚历山大必须去适应各地政治和宗教的传统。以下我们通过埃及和巴比伦尼亚两个实例，分析一下具体的情况。

埃及在公元前525年曾被波斯帝国冈比西斯国王征服，后于公元前404年恢复独立。埃及人不断击退波斯军队的进攻，从第二十八王朝至第三十王朝，保持了近六十年的独立。然而，公元前343年，阿尔塔薛西斯三世再次成功征服埃及。埃及人十分憎恨波斯人的统治，所以将亚历山大看作解放者，热情欢迎他的到来。

对亚历山大而言，为了显示自己是这片土地正统的统治者而不是新的压迫者，有必要适应埃及政治与宗教紧密结合这一独特的王权理论。埃及王，即法老，是太阳神拉神的儿子，也是冥界主宰者俄赛里斯神的儿子荷鲁斯在人间的化身。荷鲁斯是在众神法庭中被正式承认埃及王位的，因此法老只有通过体现自身是荷鲁斯的化身，才会被承认为正统的王。法老最重要的职责是通过维持或革新创造神所规定的宇宙秩序，来守护人类社会的安宁。执行神殿的祭祀仪式、击退外敌保卫疆土等具体活动，都是为了维护秩序。只有法老可以与众神相通，拥有连接神界与人界的权力。因此外国人若想在埃及取得正统的统治地位，就必须基于上述宗教逻辑去尽法老之责。

亚历山大先是在古都孟斐斯向众神献上祭品。选择孟斐斯也有其意义所在，这里是古王国时代的首都，承载着埃及国土一统的记忆；同时，这里又与创世之神布塔的信仰有着密切关系。

亚历山大在这里献上的祭品中，最重要的是献给神牛阿匹斯的祭品。阿匹斯是被奉为创世之神布塔化身的神牛，在其离世之时，埃及人举行了盛大的葬礼。

据历史学家希罗多德所述，冈比西斯王用短剑将阿匹斯刺伤致死，随后受到阿匹斯的诅咒而发疯。此外，相传阿尔塔薛西斯三世也曾对阿匹斯十分粗暴。因此，亚历山大向阿匹斯呈上祭品，带有标榜自己与波斯专制统治者不同的含义。不过，冈比西斯王刺死阿匹斯的传说是存在疑点的。据象形文字（神圣文字）的记载，阿匹斯厚葬于冈比西斯统治的第六年，即埃及被征服的第二年。当时，冈比西斯为筹措对外征服的费用，采取了收缴神殿收入、没收神殿财产等手段，使得神官们对他怀有敌意，故意杜撰出那些恶意的传说。

与之相反，冈比西斯的后任大流士一世举行传统仪式，修建神殿，与神官们和解，并开凿了连接尼罗河与红海的运河。这一系列举动使得他被视为仁慈而卓越的法老，从而被接纳。在亚历山大的心中，很可能对这两位波斯国王的事迹有所衡量。

法老的称号

有一种常见的说法，亚历山大是在孟斐斯加冕成为法老的。但现存的所有亚历山大传中，除以卡利斯钦斯之名流传的《亚历山大传奇》以外，其他均未提及。再说，这部作品是被称作"亚历山大罗曼史"的幻想文学，几乎没有史料价值。

然而，象形文字的记载中却留有作为法老的亚历山大的称号。埃及国王的正式称号由以下五项构成：荷鲁斯名、二女神名、黄金荷鲁斯名、上下埃及王名、拉神之子名（王的固有名）。最后两项称号被椭圆形装饰（王名的轮廓）圈起。除王的固有名之外，其余四项均由神官设计。这四项是在国王加冕时发表的，届时还会向全埃及公布。这些称号定义了新王与王权的关系，以及与王权结合的众神与新王的关系。

关于亚历山大的称号，现存有除第二项和第三项以外的三个称号。这些称号均体现了典型事例（关于阿蒙神将于下一项说明）：

（Ⅰ）荷鲁斯——埃及的守护者；（Ⅳ）上下埃及之王——拉神选中者、阿蒙神所爱者；（Ⅴ）拉神之子——亚历山大。

既然留存有正式称号，那么是不是可以认为亚历山大作为法老即位加冕了呢？答案是否定的。亚历山大死后继任马其顿国王的亚历山大四世和腓力三世都没有在埃及加冕，但都留有神圣文字（象形文字）的正式称号。因此，仅凭正式称号的存在，并不足以证明亚历山大曾作为法老加冕过。那么，这到底是怎么回事？

亚历山大虽然在埃及停留了近半年，但在此期间，他在孟斐斯停留的时间不足两个月。因此不难想象，亚历山大因时间上的原因，放弃了举行需要大量时间精心准备的加冕仪式。取而代之，他通过向众神献祭品、下令修建神殿等举动，大致完成了作为法老应完成的任务。例如，他在卢克索的神殿内，为阿蒙神兴建了一片新的圣域。当然，工程是委托部下完成的。另一方面，对神官们而言，法老的缺失将切断王权与众神的联系，无法维持宇宙的秩序。因此，即使没有正式的即位和加冕仪式，他们仍接受亚历山大作为事实上的新王，授予其形式上的称号，延续王权。

最近的研究表明，亚历山大的法老称号在最初是不规则的，并未确定下来。例如，荷鲁斯名一项中，还有"供奉者""击败各国的统治者"等其他形式。而"拉神选中者、阿蒙神所爱者"这一称号是在亚历山大统治埃及的第四年才首次出现的。这也显示了亚历山大并没有正式加冕，作为法老的称号在当时也只是暂定的。后来，他离开埃及，受他命令留下的高官们将埃及治理得井然有序，其称号才正式确定下来。

阿蒙神的神谕　关于在埃及停留期间的亚历山大，还有一件不可忽视的事情是：他曾穿越利比亚沙漠，参拜了位于沙漠中央锡瓦绿洲的阿蒙神殿，并在那里得到了神谕。阿蒙神本是象征大气和丰饶的神，在中王国（第十二王朝）时期成为首都底比斯的守护神，随后在新王国（第十八王朝）时期，升格为国家的守护神，拥有至高无上的威信，并与太阳神拉神结合，被人们奉为创造神、众神之王。

锡瓦绿洲中的阿蒙神庙因神谕而闻名于世，名声甚至远达希腊本土。希腊人将阿蒙神与他们的最高神宙斯等同而视，诗人品达罗斯还曾为其写过赞歌。雅典还向锡瓦派遣了国家使节，并在本国境内建造了阿蒙神庙。由此可知，亚历山大渴望求取负有如此盛名的神谕，也在情理之中。

但是，关于亚历山大求取神谕的目的却一直争论不断。唯一可以明确的是，神官曾用希腊语称呼亚历山大为"神之子"。这包含了两层含义：其一，法老被视为太阳神阿蒙神之子，因此神官的话是对法老惯用的问候用语，同时也暗示着阿蒙神正式承认亚历山大作为法老的地位；其二，这句问候可以视为亚历山大是阿蒙神、宙斯之子的证明。阿蒙神和宙斯在希腊被等同而视，而亚历山大是最高神宙斯之子，因此直接继承了神的血统。如此一来，亚历山大获得了有关自己身世的确凿证明。

关于神谕的具体内容，亚历山大自己保守秘密，同行的亲信们都无从知晓。而与神谕内容相关的种种传说，均为后世所撰。因为传达神谕时的实际情况是这样的：

亚历山大一行人到达神殿后，首先被迎至中庭。随后，仅亚历山大一人被邀至内殿的神谕所，随从人员只能在大厅守候。"神之子啊"——神谕所中最年长的神官对亚历山大奉上问候。而这也被随从人员听见，众人皆震惊无比。亚历山大向神官传达了自己的疑问后，便被领入旁边的等候室。然后，神官进来，以点头的方式而不是语言，向亚历山大一人传达了神谕。因此，关于神谕的内容，随从人员一无所知。当亚历山大返回大厅时，众人纷纷询问结果，而他只说结果全部如我所愿。

然后，随行人员也得到允许可以各自求取神谕。众人在中庭

锡瓦绿洲 亚历山大得到神谕的阿蒙神殿。出自 Wood, *Alexander the Great*

排成队列，举行了这一仪式。先将脐形的阿蒙神神体放置在一个船形台子上。有一种说法称，此船形台由八十名神官扛起。有人提问，他们就按照最年长神官的指示前后摆动船形台。船向前倾表示肯定的回答，往后倾则表示否定的回答。以上是在阿蒙神殿里发生的事情。

总而言之，亚历山大从阿蒙神那里确认了自己的身世，并得到了作为法老的认可，于是满意而归。

关于从锡瓦绿洲的归途

顺便说一下亚历山大离开阿蒙神殿归途的路线。很多书籍甚至是高中世界历史教科书中记载的远征路线，都是亚历山大从锡瓦绿洲笔直向东行进，回到孟斐斯。实际上这是阿里安误解了托勒密的亚历山大传所导致的结果。阿里安关于此处的记载是这样的：

> 关于（从阿蒙神殿的）归途，阿里斯托布鲁斯说是和来的时候走同一路线。但据托勒密所记载，亚历山大一行走的是直达孟斐斯的另一条路线。（第三卷第四章）

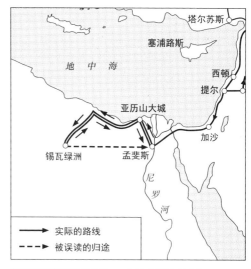

阿里斯托布鲁斯当时很可能与亚历山大同行，并在此后撰写的亚历山大传中明确记载了返程的路线。而与此相反，托勒密则被认为并没有同行至锡瓦绿洲。而且，他的亚历山大传以战争和军事为中心，对亚历山大访问

锡瓦绿洲至孟斐斯的归途　亚历山大按原路返回

阿蒙神殿一事虽有所提及，但不会详细到交代返程是什么路线。因此，可能他只简单地记载了"从阿蒙神殿归来的亚历山大云云"之类的内容。

　　然而，读到此处的阿里安，看到没有从锡瓦绿洲到孟斐斯中途所经路线的记载，便误认为存在一条不同于阿里斯托布鲁斯记载的路线，并创造了"他走的是另一条直奔孟斐斯的路"这种说法，并传承至今。

　　现在常见的远征图都错误地沿用了阿里安误读的记述，这是双重错误而引起的，必须尽快予以订正。亚历山大走的是和来时相同的路线，在举行新都市亚历山大城的开工仪式后，才返回孟斐斯的。

华丽的巴比伦

在高加美拉会战中击败大流士三世之后，亚历山大沿着底格里斯河南下，于会战二十天后的 10 月 21 日，进入了巴比伦城。巴比伦位于今巴格达以南约九十公里处，幼发拉底河蜿蜒流过城市的中心。公元前 18 世纪，在汉谟拉比大帝的励精图治之下，巴比伦极尽繁华。此后虽历经多次战乱，屡遭破坏，但也屡次实现复兴。巴比伦作为美索不达米亚文明的中心，有着无与伦比的权威和声誉。总督马扎亚斯在亚历山大到达巴比伦之前，先拜访了他，将巴比伦城和自己的权位一并交给了他。亚历山大虽然接受了，但仍以战斗队形挺进城市，仿佛奔赴战场一样。

关于入城的情况，库尔提乌斯的传记中是这样记载的：

> 许多巴比伦人都想亲眼目睹新王的英姿，在城墙上占好了位置。然而更多的人则选择出城迎接新王的到来，其中也包括了巴戈法涅斯，他的职责是管辖城池要塞和王室金库。他为了表示自己在欢迎新王的热情方面不亚于马扎亚斯，在道路两侧设置了无数银祭坛，并在其中堆满了乳香及其他各种芳香。在他身后，有着成群的骏马和家畜。还有关在笼子里的狮子和猎豹，所有的这些都是进献给新王亚历山大的礼物。

在他的身后，波斯祭司们按照惯例唱着颂歌，紧随他们的是迦勒底人（最高神马尔杜克的神官）和巴比伦人。队列的最后是巴比伦骑兵在行进。骑兵和马的装束，与其说是庄重华丽，不如说是豪华绚烂，极尽奢华。

亚历山大在麾下军队的紧密簇拥下，命令城市居民组成的队伍跟在（马其顿人）步兵的后面行进。而他自己乘坐在战车上，进入都市，随后进入官殿。（第五卷第一章）

上述的华丽入城仪式得以实现，并不只是因为巴比伦人自发地热烈欢迎亚历山大。根据巴比伦的正式记录——天文日志的记载，亚历山大于10月18日在巴比伦以北五十公里处的城市西帕尔，向巴比伦人发出了公告。根据现存泥板文书片段的记载，亚历山大的部下奔赴巴比伦，就供奉着马尔杜克神的埃萨吉拉神殿的财产问题，以及承诺不踏入巴比伦人的家里等事宜发了公告。也就是说，亚历山大事先宣布了尊重巴比伦的神殿和圣域，以及不会让军队抢掠城市。

在巴比伦入城之后，进入苏萨也是同样的过程。因此，巴比伦的入城仪式，是在双方周到关照的基础上计划的，而开城之后的城市待遇无疑也是事前就定好的，这是双方合作的成果。马其顿军采取战斗队形行进，也并不是因为预料到巴比伦方面会抵抗，而是因为这种行进本身也是仪式的一部分。

**巴比伦尼亚的传统
与外国人统治者**

古都巴比伦在此之前也曾被亚述帝国和波斯帝国阿契美尼德王朝等外国势力统治。每当此时，巴比伦人都会使其适应自身的王权观，以此来接受外来的王。依据巴比伦人的王权观，如果巴比伦的国王蔑视众神、实施暴政摧残民众，最高神马尔杜克就会一怒之下离开巴比伦，去寻找新国王的候选者。然后马尔杜克神会和自己选中的候选者一起归来，驱逐前任国王。而民众会将新的王视为解放者予以欢迎，国王会向马尔杜克神进献贡品，这样和平与秩序就得以恢复。

依据亚述的记载，萨尔贡二世于公元前 710 年在巴比伦人的欢迎下入城，并在巴比伦人面前进献贡品，还为祭祀队列开辟了新的运河。公元前 539 年进入巴比伦的波斯国王居鲁士二世，在被称为"居鲁士圆柱"的文书中，以第一人称记述了自己的事迹："吾维护了和平，守卫了圣域，赞颂了马尔杜克神，并将被前任国王那波尼德舍弃的诸神带回到他们原来的地方。马尔杜克神祝福吾及吾之军队，在其命令下，诸国向吾进贡。"（概要）亚历山大在前述的天文日志中也被称为"世界之王"。巴比伦人将他视为马尔杜克神选中的新王，从而接受了他的统治。

事实上，亚历山大尊重巴比伦的传统礼仪，作为新晋的外国君主，并没有辜负巴比伦人的期待。据阿里安的亚历山大传记载，亚历山大下令重建主神马尔杜克及诸神的神殿，并遵从马尔杜克神殿神官的指示，举行祭祀，敬献供品。所谓神殿的重建，实

际上是修复和扩充，其本身就是祭祀行为的一个重要组成部分。这是因为神殿的修建需要履行一系列手续：除向众神进贡、特权的再确认之外，还需要通过神官向众神发出请求，并依

居鲁士二世之墓　修建于帕萨尔加德，全高 11 米。出自 Cartledge, *Alexander the Great*

据众神给予的吉兆获得修建的许可。因此，亚历山大下达修建神殿的命令，不允许发出命令本身就意味着王位得到了众神的确认。因此，亚历山大通过下达修建神殿的命令，正式表明了他作为巴比伦尼亚国王的正统性。

学习美索不达米亚传统的亚历山大

一般认为，在巴比伦时的亚历山大，将波斯帝国建设者居鲁士二世的先例置于心头。亚历山大崇拜居鲁士二世，将其视为伟大的君主。关于这一点有很多证据能证明。从印度返程途中，亚历山大目睹居鲁士二世的坟墓惨遭毁坏，痛心不已，立即命人进行修理。对于居住在兴都库什山脉南麓的阿瑞阿斯皮亚人，亚历山大赞赏他们协助居鲁士远征斯基泰，承认他们是"自由之民"。亚历山大之所以会对居鲁士如此钦佩，大概是受到公元前4世纪希腊作家色诺芬所著《居鲁士的教育》一书的影响。此书是将居鲁士刻画为一位理想君王的小说。亚历山大也曾读过此书，并将其作为自身帝王学的一部分。因此，对亚历山大而言，居鲁士对巴比伦尼亚人宽大的政策是一种重要的先例。

另外，他可能也从亚述的先例中有所学习。高加美拉战场位于亚述帝国首都尼尼微东部仅两三公里的地方。战役之后，亚历山大占领波斯军的据点埃尔比勒，从那里到巴比伦的途中，排列着尼姆鲁德、阿舒尔等亚述的故都。诚然，这些城市在当时都已成了废墟。公元前401年，雅典人色诺芬参加波斯国王之弟居鲁士的叛乱后，在沿底格里斯河向北退却的途中，就曾目睹了尼姆鲁德城堡荒无人迹的状态。尽管如此，一般认为，旅途中，或许是在西帕尔，亚历山大确实学习到了亚述以来的美索不达米亚文明。

像这样，亚历山大尊重巴比伦的传统，承袭亚述及阿契美尼德王朝君主们的先例，成为名副其实的巴比伦尼亚之王，在一片祥和气氛中，作为新的统治者被巴比伦人所接受。巴比伦人也以自己的王权观与礼仪逻辑，接受亚历山大，保证了他王位的正统性。一方是旨在推翻波斯统治的亚历山大，在政治上深思熟虑；另一方是经历几个世纪动乱的古都巴比伦，蕴含着成熟的智慧与生命力。亚历山大入城正是两者完美结合的瞬间。

不过，切不可将两者的结合想得过于美好。在巴比伦的记载

亚历山大的石棺　由亚历山大任命的西顿国王亚布达隆尼摩土所制作。下面雕刻的骑马人物是亚历山大，展示有再现完工之时鲜艳色彩的复原像。该石棺长318厘米，宽167厘米，高195厘米，重量为30吨。伊斯坦布尔考古学博物馆藏，土耳其共和国大使馆文化宣传参赞室提供

灿烂的王室宝藏 1970 年发掘的维尔吉纳王室墓葬中，有数量众多的金制品出土。下图是德尔维尼出土的镀金的混酒器——双耳喷口罐，用于混合葡萄酒和水。维尔吉纳博物馆藏。希腊政府观光局提供。上图为维尔吉纳博物馆，以巨大的圆顶覆盖了整个王陵。笔者拍摄

亚历山大的故乡马其顿的贵族宅邸遗迹（上）及阿帕米亚城遗址（下） 继承亚历山
大帝国最大领土的塞琉古一世，在各地建造城市，并再次征服了中亚。阿帕米亚城
就是他建造的。笔者拍摄

巴比伦的伊斯坦尔大门　公元前331年11月，从巴比伦出发的远征军，接收了波斯帝国的行政中心苏萨。在宫殿中，亚历山大登上了波斯国王的宝座。年底，军队从苏萨出发，在翌年一月末。占领了波斯波利斯，终于征服了波斯帝国

中，亚历山大被记述为"来自希腊的王"，可见他的王权自始至终都被认为是外国人的统治。而且他从巴比伦出发后，直至公元前324年才回来，有六年未踏入巴比伦。在此期间他无法举行新年祭祀。新年祭祀对巴比伦人来说极为重要，因此这相当于他蔑视了作为巴比伦尼亚王最重要的职责。此外，对于巴比伦的传统礼仪，他也缺乏深入理解，甚至是漠视的，关于这一点将在第七章进行阐述。

亚洲之王与王权的视觉化

亚洲之王　　　　阿契美尼德王朝的国王们都拥有正式的称号，例如，镌刻于波斯波利斯的大流士一世的碑文是"伟大的王、诸王之王、诸邦之王"。与之相对，亚历山大用的称号则是"亚洲之王"。

在伊苏斯战役中败北的大流士三世，曾于公元前333年末给停留在腓尼基的亚历山大寄去了亲笔信。信的内容是请求和好与缔结同盟，他允诺割让幼发拉底河以西的领土。但亚历山大回信拒绝了他的请求。据阿里安所记载，信中有这样一节：

> 因此，你应当尊我为亚洲霸主，前来拜谒。如果你担心来到之后我会对你无礼，那你就可以先派你的亲信前来接受适当

的保证。（中略）将来，不论你派人来还是送信来，都要承认我是亚洲的最高霸主。不论你向我提出什么要求，都不能以平等地位相称，要承认我是你的一切的主宰。（第二卷第十四章）

公元前331年，在高加美拉会战取得胜利之后，亚历山大向罗得岛林都斯的雅典娜神殿献纳了武器，并刻下了以下的铭文：

亚历山大国王击败大流士，成为亚洲的主宰者。故遵从神谕，向林都斯的雅典娜女神献纳牺牲。

他昭告于世：今后没有两个国王并立，仅有一位国王君临亚洲。然而，这只不过是他单方面措辞上的宣言而已。亚历山大非常清楚，要让亚洲的贵族、原住民这些被统治的人承认并服从自己的王权，有必要将自己的王权表现得让所有人都一目了然。因此，在大流士三世去世当年（公元前330年）的夏天，亚历山大便开始着手王权的具体化。

东方风格的宫廷礼仪 他首先穿上波斯样式的服装。波斯人作为"马背上的民族"，他们的服装是裤子与长袖上衣的配搭。但在马其顿人看来，这样的着装过于奇怪，所以并未采纳。此外，波斯国王头戴被称为"三重冕"的毡帽，还缠有国王专用的蓝白发带。亚历山大从波斯王的装饰品中采纳了

对波斯王行跪拜礼的高官　波斯王要求觐见者采用表达敬意的礼仪。波斯波利斯出土的浮雕。
德黑兰考古学博物馆藏

发带的设计，把它搭配在被称为"考西亚"（kausia）的马其顿式帽子上，并系上波斯风格的腰带。起初，亚历山大只是在与东方人及亲信等会面时才如此装扮，后来，他开始以这样的打扮外出、骑马、演讲。虽然马其顿士兵觉得亚历山大这样装扮显得有些不伦不类，但他们也只能默不吭声。

其次是接受波斯人的跪拜礼。跪拜礼是波斯一种表示敬意的礼仪，其形式在不同时代及场合各有差异。波斯人在日常寒暄时，地位低者面朝地位高者，微微前倾上体，右手轻触自己的嘴唇并向对方送出飞吻以示敬意。而作为宫廷礼仪的跪拜礼，则是在觐见波斯王时，觐见者膝盖着地叩拜国王。但这其中并没有将国王当成神一样崇拜的宗教含义。

公元前 328 年，亚历山大试图在马其顿人和希腊人中推行跪拜礼，但这有一个重大问题。在希腊，自由人是在向众神请愿时行跪拜礼的，只在极其例外的情况下这样做，而且不是跪拜而是采取站立着双手伸向天空的姿势。对希腊人来说，行跪拜礼太过于侮辱他们，简直就是将他们视作奴隶。亚历山大非常清楚希腊人对跪拜礼的看法。他坚持推行跪拜礼的目的，主要是为了统治亚洲人，成为亚洲之王。这需要确立统一的宫廷礼仪。换句话说，亚历山大担心，如果马其顿人和希腊人不行跪拜礼，会给波斯人留下自己与亚洲之王不相符的印象。因此，他企图通过让各民族遵守相同的宫廷礼仪的方式，来确立自己王权的普遍性。虽然亚历山大为了推行跪拜礼进行了充分的准备，但还是遭到马其顿将士的强烈反对，他不得不放弃这一想法。此后，跪拜礼只在波斯人等东方人中实行。

奢靡和华丽　　有关灭亡阿契美尼德王朝之后的亚历山大，现存亚历山大传的记载基本一致，都提及他沉迷于东方形式，堕落不已。而堕落的事例，主要列举了他在服装及饮酒等方面的奢靡荒诞。

据公元前 3 世纪的作家斐拉克斯所述，觐见亚历山大的场所，其豪华程度甚至超过波斯王。亚历山大的帐篷由五十根黄金柱架起，面积相当于一百张睡椅大小。华盖顶上覆盖着由金丝编织而成的布，上面的刺绣巧夺天工。

帐篷内侧配备了被称为"苹果团"的波斯近卫队五百人，以及被称为"银盾队"的马其顿精锐部队五百人。帐篷中央放置了一把金椅子，亚历山大正是坐在这把椅子上接受觐见的。而帐篷的外侧首先是全副武装的大象部队，负责环卫四周，然后是一千马其顿兵，再向外是一万波斯兵。（苹果团是波斯国王近卫队的美称，正式名称是金苹果持矛侍卫。因为矛末端的金属箍上有一个金苹果，所以称之为"苹果团"。）

公元前324年，在苏萨城，亚历山大为他的亲信们举行了集体婚礼，而为这场仪式准备的帐篷更是壮观。依据亚历山大的侍从长卡雷斯的记载，婚礼的房间有九十二间，而将其收纳的帐篷营舍能容纳一百张睡椅。一张张睡椅上都装饰有婚礼用的饰品，每张的花费高达二十明那（二十明那相当于三分之一的塔兰特）。亚历山大的睡椅是由黄金制成的。招待客人用的帐篷也是极尽奢华、无比壮观。所用的棉布、亚麻布都价值不菲，地上还铺有紫色线、深红色线掺杂金丝线织成的地毯。固定帐篷的柱子约9米高，用金、银包裹，上面布满宝石。中庭的四周也悬挂着昂贵的布，上面有金线织成的动物花纹，其支柱也用金、银包裹着。整个中庭的周长大约750米。

亚历山大那顶由五十根柱子架起、足以放下一百张睡椅的巨大帐篷，是效仿波斯王制造出来的，实际上是一座移动宫殿。波斯的国王们在外出征战时会带上家人，在帐篷中过着与在首都殊无二致的奢靡生活。例如在公元前333年的伊苏斯战役中，大流士三世落荒而逃，他的帐篷留在战场上。当亚历山大进入后，看到里面有黄金打造且带有华丽装饰的盆、水壶、浴缸、香薰油瓶等器具，闻到房间里弥漫着香料及香薰油那馥郁的芳香。对此，亚历山大问了一句："这就是帝王的生活？"这并非感叹帐篷里的豪华，相反，亚历山大蔑视大流士过着如此荒诞奢靡的生活，身旁全是奢侈品，难怪上了战场后惧怕得畏缩不前。

然而，本来对波斯王持蔑视态度的亚历山大，如今也仿效波斯王，制造了巨大的帐篷，而且其豪华程度甚至在波斯王之上。这到底是为什么呢？这是为了以东方各民族的国王身份君临亚洲。在当时，他的王权已经远远超出了马其顿人或希腊人的范畴。他需要面对的是此前支撑着阿契美尼德王朝的波斯贵族，以及被波斯人统治的各民族。为了让他们接受自己作为新王，亚历山大自身必须采用奢华繁缛的波斯式礼仪。

罗马帝政时期的希腊人波利亚努斯的记载是上述解释最好的证据。据其记载，亚历山大在对马其顿人和希腊人宣布判决时，通常是在简朴的、符合市民身份的法庭中进行。但如果对象是东方人，亚历山大为了让他们一见法庭的外观就惊叹不已，通常是在豪华的法庭中进行。有趣的是，波利亚努斯接下来关于法庭帐篷的描写，与前文斐拉克斯的记述几乎相同。可见，那顶豪华壮丽的帐篷不仅用于觐见，也作为法庭用于对东方人的审判。亚历山大的目的是通过向包括波斯人在内的东方人展示令人瞠目结舌的华丽法庭，向他们炫耀自己巨大的权力，通过这种心理震慑，使他们屈服于自己。

王权的视觉化　　　　这种利用视觉形象表现至高无上王权的方式称为"王权的视觉化"。这是一种通过宫廷礼仪、祭祀等方式，将帝王的权力、权威视觉化，从而使臣民形成屈服心理的统治方式。为什么要采取这样的统治方式呢？

任何王权都不可能仅通过军队、刑罚等暴力手段来维持。帝王必须经常在贵族和民众面前展示自己权力的正当性，通过各种制度及机会来强化自己与臣民之间的纽带，并创造出令臣民自发服从自己的统治体系。帝王的礼仪就是巩固王权的方式之一，根据内容可分为三部分，即宫廷礼仪、国家礼仪、帝王形象。宫廷礼仪是只在宫殿这一特定的场所举行的仪式，它以王为最高点，把王族、贵族等特权身份者纳入严格的等级序列之中。国家礼仪是帝王出行、称颂帝王的祭典等活动，即大规模的公开仪式，作用是向一般民众展现帝王的存在及王权的伟大，使民众统一在王权之下。而帝王形象是指绘画、雕刻、货币等传播媒介上的帝王的肖像。在大众传媒尚未诞生的时代，这些手段是帝王传播政治信息的重要手段。王权的视觉化就是以上三种统治手段的总称。

实际上，阿契美尼德王朝的历代国王为了能够统治广阔的领土和众多民族，抓住各种机会推动王权的视觉化。他们频繁地在帝国领域内四处巡视，给予民众各种赏赐，然后通过民众的进贡，确认各地域、各城市的顺服情况。此外，国王巡视时是整个宫殿一起移动，豪华浩大的出行队伍也让一般民众真切地感受到王权的伟大，从而促使民众发自内心地臣服于国王。

例如在公元前 333 年，大流士三世赶赴伊苏斯战场时，就组建了一支阵势豪华、规模庞大的队伍，浩浩荡荡地从巴比伦出发。打头阵的是波斯祭司们，紧随其后的是三百六十五位身披紫色斗篷的年轻人，然后是由数匹马牵引的、献给琐罗亚斯德教主神阿胡拉·玛兹达的白色战车，其后还有一匹名为"太阳"的高头大马跟随着。骑手们手持金笏，身披白衣。他们的不远处有十辆用大量金银浮雕装饰的战车。在这之后，紧跟着十二个民族的骑兵，他们手持不同兵器且习惯迥异。接下来才是号称"不死之身"的一万名精锐波斯兵，他们佩戴黄金首饰，身着黄金装饰的外衣及宝石装饰的长袖内衣。军队后面是国王的战车，大流士三世乘坐在上面显得格外威武高大。最后是乘坐着豪华马车的王族、贵族女性。

波斯国王常坐在金悬铃木、金葡萄树下接受觐见。那座价值不菲的葡萄之房是由绿宝石、印度红宝石及其他各种宝石所制成。此外，宫殿的随从、用人的数量也十分庞大。帕曼纽在伊苏斯战役之后占领了大马士革，随后在给亚历山大的信中曾提到："我看到的是一片惊人之景象：奏乐的妃妾 329 人、编织花冠的男性 46 人、厨师 277 人、烧水工 29 人、乳制品生产者 13 人、饮料调制师 17 人、葡萄酒过滤师 70 人、香水生产者14 人。"

综上所述，不论是帝王和宫廷的大规模移动，还是军队的行军，它们自身都是王权视觉化的表现。这与波斯帝国阿契美尼德王朝的有效统治息息相关。因此，前文所述亚历山大进入巴比伦的入城仪式，以及展示新统治者权力的一系列措施，都不能单纯理解为亚历山大沉迷奢华或是堕落。他继承了阿契美尼德王朝的王权和广阔的领土，所以也有必要对自身拥有的王权进行视觉化。

　　顺便说一下，权力的视觉化是不分东西方的。从中国秦朝的始皇帝到印度莫卧儿王朝的阿克巴大帝，再到西方中世纪及近代的帝王们，都曾使用过"国内巡视"这一方法来维持、扩大自己的权力。在日本，容易联想到的是近世的大名出行，而明治天皇的六次全国巡视，在当时不知道天皇存在的民众中扩大了自己的威信。身骑白马进行阅兵的大正天皇、昭和天皇，他们的大元帅形象深深地烙刻在民众的脑海中。二战结束后，昭和天皇巡视出行，宣告着"人格化的天皇"即象征天皇制这一新制度的开始。从此，天皇因公务到全国各地，或出席国民体育大会的开幕式、植树节时发表"致辞"，都有助于民众接受象征天皇制。而今天，电视这一影像媒体促使权力视觉化发展到了前所未有的高度，其具有的巨大影响力正如日本人每天所体验的一样。

波斯波利斯王宫纵火事件

高加美拉会战之后，亚历山大虽然陆续占领波斯帝国的各座都城，但在巴比伦和苏萨都是和平入城、出城，并未掠夺城市。然而，在波斯波利斯，王宫周围的大街小巷惨遭掠夺，王宫宫殿群被纵火烧毁。为什么会出现这样的情况？虽然对胜利的外国军队而言，通过掠夺占领地来敛财确实是他们应有的权利。可以想象，马其顿将士们由于长时间克制着自己的欲望，渴望找个地方发泄，而最终走向了疯狂掠夺这一邪路。亚历山大也放纵了他们的暴行。但这还是难以说明他们对宫殿纵火的原因。接下来，笔者尝试解开东方远征中最扑朔迷离的王宫纵火事件之谜。

波斯波利斯位于扎格罗斯山脉东南部的帕萨地区（现在的法尔斯省，古希腊语称之为"波西斯"，即"Persis"），这里曾经是古波斯王国的发祥地。公元前522年即位的大流士一世花了整整一年镇压了国内的叛乱后，为纪念胜利，在帕萨建造了一个新都城。他先是修了一个巨大的基台，此基台南北约400米、东西约300米，高12至14米。然后在此基台上，建造了会议厅和他自己的宫殿，后来又着手建造了会客厅和宝库。会客厅是一个方形多柱宫殿，也是波斯波利斯地区最高最大的建筑。大厅边长为60米，共有36根柱子，每根柱子高19米，据推测一共可容纳一万人。因此处是国王出席国家各种公共仪式的场所，所以也被称为觐见大殿。

在薛西斯时代，除建造了会客厅之外，还开始了玉座阁的建造。玉座阁大厅的边长为68.5米，柱子高13米。因大厅内矗立着一百根柱子，也称为百柱殿。建造玉座阁是为了公开展示帝国的各种奇珍异宝。因此如果说会客厅象征着帝王的政治权力，那么玉座阁则是为了向世人炫耀帝国财富的宫殿

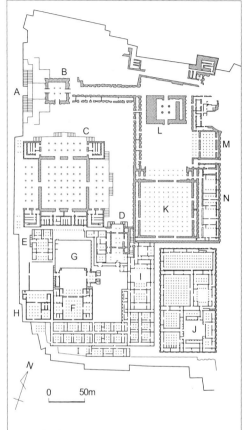

A= 正面楼梯 B= 万国之门 C= 觐见大殿 D= 会议厅 E= 大流士的宫殿 F= 薛西斯的宫殿 G= 宫殿 H= 阿尔塔薛西斯三世的宫殿 I= 薛西斯的后宫 J= 宝库 K= 百柱殿（玉座阁）L= 未完工的大门 M= 三十二柱之殿 N= 兵舍

波斯波利斯王宫平面图

博物馆。直至阿尔塔薛西斯一世时代，玉座阁才建造完成。此

波斯波利斯遗迹 左为宝库，右为玉座阁，后为觐见大殿。出自 Koch, *Persepolis*

外，薛西斯还建造了万国之门和后宫。像这样，历经三代国王，耗费了近一百年时间，主体的宫殿群才完成。而为了建造如此壮丽的宫殿群，需要在全国范围内征集众多能工巧匠，还需要从各地运输资材及奇珍异石。毫不夸张地说，波斯波利斯王宫是举国之力的成果。

那么，波斯波利斯宫殿的用途是什么呢？过去认为波斯波利斯宫殿是举行新年庆典活动的场所。现在伊朗的元旦是3月21日，即春分日，所以正月也被称为"nourūz"。因此普遍认为波斯波利斯宫殿是为了"nourūz"的庆典活动而建造的。然而，事实上伊朗是在11世纪才确定春分日为元旦，也没有证据能证明阿契美尼德王朝的帝王就一定在这里迎接新年。相反，现存史料中还有证据能证明国王曾在秋天逗留在这里。再说，宫殿的浮雕中也看不出宗教意义。综上，并没有证据能支撑"nourūz"一说。

波斯波利斯王宫遗址出土的泥板文书表明这里曾经是行政和经济活动的中心。时至今日，关于波斯波利斯王宫用途仍争论不已，未有定论。或许它所起的作用并不止一种。但我们能肯定的是，在波斯帝国发祥地所建造的壮丽的宫殿群，是帝国权力和威信的象征，也是波斯人的精神支柱。

对立的两个传说　　在现存的五部亚历山大传中，有四部记载了这起王宫纵火事件。其中普鲁塔克、狄奥多罗斯、库尔提乌斯三人都提出放火是酒席间的冲动导致的偶发事件。据他们所述，在出发追击大流士前的酒席上，雅典出生的妓女泰伊丝煽动亚历山大向波斯人复仇，怂恿他放火烧了宫殿。而酩酊大醉的亚历山大和朋友们手持火把，并排成一列，向宫殿放火。泰伊丝是真实存在的人物，她是后来成为埃及王的托勒密的情妇，还可以确认二人育有两个儿子和一个女儿。泰伊丝煽动亚历山大纵火这一极具戏剧色彩的故事，从希腊化时代到罗马时代，都广为流传。

但这一说法中存在很多疑点。首先，按照马其顿人的习惯，在宴会上，除了用人以外，一般的女性是不出席的。而女性同席的宴会明显是希腊人的做法。其次，这个故事的主题是，一位雅典女性巧妙地运用智慧，实现了向波斯人复仇——而不是庞大的马其顿军队。因此，一般认为，这个传说是公元前3世纪生活在亚历山大城、喜欢制造绯闻故事的作家克莱塔库斯针对希腊人所创作的。

在亚历山大传中唯独阿里安的作品提出放火是有意图、有计划的。据其记载，当时，帕曼纽为了不让宫殿葬于火海，曾忠告亚历山大说损坏自己的财产是不明智的，并且一旦烧毁了宫殿，亚洲人民只会视他为残暴的征服者，不会臣服于他。但亚历山大回答说，他的目的只是向波斯人报复，这是波斯人在入侵希腊时种下的恶果。然后，亚历山大与亲信就纵火的是非对错召开了会议，但最终亚历山大还是拒绝了帕曼纽的劝阻，放火烧了宫殿。

究竟哪种说法是真实的？

发掘报告提供的信息　　1930 年，美国芝加哥大学东方研究所开始有组织地对波斯波利斯展开发掘。当时的负责人是出生于德国的考古学家施密特。他在第二次世界大战后出版了两册大部头的报告书，而第三册在他死后的 1970 年才得以完成。参考此报告书，我们可以很明确地得出一个结论——毫无疑问，纵火是经过策划的。

第一，遗迹中有火灾痕迹的建筑物包括：会客厅的大厅和许多小房间、玉座阁的大厅与列柱廊、宝库的主要房间与柱廊（占了宝藏整体面积的近一半），此外还有薛西斯后宫的四个房间。这四幢建筑物相隔甚远，难以想象是大火蔓延的结果。

第二，会客厅大厅地板各处的烧毁程度一致，燃烧均匀。这说明了当时在地板上铺满了纺织品、木制品等可燃物。而玉座阁的大厅堆积有 30 到 90 厘米厚的灰和木炭。木炭是屋顶大梁所用杉木燃烧后的产物。从这些情况我们能够得知，当时整个大厅堆满了可燃物。

第三，除后宫外，所有着火的大厅的柱子都遭到破坏。会客厅和玉座阁分别有三十六根和一百根柱子，这些柱子全部被毁，只残留有台座。宝库中一处大厅的九十九根柱子也全部被毁，台座的大部分因高温而开裂。

综上所述，难以想象纵火是一时冲动的突发行为，可以看出明显是有意图、有计划实施的。

此外，报告书公开了掠夺的痕迹。从堆积的灰下出土的物品，除了武器外，大部分都是一些金属制品的碎片，几乎看不到形状完整的物品。例如，从会客厅南侧的小房间中出土的有青铜碎片、金箔及金属扣的碎片、黄金的腰带及带子等。从连接玉座阁与前庭的列柱廊出土的，有雕刻的小碎片、条纹玛瑙及天青石的装饰品、红玉髓及紫水晶的小珠子、青铜制的手镯及金属扣等。

通过以上出土的物品，我们可以还原当时的掠夺场面：士兵们一拥而入，进入了会客厅的收藏室，从昂贵的家具上撬下贵金属饰件后扬长而去。当时各种金属碎片散落一地，但是谁也不在意。木制家具、织物等被点燃，最终形成了木炭和灰。在它们的下面，埋有散落在地板上的贵金属碎片。在玉座阁，大量的宝物被从大厅搬到列柱廊，士兵们从中筛选出贵重物品带走。之后，相同的情形多次发生。宝库也遭到同样的掠夺。散乱在各处的小物件暗示着当时掠夺历时十分短暂。而灰层和木炭上未发现踩踏的痕迹则说明士兵们离开后没有再回过宫殿。

因此，当时的状况应该是这样的：亚历山大事先将宫殿内的金银块及贵金属制品搬出，并准备将它们运往埃克巴坦那。然后在5月的下旬，只允许士兵在宫殿内掠夺一天，第二日即下令按照计划放火烧了四座宫殿。抛弃已成废墟的宫殿后，马其顿军队从波斯波利斯起程，开始追击大流士。

放火的动机及其结果　剩下的问题就是纵火的动机了。至今为止，共有四种观点。

观点一：依据远征的大义名分，报希波战争之仇。那么为什么放火不是发生在占领波斯波利斯后的 1 月，而是在出发前的 5 月呢？如果是因为大军逗留需要而暂时保留宫殿的话，那么这起复仇剧也实在太令人失望了。

观点二：这是政治宣言，向东方各民族宣告波斯人统治的时代已结束。但亚历山大任命了波斯贵族马扎亚斯作为巴比伦尼亚的总督，说明他已经走上了与波斯统治阶层合作的路线。一方面继承阿契美尼德王朝的旧制度，一方面却又烧毁了其王朝象征的波斯波利斯，这两者明显是矛盾的。

观点三：为防止公元前 331 年希腊爆发的反马其顿暴动激化，而向雅典表明远征的目的始终是为希腊报仇。对亚历山大而言，确实有必要阻止希腊暴动进一步激化。但是否有必要牺牲与波斯人合作这一新路线，而向远方的希腊人再一次表明远征的大义？从当时的情况来看，所谓亚历山大优先考虑希腊人这样的解释是存在疑问的。

观点四：波西斯的居民不接受亚历山大的统治，而亚历山大也未能使他们归顺，作为拒绝归顺的惩罚，而放火烧毁波斯波利斯。笔者认为此观点最合理。根据现存的几部亚历山大传所述，亚历山大的军队掠夺了宫殿周围，使得当地的波斯人坚决不服从马其顿人的统治，而亚历山大自己也对这些居民心怀憎恨。在波斯波利斯逗留长达四个月之久的原因也在于此。亚历山大试图让波斯帝国的中心地区波西斯归顺自己，但是居民们坚决不服从。虽然亚历山大也试图寻求解决之道，但时间一天天过去了，情况仍不见丝毫好转。最终，作为对强硬的波西斯居民的惩罚，他下令烧毁宫殿，用尽一切力量击毁波斯民族的尊严，使他们屈服于自己。而对外宣传时，则宣称这是对波斯的报复。

那么这一惩罚成功了吗？他强制推行的合作路线成功了吗？答案是否定的。当亚历山大从印度归来，途中再次经过波斯波利斯时，他十分后悔。这并不是悔恨自己将宫殿化为了废墟。当他直面波斯总督们腐败不堪的统治时，不得不清除多名波斯人高官。他所推行的东方合作路线与他的期待背道而驰，以失败告终了。对照合作路线的失败，亚历山大深刻醒悟到纵火烧毁宫殿这一强硬手段实际也并未取得任何成果。

第六章

远征军的人员及组织

支撑王权的人

亲信和朋友　　　　　　对任何专制君主而言，支撑他的王族、贵
族集团都是不可或缺的。只有获得了他们
的支持，王权才能得以维持。在马其顿王国，支撑国王的势力集
团就是"伙伴"（Εταίροι）。在希腊语中，"Εταίροι"是伙伴、同
伙的意思，在马其顿，这一词语表示帝王的亲信集团。国王从身
边的贵族中选拔合适人选作为亲信，组成"伙伴"。他们以对国
王的绝对忠诚换来土地、马匹等财富。原本"伙伴"的选拔范围
只限于下马其顿（低地）的贵族，但是腓力二世将这一范围扩大
到上马其顿（山地）、色雷斯地区，希腊人也在任用之列。例如
亚历山大的书记官希腊人攸美尼斯，就是腓力二世远征时，在希

腊的卡迪亚发现的人才。"伙伴"的财力十分惊人。据说腓力二世统治时期八百位"伙伴"所拥有的财富，与希腊富裕阶层一万人的财富相当。当然，"伙伴"的任用与解任也完全由帝王个人决定。因此，通过分析国王的亲信集团的构成，可以追溯其权力基础演变的过程。

在本书中，"伙伴"一词有两种含义，一是"朋友"，二是"亲信"。"朋友"包括军队头目及地位较低者在内，涵盖所有被称为"伙伴"的人。与此相对，侍奉国王的少数特权阶层则是"亲信"，他们区别于广义的"伙伴"，即"朋友"。但需特别指出的是，二者之间并不具有明确的界限。

如第三章中所述，亚历山大在即位后不久就肃清了与他父亲暗杀案相关的人物及政敌，但这也只是极少数重要人物，实际上他基本原封不动地继承了他父亲时代的权力构造。且他的即位也少不了王国重臣安提帕特、帕曼纽的支持，他们的支持起到了决定性作用。因此，亚历山大对二人论功行赏，提拔他们的家族成员担任重要职务。另外，当时与亚历山大同龄的同学还年少，他们在远征军内部崭露头角并得以晋升还是后话。像这样，在出发东征时，亚历山大王权主要是以安提帕特派和帕曼纽派这两股势力集团为基础。随着远征的推进，他一步一步排除旧势力的贵族，提拔自己的同龄人或是忠于自己的新"伙伴"，用自己中意的亲信来巩固远征军指挥部。这就是亚历山大逐步摒弃其父的遗产、建立自己王权的过程。

安提帕特派　　安提帕特大约生于公元前 399 年，腓力二世即位时他已经四十岁了。在此之前，他一直活跃于军界和外交界。在亚历山大远征东方时，他作为王国的代理统治者留在国内，负责统治马其顿和希腊，以及源源不断地向前线输送增援部队。他有六个儿子和四个女儿。他儿子们的地位目前还不明确。

而安提帕特两个女婿的身份已经明确。一个是巴拉克拉斯，他是菲拉的丈夫，从腓力二世时代起就担任亲信护卫官，在亚历山大即位后仍然担任此职务。另一个是亚历山大，他是上马其顿旧王族埃罗帕斯的儿子。虽然他的两个兄弟因涉嫌腓力暗杀案件而被处刑，但他本人听从安提帕特的劝告，在亚历山大即位不久后立即向其表忠心，随后得到了赦免。他在远征第一年接替被任命为小弗里吉亚总督的卡拉斯，担任色萨利骑兵队的队长。而他的外甥阿明塔斯则担任前哨骑兵部队的指挥官，在格拉尼库斯河战役前负责统率侦察部队。此外，这一派的人物还有独眼安提柯。他出生于公元前 382 年，与腓力二世同龄，远征第一年时担任希腊同盟军七千步兵的指挥官。

帕曼纽派　　帕曼纽大约生于公元前 400 年，为腓力二世王权的确立做出了巨大贡献，堪称王国的支柱。腓力二世曾高度评价过他："雅典人每年都要甄选出十名将军，但这么多年来，我只发现了帕曼纽一名将军。"腓力二世被暗杀时，帕曼纽作为先遣部队指挥官远在小亚细亚，但他对亚历山大即位表示支持。亚历山大继位后为铲除政敌，派部下暗杀了同为先遣部队指挥官的阿塔鲁斯（详见第三章）。阿塔鲁斯是帕曼纽的女婿，然而他容忍了这次暗杀。帕曼纽与上马其顿有着非同一般的关系。实际上，在与波斯的三大会战中，他指挥的步兵部队士兵中有半数以上是上马其顿出身的人。

亚历山大不但任命帕曼纽为远征军的副统帅，还对他的家族成员委以重任。长子菲罗塔斯是马其顿骑兵部队的指挥官，次子尼卡诺是近卫步兵部队指挥官，二人均位高权重。三儿子赫克托耳的地位不明。此外，上马其顿出身者的地位也十分显赫。密集步兵部队的队长科那斯在出发远征前一年，与阿塔鲁斯的遗孀成婚，成为帕曼纽的女婿。波利伯孔也是密集步兵部队的队长，他的亲戚安德罗米尼斯之子阿明塔斯与西米亚斯是帕曼纽长子菲罗塔斯的挚友。此外，阿塔鲁斯的亲戚赫格罗卡斯是腓力二世第七位妻子克娄巴特拉的外甥，他在格拉尼库斯河战役中负责统率敌情侦察队，后又被委以重建海军的重任。

行省制度与远征军

**继承阿契美尼德
王朝的行政组织**

关于对征服地区的统治，亚历山大原则上是继承阿契美尼德王朝时代的行政组织，维持原有的行省划分制度，任命各行省的总督。在远征的头三年，亚历山大优先考虑的是军事方面的因素。他根据地中海东部及小亚细亚方面的形势，采取灵活的编制和人事安排。他通常任命马其顿人担任总督，即便有几个地区的总督不是马其顿人，但实权仍掌握在马其顿人手中。

从整体来看，亚历山大的人事安排具有削弱总督权限、分离财政权的倾向。例如在吕底亚，亚历山大为了削弱总督阿散德拉斯的权力，分别任命尼西亚斯担任征税监督官，鲍散尼亚斯担任首府萨迪斯的守备队长。在卡里亚，虽然任命艾达（女性，具体参照第八章）担任总督，但是她的权限也只限于行政，军事是由托勒密（和之后的埃及王不是同一人）负责的，他掌握一支三千二百人组成的军队。但在像西利西亚这样的小地方，则由亲信护卫官巴拉克拉斯一人掌握军政大权。

此外，也有合并行省、任命官员总揽多个行省权力的情况，如在小亚细亚西南部的吕基亚，最初担任总督的是奈阿尔科斯，当制海权掌握在马其顿人手中后，他奉旨远赴东方，而吕基亚则交由弗里吉亚总督安提柯负责管理。在由众多城市王国组成的腓尼基，则不设总督一职，取而代之的是由科拉那斯担任征税官，并由提尔城的守备队长菲罗塔斯（非帕曼纽之子）负责整个地区军事。此外，从托罗斯山脉开始的整个小亚细亚西部地区，由菲罗克森担任征税官。为了应对希腊爆发的亚吉斯叛乱，米尼斯被任命负责监督整个西利西亚、叙利亚、腓尼基地区。公元前330年以后，地中海东部地区完全稳定下来，随着远征军向中亚进军，留守在沿海地区的军队不断被征召挺进东方。

对于埃及，亚历山大则采取特殊的管理方式。为了不让广阔富饶的埃及由一人完全掌控，他先是将行政权划分为上下埃及两部分，分别任命两位埃及人担任行政长官。但因其中一人谢绝，因此最终由多劳斯皮斯一人负责全埃及的行政。然后，他在埃及的门户柏路西亚与首都孟斐斯配备守备队，并分别任命了队长。他还在雇佣兵部队中设置了指挥官和两名监督官（指挥官不能兼任监督官），并规定留驻部队的指挥官与舰队指挥官不能是同一人。此外，亚历山大还委托阿波罗尼奥斯管理埃及西边的利比亚地区，而东边的西奈半岛则由克利欧米尼斯负责管理。克利欧米尼斯还负责埃及全境租贡的征收。如此一来，克利欧米尼斯的职责便是管理公共支出和军队供给支出，以及监督新城市亚历山大城的建设。虽然亚历山大未任命埃及总督，但克利欧米尼斯成为实际上的总督。

对安提帕特派的排除从远征初期的人事安排来看，可以看出一种倾向，就是把腓力二世统治时期的将领安排在后方的行省。在远征的第一年，卡拉斯与阿散德拉斯分别被任命为小弗里吉亚和吕底亚总督。安提柯则被任命为弗里吉亚总督。到了远征第二年，赫格罗卡斯奉命重建舰队，以对抗波斯海军。巴拉克拉斯由亲信护卫官改任西利西亚总督。到了远征第五年，帕曼纽奉命留驻埃克巴坦那。而到了远征第七年，克莱特被任命为巴克特里亚总督。在这其中，安提柯与巴拉克拉斯属于安提帕特派。此外，埃罗帕斯之子亚历山大在远征的第二年因密谋之罪被逮捕。像这样，早在远征第二年，安提帕特派的主要人物就被排除出远征军的中枢。

接下来，在远征军进军中亚期间，帕曼纽派中居于高位的亲信们也逐渐被清除。此后，又出现了年青一代反叛的倾向。这一系列事件也如实地反映了亚历山大的东方路线在远征军内部引发的激烈矛盾和冲突。以下详细探讨这一系列事件。

中枢部的权力之争

菲罗塔斯的处刑公元前330年秋，在德兰癸亚那地区（现阿富汗西部）的首府弗拉达，发生了一起暗示着此后对立路线走向的重要事件。亲信菲罗塔斯因涉嫌暗杀亚历山大而被处以极刑，其父帕曼纽也惨遭谋杀。

该事件的根本问题是，帕曼纽派倡导马其顿国家中心主义，这与亚历山大正在推进的东方合作路线相背离。对亚历山大来说，为了贯彻自己的路线，就必须突破帕曼纽派的阻碍。即使双方所持路线不对立，亚历山大为了随心所欲地掌控远征军，将它变成一支只按自己意志行动的军队，而采取这个"狠招"也是不可避免的。

事件始于一起谋反事件。一位名叫蒂姆勒斯的年轻人制订了暗杀亚历山大的计划，并拉拢了几个同伙。他们中的一人将这个计划透露给了兄弟巴利努斯。巴利努斯非常吃惊，立即前往亚历山大的帐篷，请求菲罗塔斯向亚历山大禀报此事。当时菲罗塔斯每天两次前往亚历山大身旁，报告要事。然而，巴利努斯的两次请求都遭到了菲罗塔斯无视。巴利努斯只好请求武器库管理员密特隆协助，终于向亚历山大禀报了这起阴谋。亚历山大立即下令逮捕蒂姆勒斯，但他已经自杀了。事态如此，菲罗塔斯难免有同犯的嫌疑，因此亚历山大对他进行了审判。当被追问为什么无视巴利努斯的请求时，菲罗塔斯辩解称，他认为这件事没有报告的价值。他的辩解不仅被驳回，还招致了更多的责难声。最终，他因隐瞒谋反阴谋、不向亚历山大通报而被定罪，与九名年轻人一同被处以极刑。

蒂姆勒斯及其他同犯都是下层人物，他们的出身、阴谋的原因及背景等都不得而知。同时也没有证据能证明菲罗塔斯参与了这起阴谋，一般认为他是被陷害的。那么，这起事件的真正主谋究竟是谁？实际上就是联手起诉了菲罗塔斯的人，即亚历山大的亲信护卫官和朋友们。从结论出发来说，反菲罗塔斯的亚历山大亲信们联合起来，利用这起谋反事件赶他下台，而亚历山大也趁此良机清除帕曼纽派。这就是事件的实质。

反菲罗塔斯派的形成

为什么会形成针对菲罗塔斯的反对派？原因有两个。

第一，围绕亚历山大的东方政策，亲信们分成赞同和反对两个派别。赞同派以赫菲斯提昂为代表，他效仿亚历山大，将服装、习惯等改成东方风格。而反对派以克拉特鲁斯为首，他固守马其顿风格。在政策方面，菲罗塔斯与克拉特鲁斯、科那斯持相同立场，但后两人懂得收敛，因此并没有因为反对东方政策而被亚历山大疏远。与之相反，菲罗塔斯从不隐瞒自己内心想法，还曾公开批评亚历山大的政策。

第二，菲罗塔斯性格傲慢，在亲信中树敌过多。他担任骑兵部队指挥官这个令旁人羡慕的要职。他一方面骁勇善战，百折不挠，在朋友面前慷慨大方；但另一方面由于生活作风奢靡，妄自尊大，态度傲慢，对他的责难声甚至传到了亚历山大耳中。有时连帕曼纽都看不下去，劝儿子"不要太高调"。菲罗塔斯曾在原为俘虏、后成为他情人的一名女性面前傲慢地说，亚历山大就是个毛孩子，他能够掌握统治权是我们的功劳。这番话后来传到了克拉特鲁斯耳中。克拉特鲁斯把菲罗塔斯的情人介绍给了亚历山大。两人把她用作间谍，让她汇报菲罗塔斯的一举一动。蒂姆勒斯谋反事件正是在菲罗塔斯被监视下发生的。

对菲罗塔斯来说，这起事件发生得太不是时候了。他的弟弟尼卡诺在事件发生前不久病逝，另一个弟弟赫克托耳在滞留埃及期间，不幸在尼罗河遇事故身亡，而父亲帕曼纽又身处后方的埃克巴坦那。因此，菲罗塔斯处于完全孤立的状态。而且，菲罗塔斯派的亲信们都选择对他弃而不顾。科那斯虽是菲罗塔斯的妹夫兼挚友，但也选择了明哲保身。在法庭上，他用分外激烈的言语攻击菲罗塔斯，称他是国王和祖国的背叛者。这可能是身为帕曼纽、菲罗塔斯派一员的他有了强烈危机感所致。不仅如此，科那斯还和克拉特鲁斯、赫菲斯提昂一起主张对菲罗塔斯进行拷问，查明真相。

综上所述，这起事件可以重建如下：虽然菲罗塔斯和克拉特鲁斯同为马其顿国家中心主义者，都反对亚历山大的东方政策，但克拉特鲁斯一直看不惯菲罗塔斯的傲慢态度。为了找机会除掉菲罗塔斯，克拉特鲁斯对他的言行举动展开了严密监视。而其他很多亲信都与克拉特鲁斯的想法一致，从而在远征军的中枢内形成了反菲罗塔斯派。几个年轻人预谋暗杀亚历山大的计划败露后，事态进一步发展，菲罗塔斯被怀疑是同犯。良机到来，主导权又掌握在克拉特鲁斯手上。于是，亲信们先放下各自对东方政策的态度，联起手来。亚历山大也认为这是清除帕曼纽派的突破口，选择与他们站在同一战线。在审判中，众人纷纷谴责菲罗塔斯，并使用事先收集好的证据进一步证明他的罪行。就这样，亚历山大和亲信们联手清除了菲罗塔斯。

谋杀帕曼纽

儿子被处死时，帕曼纽正滞留在阿契美尼德王朝的旧都埃克巴坦那。他当时远离远征军前线，负责后方补给、联络的重任。一旦儿子因谋反而被处死，那么身为父亲的他也难以逃脱嫌疑，哪怕他真的与此事无关。亚历山大非常清楚，一旦知道儿子被杀，帕曼纽极有可能发动叛乱，并且他在军队中德高望重，还很受外国士兵的拥戴。事态如此，亚历山大决定先发制人。

亚历山大进行了周密的部署。他先是写了一封给帕曼纽的信，后又伪造一封菲罗塔斯写给帕曼纽的信，还写了一封给埃克巴坦那驻扎军指挥官的命令书。这些信件都交给了帕曼纽派的友人坡利达米斯，并给他下达了详细的指示。坡利达米斯也是突然倒戈，转而反对帕曼纽派的。于是他从弗拉达出发，前往埃克巴坦那。这一段路程通常需要花费一个月以上时间，但坡利达米斯走沙漠的近路，仅用十一天便到达了埃克巴坦那。他随即谋杀了帕曼纽。当士兵们得知帕曼纽被杀害后，情绪激动，几乎演变为暴动。此时，坡利达米斯出示了亚历山大的诏令，艰难地平息了骚动。后来亚历山大将不满的士兵编在同一个部队，起名为"惩罚部队"。

菲罗塔斯被铲除后，亚历山大对指挥权进行了重新分配。他将骑兵部队的指挥权一分为二，交给了赫菲斯提昂和克莱特。据阿里安所述，亚历山大判断，如此重要的位置不应由一人独揽大权。但在人选上，亚历山大则是出于私交及政治两方面的考虑。赫菲斯提昂在军事上几乎毫无战绩，他被任命的理由是因为与亚历山大关系最为亲密。而为了让马其顿将士接受赫菲斯提昂担任指挥官，亚历山大又任命了克莱特。克莱特是一位英勇善战的战士、优秀的指挥官，这在军中是公认的，而且他还是马其顿中心主义者，适合于安抚对东方政策不满的将士，特别是老兵。如此一来，军队的核心——骑兵部队的最高指挥权便一分为二。这是一次没有先例的人事安排。

刺杀克莱特事件 公元前 328 年秋，亚历山大的主力部队宿营于索格底亚那地区的首府马拉甘达（现撒马尔罕）。担任巴克特里亚总督的波斯人阿尔塔巴祖斯因年岁已高而辞职，亚历山大选派克莱特作为他的继任者。在克莱特出发前一天的晚上，亚历山大举办了一场宴会，顺便为他送行。

在宴会上，宫廷诗人们像往常一样，高声咏诗赞颂亚历山大。只是那天的氛围有些微妙。诗人乘兴公然宣称，半神的英雄们跟亚历山大的伟业相比微不足道。其他人也纷纷迎合亚历山大，称其父腓力二世的业绩也不足称道。酩酊大醉的克莱特终究还是按捺不住，站起来大声说道：我先不管半神，你们没有资格贬低腓力，亚历山大的伟业不是他一个人完成的，大部分的功劳应记在勇敢的马其顿人身上。

这番话深深地刺伤了亚历山大。会场的其他人纷纷责备克莱特。老兵们想方设法平息骚乱，但克莱特的情绪仍然十分激动，甚至还搬出了自己在格拉尼库斯河战役中救了亚历山大一命之事："亚历山大啊，您的命可是我这条胳膊救的！"亚历山大勃然大怒，从座位上跳了起来，朝克莱特扑去，但身旁的人拉住了他。可克莱特依旧喋喋不休："在希腊，有一种令人作呕的习惯……"这是欧里庇得斯的悲剧《安德洛玛刻》中一将功成万骨枯那段台词的开头部分。终于，愤怒不已的亚历山大失去了理智，从护卫兵手上夺过矛刺向克莱特，矛穿过了他的身体。

表面上看，这起悲剧源于酒宴上的祸从口出。但从悲剧的导火索，即争论内容中，我们能看出问题的核心是双方政治路线的对立。据阿里安的亚历山大传所记载，很长时间以来，克莱特便已经对亚历山大沾染夷狄风俗，以及他身旁阿谀奉承的小人感到不满，这是众所周知的事实。普鲁塔克的传记详细记载了宴会上克莱特的牢骚。令他生气的是：诗人们在外国人面前公然侮辱马其顿人；与亚历山大见面竟然需要委托波斯人传话；亚历山大否认自己是腓力二世之子，公然宣称是阿蒙神之子。他还对亚历山大大声吼道："宴席上如果不能推心置腹、各抒己见的话，你只招夷狄和奴隶便可。"

简单来说，克莱特不满的核心就是亚历山大重用波斯人，将他们置于身旁，而这些波斯人的阿谀奉承使得亚历山大变得刚愎自用，结果导致马其顿人和腓力二世被贬低。在比亚历山大年长的克莱特看来，征服伟业的真正功劳应归马其顿将士，而为马其顿军打下基础的正是腓力二世。他不允许有人无视他们而独揽功劳，亚历山大也不例外。此外，在他看来，被任命为巴克特里亚总督也不过是亚历山大为踢开绊脚石、明升暗降的人事安排。综上种种原因，克莱特在宴席上的那番话是对超出了马其顿王国的范畴、一心要走东方合作路线的亚历山大的正面批判。

权力的孤独　　克莱特的批评确实很尖锐，但为什么亚历山大会愤怒到失去自我，以致于杀死克莱特呢？以下我们尝试通过亚历山大传的记载来探究他的心理。

第一，据普鲁塔克所述，亚历山大勃然大怒是因为克莱特不仅提及格拉尼库斯河战役一事，还揶揄他与阿蒙神的关系。对于深信自己是超越人类的存在的亚历山大来说，克莱特的话让他意识到自己现在仍活着全因他人的相救，自己的神性遭到了贬低。他可能认为这是对他整个人格的侮辱。第二，据阿里安所述，当时他曾喊过持盾的护卫兵，但没人听从他的命令。这让他回忆起大流士三世被亲信贝索斯俘获后遭拘禁一事，于是高呼："现在我陷入与大流士相同的境地，不过是有名无实的王而已。"亚历山大惨遭护卫离弃，孤立感顿时笼罩了他的内心。第三，据普鲁塔克所述，当时他曾命令军号手吹响帐篷外的军号，但军号手拒绝了。军号一旦响起就说明发生了大骚动，亚历山大认为克莱特企图谋反，因此打算紧急召集军营全体人员。

正如前文所述，亚历山大遭到了克莱特的言语攻击，他的政治路线被公然批判，人格被侮辱，神性被否定，还遭到护卫兵、军号手的漠视。强烈的孤立感使他失去了理智，最终，他采取了刺杀这一极端手段。

克莱特失去平衡，倒在地上，不久后便断气了。很快，亚历山大也清醒过来，看到血泊中的克莱特，他十分伤心，甚至想用矛戳自己的胸膛。亲手杀害了好友，令他追悔莫及。他把自己关在帐篷里，掩面叹息，连续三天水米不入。

如此一来，这起众目睽睽下的杀人事件已成事实。虽然事情的真相无法隐瞒，但马其顿人还是想方设法减轻亚历山大的罪责。他们召开了一场形式上的审判，宣判克莱特有谋反之心，定了他的罪行。这样一来，亚历山大刺死他就显得合情合理。当时的亲信护卫官托勒密成为埃及王以后，在写亚历山大传时，对这一事件进行了虚构创作。据其所述，在亚历山大扑向克莱特时，托勒密将他带到帐篷外。然而，克莱特却再次返回宴席，见到四处寻找他的亚历山大，于是大声叫喊："亚历山大，克莱特在这里！"这样便被亚历山大用矛刺穿了身体。可以看出，此处克莱特被杀害的直接原因在于他再次回到宴席挑衅。同时，也可以看出托勒密为了减轻亚历山大的责任所花费的苦心。

侍从的阴谋

公元前327年年初，又发生了一起暗杀亚历山大未遂的事件。这次意图谋反的是亚历山大身旁的侍从。侍从制度是指从马其顿贵族子弟中选拔年龄在十五岁到二十岁的年轻人连续三年侍奉国王，完善于腓力二世时代。侍从的工作包括：照料国王的衣食起居；在国王就寝时担任警卫；在国王外出时，将马匹牵至国王面前并协助国王骑乘；在国王狩猎时一同前往；等等。他们成年后会被分配到军队或行政组织中，开始他们真正的人生。简而言之，侍从制是选拔、培育马其顿王国未来精英的一种制度。

侍从中有一名叫赫摩劳斯的年轻人。有一次，正当狩猎进行得热火朝天时，突然窜出来一头野猪，朝亚历山大袭击而去。赫摩劳斯抢在亚历山大前投矛，成功将野猪击毙。但亚历山大却因自己的猎物被他人猎杀而勃然大怒，一气之下在其他侍从面前鞭打了赫摩劳斯，并夺走了他的马。

赫摩劳斯遭受到如此的侮辱，于是怀恨在心。在当时，鞭打是对奴隶采用的刑罚，而没收马匹则相当于剥夺了他的贵族身份。他向一位挚友倾吐胸臆：不报此仇，誓不为人。随后，他还拉拢了另外四人。他们计划，夜间警备轮到谁，谁就在那晚袭击就寝的亚历山大，将他杀死。很快，机会来了。然而，所幸的是，那晚亚历山大出席宴会，畅饮到天亮，他因此躲过了一劫，而侍从们的计划也以失败告终。次日，他们其中一人跟挚友透露了这个计划，不料风声却传到亚历山大的耳边。亚历山大立即下令逮捕所有相关人员。侍从们被拷问后坦白，事件真相也水落石出。审判的结果是，全员有罪，并处以投石之刑。

然而，这里的问题是赫摩劳斯的动机不只是狩猎时受侮辱这一件事。审判中，他供述亚历山大的傲慢自大已经让自由人忍无可忍。他列举了以下事实：对菲罗塔斯的不正当处刑；对菲罗塔斯之父帕曼纽及其他相关人等背信弃义的处刑；烂醉中杀害克莱特；采纳波斯风格的服饰和跪拜礼；酗酒成性；等等。如此看来，赫摩劳斯是想要夺回自己及其他马其顿人的自由。

从赫摩劳斯的辩词中可以得知，暗杀亚历山大的动机也包含了对亚历山大倾心于东方风俗的不满。由于侍从平时都侍奉在亚历山大身旁，因此可以直接感受到服饰、宫廷礼仪的变化，以及亚历山大饮酒时的癖性。而且这些侍从是在公元前 330 年才离开马其顿来到此处的，因此不难想象，当他们目睹了亚历山大的东方化措施，特别是波斯人的跪拜礼时，受到了多大的冲击。他们认为这败坏了马其顿自古以来的良风美俗。加之他们正值多愁善感的年龄，更是感到难以忍受。

对于亚历山大来说，自己的路线招致侍从们的强烈反感，这是一件很严重的事情。此前亚历山大所清除的亲信，帕曼纽自不待言，菲罗塔斯与克莱特也是年长于他。年长者固守马其顿风俗，反对新的政治路线和陌生的东方习俗、礼仪，这无可厚非。对他们采取严厉措施，这也不要紧，因为这些年长者迟早会退出第一线。亚历山大把未来寄托在年青一代的侍从身上。他相信，年青的他们会欣然接受新的路线和东方的习俗，成为帝国的中坚力量。然而，出乎他意料的是，年青一代中也出现了正面反对他的人。不难想象这给亚历山大带来了多大的冲击。某种意义上来说，甚至比杀害克莱特的冲击还要大得多。因此，亚历山大提拔坚决支持东方路线的人，至少是不会公然反对的人，用他们巩固远征军的中枢。关于这一点，从亲信护卫官的成员构成能看出来。

亲信护卫官　　亲信护卫官，在希腊语中是"守护国王者"的意思，是从护卫兵中提拔特别优秀者作为国王最重要的亲信，人数只有七人。随着远征的推进，他们的职责发生改变，已不是单纯的护卫兵。他们可以率领部队作战，参与重要的政策决策等，成为亲信中的亲信、军队的最高首脑部。具有这样身份的人，在现代容易联想到的是美国的总统助理。

亚历山大完全继承了腓力二世任命的亲信护卫官。其中，利西马科斯和阿里斯托努斯出生在首都佩拉，培索出生于上马其顿，阿海巴斯与亚历山大母亲奥林匹亚斯同是伊庇鲁斯人。由此可以看出，腓力在任命亲信护卫官时，主要考虑的是地域间的平衡。从他们的出生地来看，培索和阿海巴斯是亚历山大可以相对信任的两人。

这七人中利西马科斯、阿里斯托努斯和培索在亚历山大死后仍健在，但在东方远征过程中并没有留下引人注目的实绩。其他四人因各种原因被亚历山大替换成别的与自己关系密切的人。首先是托勒密（与后来的埃及王不是同一人），他在远征第一年死于哈利卡纳苏斯攻城战。事后亚历山大提拔自己的挚友赫菲斯提昂作为继任者。巴拉克拉斯是安提帕特派的一员，在第二年被任命为西利西亚总督而离任，继任者是米尼斯。但米尼斯和亚历山大的关系算不上亲密，他之所以被选中，是因为亚历山大担心如果一味提拔自己的密友会打破势力的平衡。在当时，旧体制的壁垒依然坚固。到了远征第四年，亚历山大任命米尼斯担任地中海沿岸地区的监督官，将他从苏萨派遣过去，其继任者是帕迪卡斯。阿海巴斯在远征第三年冬天病逝于埃及，其继任者是利昂那塔斯。德米特里亚斯则因与菲罗塔斯事件有牵连而遭到逮捕、处刑，继任者是后来成为埃及王的托勒密。

就这样，到了远征第五年即公元前330年的秋天，亲信护卫官七人中有四人换成亚历山大赏识的亲信。这四人在远征后半程初露峥嵘，都在重要的位置上大显身手。此外，在公元前326年，朴塞斯塔斯成为亲信护卫官的第八人。这是一个例外的任命。他是因为救了在印度河流域与马利亚人决战时身负重伤的亚历山大，为了表彰其功绩而特别提拔的。但不久后，朴塞斯塔斯被任命为波西斯总督，因此他的亲信护卫官更多的是一种荣誉称号。

亚历山大与将士的纽带

抓住士兵的心　　　　亚历山大又是怎样对待一般将士的呢？这可以分为两个方面。一方面，他作为优秀的指挥官，牢牢地抓住了士兵的心；另一方面，为维持远征军和王国的秩序，不断激发将士的荣誉心。以下先来分析第一方面。

远征军中，有许多将士在出发前才刚结婚。远征第一年冬天，亚历山大给这些新婚将士假期，把他们送回国。这一充满温情的举措令他人气大增。然而，亚历山大实际的意图是让他们回家生孩子，以确保将来士兵的数量。

在伊苏斯战役开战前，亚历山大骑马在战斗队列前跑过，高呼着各部队长的名字，授予他们相应的美称，激励了他们。在战斗结束后，亚历山大一一慰问了受伤的士兵，听取他们的战绩，给予他们相应的赏赐。

亚历山大有时还慷慨解囊，以赢得士兵们的信赖。公元前324年，在苏萨，亚历山大清偿了士兵们欠下的所有债务，并且非常体谅士兵，只需出示字据即可，可以不用签名。对士兵来说，比起从债务中解脱出来，亚历山大在不知道自己名字的情况下愿意出资相助更令他们感到欣慰。亚历山大赏赐金的总额达到了两万塔兰特，连在欧皮斯退伍归国的老兵也得到了薪金以外每人一塔兰特的赏赐。士兵共有一万人，总额达一万塔兰特。

亚历山大传中最令人印象深刻的一幕就是横穿格德罗西亚沙漠时发生的逸闻。大军行走在酷热难当的广阔沙漠上，无一人不感到唇焦口燥。这时，有数名脱离队列的轻装兵在岩石上的坑洼处发现了少量水。他们将水装在头盔里，带回去献给亚历山大。亚历山大收下后向他们致谢，然后在众人面前，将水洒在地面上，表示与将士们同甘共苦。这一举动令士兵备受鼓舞，仿佛是自己把水喝得一干二净一样。

荣誉的分配

亚历山大极善于抓住机会对将士的功绩进行褒奖，促使部下们投入到荣誉的竞争中。在马其顿，上至亚历山大，下至一兵一卒，所有人都热衷于追逐荣誉。对他们来说，在轰轰烈烈的战斗中获胜，留下永存不朽的荣誉，正是他们人生的追求。关于亚历山大自己的荣誉心，将在第八章讲述。亚历山大正是将马其顿人的这种心理充分运用到军队的统率中。这一侧面可以说是远征军的社会心理学。

对于亲信的表彰，规模最大的一次是在苏萨集体婚礼后举行的。当时，亚历山大依据每个人的级别、位次、战功，赏赐他们各种各样的物品。对特别英勇的人赐给黄金之冠，以表彰他们的功绩。其中的代表是朴塞斯塔斯，他曾在印度河流域与马利亚人的战斗中用盾牌保护了亚历山大。此外，指挥官奈阿尔科斯也因航海探险的功绩而得到了金冠。而赫菲斯提昂等亲信近卫官们都被亚历山大论功行赏。

平时，等级与荣誉的差别体现在能够接近国王的范围，即与国王之间的物理距离上。原本马其顿国王与普通士兵的距离是非常近的，国王常在士兵中露脸。但随着远征的推进，亚历山大与外部人员之间逐渐形成了一道隔阂。亚历山大的帐篷外有青年侍从守护着，能自由进入帐篷见到亚历山大的只有亲信护卫官。如果普通的将士想拜见亚历山大，则必须委托亲信护卫官传达。举行公开仪式时的座次也是事先规定好的。如第五章所提及的觐见情形，亚历山大位于帐篷的中心，周围是亲卫兵，然后是马其顿"银盾队"，外围有波斯人的"苹果团"。在苏萨举行的集体婚礼典礼上，帐篷的内侧只有与亚历山大亲近的宾客，他们允许躺在新郎对面的躺椅上。而其他将士和外国使节只能进到中庭。

对于荣誉的竞争，即便在酒宴上也反复展开。马其顿将士的宴会不单纯是饮酒、娱乐的场所。正如亚历山大最先在宴会中尝试推行跪拜礼一样，宴会是亚历山大与亲信们就各种问题各抒己见的地方，是一个"半正式"的政治场所。在宴会上，亚历山大提出新的政策，确认亲信们的反应；而亲信们则纷纷向亚历山大进言，期待得到采纳。正因为所有将士的未来都取决于亚历山大的决断，所以在宴会上，亲信们常为争宠而展开激烈的争论。

像这样，基于亲信和将士强烈追名逐利的心理，亚历山大通过地位、荣誉，游刃有余地操控着他们。

同性恋的纽带

实际上，除了亚历山大这些有意的控制手段外，将士间的同性恋在保持远征军的秩序方面也发挥了很大作用。古代马其顿社会和希腊一样，是由男性间的同性恋维持的。在生死未卜的残酷军旅生活中，同性恋为将士们克服困难提供了重要的精神食粮。不论是战时还是平时，同性恋都培育了他们的友情，激发了竞争意识，帮助他们战胜恐怖心理，提高彼此的荣誉感和勇气。除此之外，同性恋还起到了教育的作用——年长者将年轻人培育成独当一面的战士。在哲学家柏拉图的《对话录》中，生动地描绘了苏格拉底及周围人之间的爱情关系。在以不败著称的底比斯神圣部队中，三百名战士被组编成情人关系，这种关系令他们为两人一同赴死而情绪高涨。

据说亚历山大和赫菲斯提昂是同性恋关系。库尔提乌斯的亚历山大传中这样记载了赫菲斯提昂："在所有人中，他与国王的关系最亲密，国王向他倾吐所有的秘密。"但是关于两人关系，所有亚历山大传都没有直接的描写，只暗示了两人关系亲密。

这是因为对于马其顿人来说，同性恋极为平常，因此史料中鲜有关于这方面的记载。同性恋只有牵涉到暗杀国王这样的重大事件时，才会引起人们注意。例如，公元前399年杀害阿基劳斯国王的，正是他的同性恋对象。而腓力二世被亲信护卫官帕萨尼亚斯暗杀一事，也是由同性恋三角关系所引起的。

同样，东征中窥探到的同性恋事例与暗杀亚历山大未遂事件

骑马的亚历山大像　罗马时代的青铜像。那不勒斯考古学博物馆藏。出自 Stewart, *Faces of Power*

有关联。菲罗塔斯受牵连而惨遭处刑的谋反事件是由一名叫蒂姆勒斯的年轻人策划的。他向情人尼科马科斯袒露此事，请求他参加暗杀活动，尼科马科斯并没有答应。正是尼科马科斯对他的兄弟说了此事，才导致密谋败露。在侍从的密谋中，暗杀计划的策划与败露都与侍从的情人关系有关。起初策划此次暗杀的是赫摩劳斯，他先向情人索斯特拉塔斯坦白，而索斯特拉塔斯同意参与，二人再拉拢其他同伙。当计划以未遂告终之后，同伙埃皮米尼斯向情人卡瑞克利斯透露此事，整个阴谋才泄露出来。

　　由以上事例可以看出，同性恋关系有时甚至是酝酿出暗杀国王阴谋的要因。前述同性恋关系之所以被记录下来，是因为这些事件本身是引人注目的异常事件。但事实上，远征军中的同性恋关系极为普通，仿佛是一个能稳定将士们精神的装置。

对战死者的表彰

　　如何对待战争中的牺牲者，这个重要课题直接关系到远征军的士气。亚历山大的做法是，表彰战死者为士兵的楷模，尽可能厚葬他们的遗体。同时他还不忘照料遗留在本国的死者家属。例如，格拉尼库斯河战役结束后，他把牺牲的八十五名骑兵和约三十名步兵连同武

器一起厚葬，并免
除了死者父母儿女的
地租、服兵役义务
和财产税。对于在
首次突击中牺牲的
二十五名伙伴骑兵，
亚历山大给予他们
破格的荣誉，命令

马其顿圣地狄翁　得墨忒耳女神的圣域。蕴含马其顿荣华的遗物、供奉品出土于此

雕刻家利西波斯为他们制作青铜像，立在马其顿圣地狄翁。在当时，青铜像的价格要比大理石像贵很多。依据斯图尔特的研究：一个青铜人像是 0.5 塔兰特，一个青铜马像是它的四倍，一个骑马像的价格是 2.5 塔兰特。再加上亚历山大自己的骑马像，一共要制作二十六座青铜像，总额高达 65 塔兰特。要知道，远征出发时国库里仅有 70 塔兰特，可见这是一笔多么高昂的开销。

此次表彰带有明显的政治意图。第一，向外界声明亚历山大不仅表彰牺牲者的功勋，同时还会关怀其家属。这是考虑到此后牺牲者增多，为了避免遗属陷入厌战情绪而采取的策略。第二，对年轻人起到教育作用，把他们培养成独当一面的士兵。让他们知道轰轰烈烈作战、为祖国争光能获得多么辉煌的荣誉。此次表彰是提高年轻人斗志的极好教材。第三，狄翁是马其顿的圣地，祭祀宙斯的运动会也在此举办，因此安置在狄翁的青铜像是国家官方纪念物，意味着他们的牺牲已经成为国家记忆。

这与日本的靖国神社所起的作用完全一样。唯一不同的是，马其顿没有把牺牲的将士视为神来供奉的习惯。

当然，战死骑兵的战绩与亚历山大也是密不可分的。在牺牲者的群像中加入自己的铜像，是想说明他们的荣誉归根结底还是拜英勇、强大的亚历山大所赐。

第七章

大帝国的前途

远征东方略史（三）

进攻印度及折返回国

公元前 327 年初夏，亚历山大从巴克特拉朝印度进发。为进攻印度，他先是在高加索的亚历山大城滞留数月，在此进行了情报收集和粮草囤积等工作。阿契美尼德王朝虽然征服了印度（现巴基斯坦），但只是在名义上持有宗主权。晚秋时节，远征军出发。到达尼卡亚后，亚历山大立即派遣使节向印度河西侧各地的首领们传达消息，命令他们立即归顺。塔克西拉王国的国王太克西利斯和其他首领立即投奔亚历山大。随后亚历山大把军队分为两部分，命赫菲斯提昂和帕迪卡斯率领分队控制印度河附近地区，为渡河作准备。

搭在印度河上的浮桥　亚历山大的军队造船桥渡河

亚历山大自己率领主力部队，在冬季穿越喀布尔河谷北侧的山岳地带，向斯瓦特地区进军。他彻底毁坏了试图抵抗的村庄，毫不留情地杀害了当地居民。巴济拉的居民躲避在巨大的阿尔诺斯岩山里。阿尔诺斯山方圆三十六公里、海拔两千多米高，有泉眼和森林，有可供一千人耕种的耕地，传说赫拉克勒斯也未能攻陷这里。亚历山大在岩山的一角开辟阵地，朝敌军山寨修筑土岗，而后展开进攻。结果是居民投降，而企图趁夜逃跑的敌军士兵大多数遭到了杀害。他的行动如此大胆，也令对手丧失斗志。

抵达印度河后，亚历山大的先行部队已搭建好浮桥，完成了渡河的准备工作。公元前326年5月，远征军顺利渡过印度河进入塔克西拉王国的首都——塔克西拉，并从太克西利斯国王手中接管了城市。塔克西拉具有重要的战略地位，西邻巴克特里亚，东邻恒河流域，北通克什米尔地区，其土地广阔、肥沃，甚至不输于埃及。

此时，在希达斯皮斯河（现杰赫勒姆河）畔，波罗斯王率领庞大的军队正严阵以待。波罗斯王是从希达斯皮斯河到阿塞西尼斯河（现杰纳布河）这片辽阔而肥沃的土地的国王。他率领的恐怖大军包括五万步兵、三千骑兵、一百三十头战象。当时正值雨季，河流进入了汛期。亚历山大在敌军的正面部署了一支机动队，他自己则在暴风雨之夜，率领主力部队在河流上游二十八公里处秘密渡河，击败了闻讯赶来的波罗斯王军队。渡河成功的机动队则乘胜追击，取得了这场战役的胜利。亚历山大赞叹波罗斯王

印度河及其支流

的勇武及其高达两米的伟岸身躯，于是承认他的领地，还赐予他新的土地。此外，为了纪念胜利，亚历山大在河的两岸建造了两座新城，东岸的城市命名为尼卡亚，意为胜利，西岸的城市则命名为布塞弗拉，以纪念刚死去的爱马。

　　随后，远征军渡过希德拉欧提斯河（今拉维河），抵达希法西斯河（今毕雅斯河）。当得知在东面还有一条恒河与广阔富饶的土地时，亚历山大的内心非常振奋。河流出海口外必定是一片汪洋大海，那才是远征的终极目标，但此时士兵们却拒绝前进。

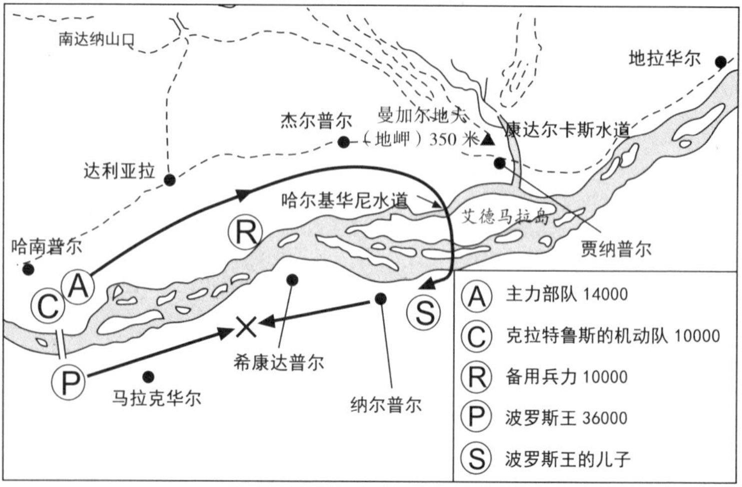
南达纳山口
地拉华尔
杰尔普尔
曼加尔地大
（地岬）350 米
康达尔卡斯水道
达利亚拉
哈尔基华尼水道
艾德马拉岛
哈南普尔
贾纳普尔
希康达普尔
马拉克华尔
纳尔普尔
A 主力部队 14000
C 克拉特鲁斯的机动队 10000
R 备用兵力 10000
P 波罗斯王 36000
S 波罗斯王的儿子

与波罗斯王的会战　希达斯皮斯河畔的会战

频繁的战斗、行军的疲惫、持续七十天的狂风暴雨电闪雷鸣，再加上汛期渡河的艰难、宿营地蛇蝎出没，等等让将士们日夜不得安宁。士兵们已筋疲力尽，士气也大大受挫。在一次部队长以上级别的会议上，亲信科那斯起身向亚历山大进言，他认为长期的远征已使士兵们疲惫不堪，此刻应暂时班师回朝，待养精蓄锐后再率领年轻力壮的士兵实现更远的征战，这段历史在电影《亚历山大大帝》中被搬上了荧幕。只是在电影中，进言者由科那斯换成了克拉特鲁斯。在前兆不祥的情况下，亚历山大决定停止远征班师回朝。这对亚历山大来说是第一次失败，于是他在希法西斯河畔塑了奥林匹斯十二神像以示纪念。

描绘了两位国王战斗场面的银币　战象上的波罗斯王（右）与亚历山大

沿印度河直下后返回

虽然说要返回，但并不是直接撤回。

亚历山大的目标是沿印度河顺流而下，直指南边的大洋。公元前326年11月初，远征军从希达斯皮斯河畔的尼卡亚城出发，河流两岸的军队与庞大的船队一同南下。船只大小合计两千艘，含印度兵在内总兵力达十二万人。最初军队浩浩荡荡宛如凯旋，但游山玩水的航行氛围很快就烟消云散。在即将抵达印度河干流时，好战的马利亚人和欧克西德拉卡人联手，以步兵八万、骑兵一万、战车一千辆的兵力奋起抵抗，此后他们在各地展开了激战，仅在桑加拉城就有一万七千人牺牲，七万人成为俘虏，而因患病无法逃生的五百居民全部被杀害。

面对战局，亚历山大非常焦急。在马利亚人的一座城市，他独自跳入敌人的城内，后被敌兵包围，身负重伤险些丧命，所幸被三名亲信救出。很难相信亚历山大会采取如此鲁莽的行动。在阵地上，亚历山大战死的谣言流传开来，在他康复前军队停止行军。随后他们在印度河流域各地，对不愿归顺的当地人民展开了疯狂的屠杀。为报国王负伤之仇，马其顿兵血洗了马利亚人最大的城市，连妇女和儿童也没放过。

当远征军抵达印度河三角洲南端的帕塔拉城时，已是公元前325年的夏天。当时距出发已经过去十个月，士兵们的士气明显

印度河下游　铃木革拍摄

下降。亚历山大在帕塔拉城修建港口和堡垒，然后从那里探察河口，确认大洋的存在。至此他才明白，印度河和尼罗河是两条完全不同的河流，还第一次经历了潮水的涨落。之后亚历山大任命奈阿尔克斯为舰队指挥官，命他探察到幼发拉底河河口的沿岸航海路线。

亚历山大则亲自率领主力部队从帕塔拉出发，向西挺进。但巨大的考验在前方等着他们。从10月到11月的整整两个月，部队在格德罗西亚、莫克兰两大沙漠中行进。骄阳似火，饥渴难耐，前行的步伐总被隆起的沙丘困住，很快让士兵们耗尽体力。一旦掉队，就宛如从船上坠入海中，消失在茫茫沙漠里。此后，部队又在雨后的山林中行进，湍急的山洪冲走了随行的妇女、儿童及役畜。这期间所经历的艰难困苦是之前所有的艰辛都难以相提并论的。当抵达卡曼尼亚时，几乎全军都奄奄一息。

另一方面，奈阿尔克斯的舰队在东北季风开始盛行的10月下旬驶入大洋，此行也是苦难连连：长时间的航海使他们蓬头垢面，海水的盐分使他们皮肤粗糙，不眠与其他困难使他们面如土色。一个偶然的机会，奈阿尔克斯在哈尔莫泽亚得知自己与

亚历山大的征服与神话

主力部队相距仅有五天的路程，于是最终实现了与亚历山大意想不到的再会。亚历山大艰难地辨认出狼狈不堪的部下们，他本以为舰队已全军覆没，悲痛万分，当得知人舰俱在后，激动得连眼泪都来不及擦。随后舰队继续前行，途经波斯湾，于前324年春抵达幼发拉底河口，沿着底格里斯河逆流而上，终于在苏萨与亚历山大会合。

自从进军中亚地区以来，远征军在景观变化万千的土地上，遭遇到了空前的、难以想象的困难。能与此次远征相匹敌的，恐怕只有16世纪西班牙军队征服新大陆的例子了。

未建成的帝国

从公元前325年年底到次年年初，亚历山大从卡曼尼亚前往苏萨。在此期间，他收到对东方各行省的波斯人总督的告发。原来，这些地方长官以为亚历山大不会回来了，于是为所欲为，实行残暴统治。获知这一情况后，亚历山大将四位波斯人总督处刑，并安排马其顿人接任他们的位子，东方合作路线出现了大倒退。不久又因原住民的告发，亚历山大将马其顿人驻扎军指挥官处以严刑。亚历山大还意识到，总督手上掌握着大量雇佣兵，这非常危险，于是又下达了解散雇佣兵的命令。

公元前324年1月，亚历山大到达波斯帝国的旧都帕萨尔加德。目睹了他所敬重的居鲁士二世的墓地遭到损坏，亚历山大十分愤怒，下令进行修理。此外，在途经波斯波利斯时，他非常后悔当时放火烧毁宫殿。在这段时间，那些因解散雇佣兵令而被解雇的希腊雇佣兵在各地制造事端，导致社会极度不安定。为解决这一问题，亚历山大从苏萨向希腊各城市发布流亡者归国令。但随之而来的问题是，如果大批流亡者同时回国的话，势必造成政治局势紧张，围绕被没收财产的返还问题，恐怕还会引起新的纷争。希腊全国笼罩在极其不安的氛围之下，反叛的迹象已经出现。

在苏萨，亚历山大按照波斯习俗举行了一场盛大的集体婚礼。亚历山大本人迎娶了两名阿契美尼德王朝的公主，他还把波斯、米底贵族的女儿嫁给他的八十名亲信。这不仅宣告他本人是阿契美尼德王朝的正式继承人，也意味着马其顿人高官作为亚洲新统治阶层的诞生。此外，在远征途中有一万名士兵娶了亚洲女性做妻子，亚历山大承认了他们的婚姻并赐给他们礼金。

在东方接受军事训练的三万名年轻人也抵达苏萨，这些青年被培养成马其顿式的战士，因此被称为"后继者"。亚历山大还把东方出身的战士编入骑兵部队，并选拔波斯贵族组成亲卫骑兵队，这些举措招致了马其顿士兵的不满。公元前324年夏，在欧皮斯，这种不满终于爆发了。当亚历山大宣布要让一万名马其顿老兵退伍回国时，士兵们无比愤怒。他们认为亚历山大这是在清理废品，进而发展为骚乱。但三天后双方就达成和解，为此亚历山大大摆盛宴庆祝，波斯人也参加了宴会。亚历山大在宴会上承诺会让马其顿人和波斯人共同统治帝国，并且承诺收养老兵们的孩子，把他们培养成马其顿战士。他给予老兵们赏赐，送他们回国。亚历山大命克拉特鲁斯率领退伍老兵回国，委托他回国后治理国家，此外他还向当时的代理统治者安提帕特发出了召回令。

纪念英雄赫菲斯提昂的浮雕 哀悼挚友的逝世，亚历山大三天不思饮食。塞萨洛尼基考古学博物馆藏

同年秋，在埃克巴坦那，亚历山大最亲密的朋友赫菲斯提昂猝死。得到消息后，亚历山大悲痛欲绝，连续三天不进水米。随后他为赫菲斯提昂举行隆重的葬礼，并把赫菲斯提昂当作半神的英雄进行祭祀。同年冬，为祭奠赫菲斯提昂，亚历山大毅然举兵远征扎格罗斯山中的科萨亚人。公元前323年年初，亚历山大抵达巴比伦，各国使节团纷纷来访以表敬意，其中希腊各国使节团带来了把亚历山大作为神进行崇拜的决议。

亚历山大的下一个计划便是周游阿拉伯半岛。奈阿尔科斯被任命为指挥官，逐步推进舰队的建设、调查队的派遣等准备工作。然而就在启航前，亚历山大突然感染热病，病倒了。

据王室日志的记载，亚历山大是在6月1日（马其顿历的Daisios月十七日）发烧的。此后数日高烧持续不退，只能在病床上向指挥官们传达指示。5日，从傍晚开始病情进一步恶化。8

日，他指示将军们在候客间，各部队长在殿门待命。9日，病情持续恶化，他虽然能分辨出指挥官们，但已无法发声。高烧仍然持续。10日，马其顿士兵们以为他们的国王已逝，排着整齐的队列从他的床边通过。此时亚历山大虽无法发声，但仍仰头注目以示回应。6月10日傍晚，亚历山大逝世，享年三十二岁零十一个月。从他发病到逝世仅十天。

动摇的帝国与新航路

波斯总督的更替　公元前331年，亚历山大最早任命波斯人马扎亚斯担任巴比伦尼亚总督。此后正式开创了与原波斯统治阶级的合作路线。在他统治期间，担任过总督的波斯人或伊朗系人共十六人，不过他们不断地被替换、解任或处死，在亚历山大逝世时仍担任总督的只有三人。

纵观总督更换的理由，因逝世或者本人申请辞职的有三人（包括马扎亚斯），原因不明的有四人。因政治原因被免职或者处刑的，到公元前326年为止有四人，公元前325年成为大清洗对象的有四人。其中，波西斯总督欧克西尼斯因掠夺神殿及非法对待波斯人而被处以绞刑，卡曼尼亚总督阿斯帕斯特则被怀疑趁亚历山大远征印度期间策划阴谋而被处刑，而苏西安那总督阿布莱提斯与儿子欧克萨斯瑞斯二人因实行暴虐统治而被处刑。

至亚历山大逝世仍在位的波斯人或伊朗系人总督仅有三人，他们的共同点是对亚历山大忠心耿耿，这其中包括了亚历山大妻子罗克珊娜的父亲——时任为帕洛帕米萨达总督的奥克夏特斯。

总而言之，因政治原因被免职或被告发的波斯人总督共计八人，其中至少有五人被处刑。为什么亚历山大要实行如此大规模的肃清呢？

根据亚历山大传记载，这些总督都深信远征印度的亚历山大不可能再回来，即使回来也不可能平安无事地穿越格德罗西亚沙漠，这些预测助长了他们滥用职权的违法行为。对亚历山大而言，相比他们的违法行为，更罪不可恕的是他们竟然认为自己不可能再回来。因此对于告发，亚历山大采取了极其严厉的态度对待，就算他们犯下的只是轻罪也会严惩，以此杀鸡儆猴。

大清洗的背景 现存的亚历山大传毕竟出自希腊人、罗马人之手，书中记录对波斯总督有偏见也实属正常。但是我们也有必要从另一个侧面来仔细审视他们所处的状况，我们应思考，为什么亚历山大无法令波斯总督们对他保持忠诚呢？

原本阿契美尼德王朝的总督们在各自的行省内总揽行政、军事、财政等大权。只有各行省首府的城池守卫队是例外，其队长由国王直接任命，只效忠于国王。与此相比，亚历山大只赋予波斯总督行政权，把军事和财政权分离出来委任给马其顿人或者任命马其顿人的监督官。

例如，巴比伦尼亚的总督是马扎亚斯，而巴比伦的城池守卫队队长、驻留军指挥官、贡租征收官分别由马其顿人担任；苏西安那的总督是阿布莱提斯，而苏萨的城池守卫队队长、驻留军指挥官、宝物管理均由马其顿人担任。帕提亚·希尔卡尼亚的总督是阿明那斯皮斯，帕洛帕米萨达的总督是普罗阿克瑟斯，但在两地分别设置了监督官。虽然现存史料没有记载全部行省的情况，但是不难发现整体上有这样的倾向：相较于阿契美尼德王朝，亚历山大时代的总督在权限上受到了很大的限制，这必然引起他们的不满。那位被定为掠夺神殿罪的波斯总督，可能正是因为征税权被剥夺，为了获取新的收入来源所以才把手伸向了神殿。因为统治权限的问题，他们甚至还可能与马其顿军指挥官和监督官发生过冲突。

还有一点与阿契美尼德王朝时代不同的是，国王与总督间的个人纽带断裂了，两者间的政治平衡崩溃。总督们或是王族，或通过姻亲关系与王室联结在一起，他们与波斯国王间的个人纽带保证了他们在统治阶级中的地位。他们向波斯国王进贡以表忠诚，波斯国王也会赏赐他们礼物。这些赏赐便是波斯国王对他们信赖的证明，同时也会提高他们的威信。这种授受关系通过宫廷仪式确定下来并且每年反复上演，实现相互间纽带的再次确认。另外，总督们在各自行省的首府拥有自己的宫殿和狩猎庭园，他们与下属间也建立了这种与波斯国王之间相同的关系。

因亚历山大率领远征军不断向东推进，所以不可能像波斯国王一样巡视首都，也不可能在每年例行的帝国仪式中现身。正如第五章所述，亚历山大确实继承了波斯式的宫廷礼仪和王权视觉化的表现，但说到底，他只把这些形式保留在宫廷范围内而已。随着东征的推进，他的身姿也在总督们的视野里渐行渐远。由此可知，不仅波斯总督们的权限受到严重的限制，他们与国王间传统的授受关系甚至也被切断，因此也就不可能忠于亚历山大。

　　亚历山大在统治原波斯所属地域时，虽意识到与波斯贵族的合作是不可或缺的，但没能在自己与他们之间构筑起稳定的统治体系。说到底，波斯贵族只不过是马其顿统治者暂时的同盟。而对于波斯总督们而言，亚历山大只是军事的征服者，不可能成为自己效忠的国王。因此可以说，大清洗是亚历山大自己种下的恶果。

集体婚礼　　公元前 324 年，波斯帝国的旧都苏萨举行了一场声势浩大的集体婚礼。亚历山大自己迎娶了两位阿契美尼德王朝的公主，并把波斯、米底显贵们的千金嫁给了自己的八十名亲信。除此之外，他还承认了约一万名士兵与亚洲女性的婚姻，并赐给他们礼金。这场集体婚礼对帝国的统治体制有着怎样的意义？亚历山大自身的婚礼留待第八章分析，此处仅分析亲信和士兵。

　　亲信们的集体婚礼一直以来被解释为民族融合政策的一环，

这实际上是不得要领的。

第一，对于胜利者马其顿人而言，被征服的原波斯帝国的女性是他们的战利品，因此这场婚礼的性质相当于战利品的分发。

第二，新人的组合都是男性为马其顿人，女性为伊朗系人，而没有相反的组合。如果打算从民族平等的角度实现两个民族融合的话，理应有马其顿女性与波斯男性的组合。所以不难看出，马其顿贵族有通过迎娶身份高贵的伊朗系女性为妻从而成为东方新的统治集团的意图，婚礼按波斯礼仪进行也暗示了这一点。

第三，据阿里安所述，事实上亲信们自身未必喜欢这场婚礼。对新郎而言，这场婚礼只不过是晋升和前途所必需的交换条件罢了。实际上，亚历山大也在通过这种方法来试探他们的忠诚度。

第四，这些新人大半最后以离婚收场。也许是因为亲信们无法抹除对伊朗系女性的厌恶感和差别意识。但也有例外，比如说后来建立叙利亚王国塞琉古王朝的塞琉古，他与妻子阿帕玛就共度了一生。另外，还有对波斯有深刻理解并成为波西斯总督的朴塞斯塔斯。关于他的婚姻状况没有详细记载，但史料上记载他努力学习波斯语，穿波斯风格的衣服，深获当地居民的信任。然而，他的这些行为却招致了马其顿同伴的不满。他愿意去真心理解异文化，可谓是马其顿人中的特例。

那么一般的士兵的情况又如何呢？亚历山大要求上报与亚洲女性结婚的士兵名字，结果人数达到一万人左右。这真的是民族融合政策吗？答案是否定的。这些士兵在远征到达各地后，与当地的女性建立了关系，而这些女性也跟随士兵们来到苏萨。亚历山大只不过是承认他们成为正式的夫妻罢了。换句话说，只是追认士兵们娶了"当地妻"而已。由此来看，很难把这看成是亚历山大有意图的民族融合政策。对帝国而言，重要的是他们的孩子。关于这一点将在最后探讨。

亚洲人的军队　　在亚历山大统治的后期，军队的构成发生了很大的变化，马其顿人的比重下降，东方出身的士兵比重大增，原因在于兵员的补充。在远征期间，被征服地需要派军驻扎，加之战场上的死伤，前线的兵员势必不断减少。在远征初期，每年本国会派遣增援部队来弥补兵员不足，但是在公元前330年以后这种增援就中断了。虽然希腊雇佣兵在此之后陆续到达，但他们不是被分配到各地驻扎，就是被编入行省总督的部队，远征军的主力部队渐渐陷入兵员不足的状况。于是亚历山大决定从当地招兵。

史料中能确认的最早的亚洲人部队是公元前328年冬在索格底亚那的冬营地组建的由巴克特里亚人和索格底亚那人组成的骑兵部队，这支部队也参加了次年春进攻印度的作战。在希达斯皮斯河畔与波罗斯王的战斗中，阿拉考西亚人、帕洛帕米萨达人、巴克特里亚人，索格底亚那人、斯基泰人的骑兵部队，以及斯基泰系达海人的骑马弓兵部队也来参战。在开始沿印度河南下时，当地的印度士兵也加入其中。这样，包括非战斗成员在内，总人数达到了十二万人。

公元前327年从巴克特里亚出发时，亚历山大向东方的行省总督们下达了一项指令，命他们选拔年轻人进行军事训练，担任训练教官的是留在各城市的马其顿老兵们。公元前324年，长达三年的马其顿式军事训练结束，三万名年轻步兵抵达苏萨。他们身着马其顿式服装，装备和训练也是马其顿式的。亚历山大满意地观看了他们的阅兵仪式，称他们为"后继者"，这个称呼也表明接替马其顿步兵的就是这些东方的年轻人。当时马其顿老兵已呈现出疲态，士气也大不如前。亚历山大经常通过展示对东方人的信赖，从而压制马其顿人的不满。对亚历山大来说，让他们相互对抗、牵制是非常有利的。因此，他并没有将二者混合，而是维持不同民族的军队。另一方面，因为大量东方人离开故乡，也断绝了他们叛乱的可能性。在某种意义上，这些东方人也是人质。次年，波西斯总督朴塞斯塔斯召集的两万波斯步兵也抵达巴比伦。大量新兵加入，也导致马其顿步兵无论是数量上还是士气上都被压倒。

在苏萨，亚历山大重新整编了骑兵部队。首先，从东方出身的骑兵及波斯人中选拔优秀者编入马其顿骑兵部队。其次，编成第五支骑兵部队。当时马其顿骑兵因兵员不足，只剩下四支部队。最后，挑选出九名伊朗系贵族编入亚历山大直属的亲卫骑兵队中。这其中有五人是总督的儿子，一人是原阿契美尼德王室的亲戚，还有一人是亚历山大的妻子罗克珊娜的兄弟。他们被赐予马其顿式长枪以取代原来的波斯式长枪。

军队的结构变化显示了亚历山大从马其顿国王到亚洲之王的转变。

一个人的帝国　成为亚洲之王的亚历山大又是如何描绘他的帝国蓝图的？关于这一点，有以下几个线索。

接任大清洗中被清除的波斯总督们的，全部都是马其顿人，不过继任者中大多数身份并不显赫。亚历山大之所以起用这些无名之辈，是为提高他们对自己的忠诚度，这也与波斯人总督中只有对亚历山大忠诚的人才能继续担任官职的事实相印证。

说到忠诚，事实上，埃及总督克利欧米尼斯的例子具有启发性。公元前 324 年，挚友赫菲斯提昂死后，亚历山大曾写信给克利欧米尼斯，命令他把赫菲斯提昂当英雄来供奉，为此需要在亚历山大城建造一座规模空前的灵庙。尽管当时克利欧米尼斯因行为不端而遭到各种恶评，但亚历山大在信中提出，只要克利欧米尼斯能顺利完成他要求的英雄庙的建设，克利欧米尼斯过去及日后的过失可以一概不咎。由此可知，对亚历山大而言，只要誓死效忠他替他办事，一切过错皆可勾销。

当一万名马其顿老兵从欧皮斯归国时，亚历山大曾承诺把他们与亚洲女性生的孩子培养成马其顿式的士兵。如果这个承诺成为现实，这些孩子将成长为在欧洲无根、在亚洲也无特定故乡的士兵。因此一般认为，亚历山大是想把他们培养成只效忠于自己、听令于自己的精英部队。

"忠诚"是理解亚历山大的关键词。亚历山大在最高点上治理天下，那些只效忠于他的马其顿人和波斯人作为统治民族，担负起帝国统治的重任。维系新统治制度的纽带是对亚历山大的忠诚而非民族身份，仅靠这一纽带能支撑一个空前庞大的帝国？在某种意义上，将这个帝国称为亚历山大一个人的帝国更为确切。

对东方理解的局限

登上宝座的陌生人　　　　关于亚历山大对古代东方政治及宗教传统的尊重，第五章已做过阐述。但实际上，亚历山大对东方的理解也存在局限。以下几个事件可以反映这一点。在史料记载中，出现许多预言亚历山大将死于巴比伦的前兆。这里，我们选取陌生人登上宝座这一事件来分析。

关于该事件的描述，三部亚历山大传稍有差别，但主要内容大致如下：有一天，一个陌生人在亚历山大离开宝座时，头戴王冠（diadema），身穿王服，坐上了宝座。事后，亚历山大怀疑这可能是阴谋的一环，便亲自审讯陌生人，但回答不得要领。审问无果后，亚历山大向占卜师询问这一事件的寓意，得到的回答是这是不祥之兆。亚历山大立即处死了这个陌生人。陌生人来历不明，他这种行为的动机也无从知晓，但似乎可以看出这名陌生人智力有问题。

很多学者把这一事件与巴比伦的宗教仪式联系起来进行解释。具体与哪种仪式有关，学者们的见解颇有分歧，其中最合理的说法是美索不达米亚的传统仪式——"王的替身"仪式。这项仪式的背景是，当有凶兆（通常是月食）显示王的生命危险之时，王的替身就要扮演成王，将所预示的一切灾难引向自身，以此解救王。通常挑选智力或者身体上存在缺陷的人作为王的替身，让他身穿王服，头戴王冠，坐上宝座。王的替身代替王连续执政一百天，这段时间真正的王必须深居宫中，不能外出。在此期间等待贵族中的一人替王死去，若无此类情况发生，则王的替身将被杀死。之后把王的替身埋葬，并把他穿的王服、王冠以及宝座一起烧毁。完成之后，逃过一劫的王便可重登宝座。如此来看，登上宝座的陌生人事件与此项仪式确有很多契合点。

有关亚历山大回归的凶兆

那么巴比伦的神官们为什么要在亚历山大本人都不知晓的情况下贸然举行这种仪式呢？到底出现了什么样的凶兆？

公元前323年年初，巴比伦主神马尔杜克的几位神官拜访了正在向巴比伦前进的亚历山大。他们请求亚历山大中止行军，因为神谕显示现在不宜入城。

此外，他们还提出，入城之时，切勿朝西，而应迂回朝东入城。亚历山大按照神官的指示改变了行军路线，但因地形复杂，加之路况险恶，军队无法朝东入城，最终还是朝西，也就是从东侧入城了。像这样，出乎意料地违背了神谕。

巴比伦入城之前的凶兆和王的替身事件二者该如何解释，对此，学者们提出了以下两种截然相反的说法。

一种说法是向亚历山大进言的神官们不怀好意，居心叵测。依据阿里安所述，当神官们表示不希望亚历山大入城时，亚历山大就已怀疑他们的目的是为了保护与神殿财产相关的既得权利。因为在先前为了修复神殿，捐款源源不断地汇集到神殿，供品也不断被献上，神官们中饱私囊擅自瓜分了这些财产，而亚历山大下令再建工作必须在短期内完成，如此一来便侵害了神官们的利益。于是亚历山大认为，这也许是神官们故意以凶兆为借口，企图阻止自己进入巴比伦城。

另一种说法是这些神官们真心想保护亚历山大，而非图谋不轨。因神官们得到凶兆，试图让亚历山大远离巴比伦城，但最后亚历山大还是进入了城内。于是他们就举行王的替身仪式，试图使亚历山大逃过一劫。他们瞄准了时机让替身坐上宝座，欲将亚历山大的灾祸引向替身，事后再向亚历山大进言处死替身，而亚历山大也采纳了他们的建议处死替身，仪式就完成了。

对传统仪式的无知　发生在巴比伦的一连串事件尚有诸多谜团。但单从王的替身这一事件来看，可以确认的是亚历山大及其周围的马其顿人并不了解巴比伦的传统仪式。亚历山大完全不知道处死替身自己便可得救这一仪式的重点，而只是怀疑陌生人背后隐藏着政治阴谋，把这当成是不祥之兆。

另外还有一点，据阿里安所述，陌生人出现时，宝座周围有宦官，但他们受制于波斯法令，无法让陌生人离开宝座，只能在一旁捶胸顿足。波斯法令规定，把坐上宝座的人赶下来，即便只是形式上的也牵涉夺权篡位。因此就算坐上宝座之人来历不明，也无法让他离开宝座。如果当时巴比伦宫殿里的宦官是波斯人的话，那就是波斯人没有正确理解巴比伦的仪式。如果宦官是巴比伦尼亚人的话，他们的哀叹很可能是仪式的一部分。在这种情况下，亚历山大与马其顿亲信们就误解了仪式的内容，误把自己一知半解的波斯法令用到了巴比伦的仪式中。

以下再举一个与琐罗亚斯德教有关的例子，同样也体现出亚历山大对东方文化缺乏理解。公元前324年秋，与亚历山大同龄、亲信中的挚友赫菲斯提昂病逝。

亚历山大伤心至极，为他举办了一场空前盛大的葬礼。对此，狄奥多罗斯作了如下描述。

> 亚历山大曾命令所有亚洲人民必须熄灭波斯人所谓的圣火，直至葬礼结束。而按照波斯人的习惯，只有国王逝世时才熄灭圣火。因此很多人认为这个命令是不祥的前兆，预言了亚

历山大的死亡。（第十七卷第一百一十四章）

　　亚历山大命令熄灭圣火，是出于对赫菲斯提昂离世的深切哀悼。然而，亚历山大并没有想到这项命令对他来说是一个凶兆。对当时的亚历山大而言，如何为逝去的挚友举办盛大的葬礼是头等的大事，他根本不在乎这对波斯人来说意味着什么。这个事件也表现出了亚历山大对东方文化缺乏理解和关心。

　　亚历山大的确巧妙地利用各地区的传统和仪式，合法地继承了埃及、巴比伦等阿契美尼德王朝统治下各国的权力，并强化、突显了王权的视觉表现形式。但是亚历山大只吸纳了有利于自己统治的传统和仪式，其目的不过是征服和统治。像这样，亚历山大缺乏对东方文化传统的深层次的了解，他对异文化本质上的忽视，也使得他对东方的理解受限。

骚动的希腊局势

雇佣兵解散令

　　在亚历山大统治末期，希腊本土动荡不安，孕育着一触即发的危机。这不禁让人思考，如果亚历山大的统治再持续数年，到底会发生怎样的大事。

　　公元前325年，从印度班师回朝的亚历山大对波斯总督们进行大清洗，又担心总督们发动叛乱，于是下令解散总督们掌握的雇佣兵部队。

虽说解散了雇佣兵部队，但总督们并非处于无防备状态。继任波西斯总督的马其顿人朴塞斯塔斯上任不到一年，就组建了一支两万人的波斯部队。可见总督随时都可以从当地居民中招兵。问题的关键不在总督，而是那些被解散的希腊士兵该何去何从。当然，亚历山大的想法是士兵们受雇于自己，把他们分配到帝国的各个军事驻地。但对亚历山大心怀芥蒂的士兵们并不想受雇于亚历山大，他们在偏僻的地方度过余生，流浪于亚洲各地，以劫掠为业，为所欲为，给社会和经济造成了重大的损失，随后又向西大移动。亚吉斯起义之后，伯罗奔尼撒半岛的泰纳伦海角成了雇佣兵们聚集的场所，大批士兵们从亚洲远渡重洋来此应征。负责雇佣兵召集与运送工作的，除了雅典的将军利奥斯提尼之外，还有被解任的波斯总督和将军。

公元前324年年初，对亚历山大来说，事态变得前所未有的严重。之前为了根除总督叛乱的隐患，亚历山大解散了雇佣兵，被解雇的希腊人因拒绝被亚历山大雇佣而集中在希腊本土。若置之不理，很可能造成社会动荡；若有人趁机组织领导，则希腊很可能成为叛乱的中心。对此，亚历山大想到了唯一的解决办法：把雇佣兵遣散回国。然而，正是这条命令使得希腊更加混乱动荡。

流亡者归国令 　　自公元前 330 年亚吉斯的暴动被镇压以
　　　　　　　后，希腊本土在政治方面一直很平静。虽
然有过几次小麦不足造成的饥荒，但是后来得到北非昔兰尼的
粮食支援，挺过了难关。在所有城邦中，雅典更是空前的繁荣。
自喀罗尼亚战役开始，至亚历山大死后的拉米亚战争为止，和平
持续了十五年。加上爱琴海贸易往来活跃，国家收入从公元前
346 年的四百六十塔兰特增长到了一千二百塔兰特。实现这一切
的最大功臣是政治家莱克格斯。他用十二年时间统一了国家财政，
并鼓励通商，开发银矿，使财政收入不断增加，同时还积极推动
公共建筑事业，为雅典的繁荣做出了很大贡献。

　　然而，令繁荣的希腊情况急转直下的，正是亚历山大的归国
令。公元前 324 年春，亚历山大在苏萨下达流亡者归国令，派亲
信尼卡诺带着此命令前往希腊。尼卡诺 5 月底到达希腊，在 8 月
初召开的奥林匹克运动会上宣读了命令：令流亡的希腊人返回祖
国，不执行的城邦将受惩罚。由于命令的内容很早就流传开来，
当时有两万流亡者聚集在奥林匹亚欢呼雀跃。

　　然而，该命令彻底动摇了希腊各国的政治及社会秩序。流亡
者是指因内战和政治斗争被驱逐出祖国的人，他们的财产被国家
没收并拍卖，已经归其他居民所有。这些人回国后，不仅会使国
内政治氛围高度紧张，还会引起居民间的各种争端，如返还被
没收财产、争夺土地及房屋，等等。更为棘手的是，回国的人群
中还包括数十年前被驱逐出境者的下一代，甚至第三代。

命令一下，希腊反对的呼声高涨，很多国家直接派使节与亚历山大交涉。受到影响最大的是埃托利亚和雅典。埃托利亚曾占领了位于科林斯湾南面的城市奥伊尼亚达伊，并驱逐了当地居民，非法将其作为自己的附属地。雅典的问题则更加严重。约四十年前，也就是公元前365年，雅典占领了爱琴海东部的萨摩斯岛，驱逐了居民，将其作为殖民地。当时有两千名雅典居民迁入该岛。若将其交还给萨摩斯人，雅典的社会和经济会遭受巨大损失。

从形式上看，该命令违背了科林斯同盟条约。条约规定，为了维持条约缔结时的政治体制和社会秩序，禁止流亡者以武力手段归国。因此，该命令在形式和内容上都带有专制意味。如上文所述，令被解散的希腊人雇佣兵各自回国，除了防止社会动荡以外，亚历山大还有另外两个目的。

第一，亚历山大希望流亡者们怀着对自己的感恩和忠诚之心，大力支持王权。按他的设想，即使是被自己驱逐的一部分流亡者，也会因为能够回国而对自己感恩戴德，进而成为自己的支持者。

第二，除了此命令，尼卡诺还带回了针对伯罗奔尼撒半岛两个联邦国家——亚该亚和阿尔卡迪亚的联邦评议会的命令。两国都参加了亚吉斯的起义，而尼卡诺带回的命令涉及缩小各联邦的权限。亚历山大或许是想对参加暴动的两国施加惩罚，防止叛乱再次发生。

总之，亚历山大已经不在意科林斯同盟的存在，而是希望在希腊范围内扶植自己的支持者，并以此稳固希腊的统治体系。

然而，他本人在该命令下达一个月后去世，流亡者也没能回到故乡。反之，希腊各国对亚历山大怀有敌意，埃托利亚和雅典准备发动的战争，在亚历山大死后第二年演变成真正的叛乱——拉米亚战争。

哈帕拉斯事件 公元前324年5月，在流亡者归国令的传闻扩散后，雅典发生了一件意想不到的事情。亚历山大的亲信之一哈帕拉斯逃亡到雅典，请求庇护。哈帕拉斯是帝国的财政负责人，曾居巴比伦。他以为远征印度的亚历山大不会再回来，便穷奢极欲，纸醉金迷。他命当时雅典最有名的妓女派提奥奈克服侍自己，让她也享受王妃待遇，甚至在该女去世后又召来雅典妓女戈利瑟拉，继续耽于享乐。然而好景不长，亚历山大从印度班师回朝后，调查清洗了多名总督。哈帕拉斯明白，自己受罚只是早晚的问题，于是携巨款——银币五万塔兰特，召集六千雇佣兵，率三十艘船逃跑。他认为，自己曾经享有雅典市民权，流亡者归国令又导致雅典对亚历山大抱有敌意，雅典一定会庇护自己。哈帕拉斯首先到达阿提卡半岛南端的苏尼翁海角，请求入境。

而雅典方面则担心接收哈帕拉斯会导致与亚历山大的公开决裂，拒绝了他的请求。于是，哈帕拉斯把雇佣兵安置在塔易那伦海峡，仅带三艘船、七百塔兰特，化身请愿者再次来到雅典。这次他成功被接收。德摩斯梯尼最初反对，但是看到哈帕拉斯的大笔资金后改变了态度。至此，在亚历山大做出明确反应之前，哈帕拉斯暂时在雅典受到监视，资金则置于卫城保管。当然，其后马其顿方面派出使者要求引渡哈帕拉斯，雅典则认为该使者不能直接代表亚历山大，拒绝引渡。此后，对哈帕拉斯的监视实际上形同虚设，他由此成功脱身。后来，他在塔易那伦召集军队，并迁移至克里特岛，于该年秋天被部下杀死。他死后，雅典方面发现原本保存在卫城的七百塔兰特只剩下了一半，因此展开了详细调查。结果，从德摩斯梯尼收受贿赂被告发开始，至翌年引发了一系列政治事件。耐人寻味的是，这一事件暴露了马其顿对希腊的统治已被架空的事实。

被架空的希腊统治　　上节记述中，要求雅典引渡哈帕拉斯的究竟是谁？令人意外的是居然出现了三个人的名字：本国代理统治者安提帕特、亚历山大的母亲奥林匹亚斯，以及小亚细亚的卡里亚总督费罗萨努斯。为什么三人都有资格代表马其顿派遣使者？再者，雅典为什么拒绝了引渡的要求，不，是它能够拒绝吗？为了回答这些问题，笔者决定借用学者布莱克韦尔的研究成果来说明当时的情况。布莱克韦尔就这些问题进行了详细的研究，在最近发表的研究成果中，他解释了亚吉斯战争后马其顿在希腊的权威下降，哈帕拉斯事件发生时马其顿对希腊的统治已经被架空的原因。

　　首先，安提帕特与亚历山大的关系逐渐疏远。与他地位相当的重臣帕曼纽被杀以后，安提帕特自然想到自己很可能就是下一个目标。本来由本国派遣部队增援远征军，但这项行动最后在公元前330年终止了。流亡者归国令又大大损害了安提帕特在希腊的威信。他在希腊各国扶植了许多僭主统治或寡头政治，产生了大量的流亡者，让流亡者回国无异于否定自己的政策。为了自身安全，他秘密地打探因归国令受到影响的埃托利亚人的同盟动向。此时，埃托利亚人正谋求与雅典结成同盟组成反马其顿势力。亚历山大在命令中提到，不执行命令的国家由安提帕特强制其执行。然而此时安提帕特已经没有强制执行命令的权威和意识了。

其次，亚历山大的母亲奥林匹亚斯与安提帕特争夺马其顿的实权。她在公元前330年回到故乡伊庇鲁斯，不断给亚历山大写信谴责安提帕特，同时致力于提高自己在伊庇鲁斯的权威。哈帕拉斯事件中，她向雅典派出使者，明显是为了证明自己就是国家的代表。然而在雅典人看来，马其顿的代表成了安提帕特和奥林匹亚斯两人，结果马其顿在希腊的权威反而下降了。

卡里亚总督费罗萨努斯也有所行动，动机不明。不过在雅典人眼里，他不过是那些谋求私利的总督之一而已。

如上所述，雅典认为上述三人都不能直接代表亚历山大，并以此作为回复，成功拒绝了引渡哈帕拉斯的请求。上述三人分别出手干涉雅典，反而降低了马其顿在希腊的权威，也加速了科林斯同盟体系不断被架空的态势。

第八章

亚历山大的人物形象

亚历山大身边的女性

一夫多妻的政治因素 亚历山大的人格形成受到母亲奥林匹亚斯的决定性影响。事实上，由于腓力二世常年在外征战，亚历山大幼年、少年时代对母亲的依赖是非常强的。他出发远征后，母子没有再见，不过两人频繁通信，亚历山大也时常送战利品给母亲，两人始终联系紧密。他冲动的性格、晚婚、恋母等特点，都受到他母亲的强烈影响。然而，这一切不能仅以他的性格和心理来说明。作为一国之主，他与身边女性的关系也经常牵涉政治问题。

母子关系紧密的背景，是马其顿王室的一夫多妻制。马其顿的国王为了后继有人，有迎娶多位妻子的惯例。妻子之间无尊卑地位之差，生了男丁后在宫中的地位就会提高。而且，王位继承不遵从长子继承制，不按年龄，而是与当时的政治情况及贵族间的势力相关。在得到王位后，为了排除挑战者而杀害亲兄弟或表兄弟的情况并不少见。因为王位继承的不确定性，失去了丈夫的女性为了在宫里生存，只能让儿子得到王位。由此，齐心协力夺取王权的母子，形成了一个针对丈夫、父亲的政治阵营。

最能说明亚历山大母子同心的事件，发生在腓力二世的第七次婚礼上。在此以前腓力二世娶的都是外国女性，而公元前337年秋，他首次迎娶马其顿贵族出身，名为克娄巴特拉的女性。克娄巴特拉的伯父兼监护人阿塔鲁斯在婚礼上祝酒时说了一句："愿两人产下正统的继承人。"这句话惹怒了亚历山大，他将酒杯掷向阿塔鲁斯，大喊："难道把我当成庶子？"腓力二世则站在阿塔鲁斯一边，令儿子道歉。亚历山大因此带着母亲离开了国家。后来他听从一宾客劝说，不久就回国了，但是父子之间从此留下了隔阂。在他看来，将来克娄巴特拉若产下男孩，腓力很有可能立这个男孩为继承人。因此，发生暗杀腓力事件后，传闻杀手帕萨尼亚斯背后主谋是亚历山大和奥林匹亚斯母子。不过暗杀事件中二人虽有动机但真相仍不得而知，不过腓力被害的最大受益者是母子二人。

与母亲奥林匹亚斯的联系　根据普鲁塔克的记载，亚历山大少年时"性格急躁，行为冲动"，这种性格明显继承自他的母亲。奥林匹亚斯在结婚前曾参加某种秘密宗教仪式，在仪式上激烈地与蛇共舞，陶醉不已，沉醉在与神相通的状态中。在腓力被暗杀后，她潜入克娄巴特拉房内，杀害了刚出生的女婴，还逼迫克娄巴特拉自杀。奥林匹亚斯被描述为"忌妒甚深，易怒"，其中虽不免夹杂男权社会的偏见，但她执着、坚决清除敌人的信念并不弱于其子。亚历山大勃然大怒时，没有人能压制其暴发的怒火。例如在镇压了底比斯起义之后，他彻底毁灭了底比斯，这表面上是同盟军的决定，但即使没有这个决定，他也很可能会执行。在格拉尼库斯河战役中，他认为波斯方面的希腊雇佣兵背叛了大义，因此拒绝了对方的投降，继续包围攻击。在索格底亚那，他歼灭了布朗奇达伊的子孙，因为布朗奇达伊曾经把神殿交给波斯王，在亚历山大眼中是叛徒。在里海南岸，坐骑布塞弗勒斯被盗，他威胁若不交还就火烧全村。他杀害克莱特，虽然是酒后之举，但也是被争论激怒所造成的后果。

远征途中，奥林匹亚斯时刻关注着儿子，干涉他的交友。在伊苏斯战役前，亚历山大因高烧病倒，她供奉雅典的病愈女神，祈求儿子康复。

有一次，她向亚历山大推荐一位厨师，称此人经常参加秘密宗教仪式，建议儿子雇用他。她还劝亚历山大不要将波斯的宝藏慷慨地分给亲信，甚至忌妒他与赫菲斯提昂的亲密关系，指名道姓地谴责赫菲斯提昂。另外，她还担心亚历山大的人身安全，警告儿子小心上马其顿出身的亲信有不良企图，并让他注意

奥林匹亚斯 亚历山大之母（罗马时期的纪念章，直径 5.4 厘米）。塞萨洛尼基考古学博物馆藏

身边的每一个人。

基于如此紧密的母子关系，不少学者认为，亚历山大晚婚是受到了奥林匹亚斯的影响，因为对母亲过度向往，严重的恋母情结令他对年轻女性没有兴趣。不过，他不仅晚婚，对妹妹们的终身大事也漠不关心。亲妹妹克娄巴特拉的丈夫在公元前 330 年远征意大利时丧命，亚历山大却无意令其再婚，而同父异母的妹妹塞萨洛尼基在整个亚历山大统治时期都未婚配。即使亚历山大确有严重的恋母情结，也不能解释他如此对待妹妹们的原因。

笔者则认为理由有二。其一，经历过父亲腓力第七次婚礼引发的纠纷以后，亚历山大认识到，王室的婚姻虽然可以带来利益，但更多的是带来混乱。自己及妹妹们如果结婚，妻子的家族及妹夫们的家族则可能会因利害关系而威胁王权，这不利于王国稳定，应该避免这种情况发生。其二，亚历山大对繁衍后代继承王国这件事本身没有兴趣。在出发远征之前，重臣们曾劝其先结婚，确立继承人，他却没有理会。二十二岁的亚历山大一心只想追求自身的荣誉，只是后来的代价过于惨痛：因为没有正式的继承人，他死后王族也灭亡了。

虚拟的母子关系

在远征东方的途中，亚历山大相继邂逅了几位身份高贵的亚洲女性。他与这些女性的关系，既有个人情感因素，也有政治方面的考虑。

远征第一年，在征服了小亚细亚南部的卡里亚后，亚历山大任命曾经的卡里亚总督，名为艾达的女性为统治者。她曾被弟弟驱逐而隐居，在得知马其顿军的进攻后主动来到亚历山大的身边，提议将亚历山大收为养子。亚历山大接受了提议，并称艾达为母亲。

伊苏斯战役后，亚历山大俘虏了大流士三世的家眷及贵族女性。波斯国王远征时习惯携家眷同行，贵族们也会把家人安置在根据地大马士革。大流士的妻子和两位女儿都是绝世美女，亚历山大却并未染指她们，而是殷勤对待，不许其他男性靠近。当时，他还称大流士的母亲西绪甘碧丝为"自己的第二母亲"。西绪甘碧丝也对亚历山大情深意切，在他死后终日长吁短叹，水米不进，五天后殒命。

从这两则逸闻很容易看出亚历山大对母性的依恋。不过，他也有政治方面的考虑。艾达一例中，她没有女儿可以嫁给亚历山大，把亚历山大收为养子，实际上是把他作为卡里亚的继承人。对亚历山大来说，他巧妙利用卡里亚承认女性统治者的传统，成为艾达的养子，以保证卡里亚统治的稳定；而西绪甘碧丝的例子中，成为她的养子，获得前任国王母亲的保护人的身份，也有利于宣扬统治亚洲的正统性。当时西亚有善待前任国王母亲的传统，不知亚历山大是否知晓这一传统，但他确实把西绪甘碧丝当作继承阿契美尼德王权的象征。

另一方面，西绪甘碧丝追随亚历山大过世也有相应的政治原因。阿契美尼德王朝灭亡后，她只能依靠亚历山大。亚历山大一死，其他的马其顿将士一定会驱逐波斯的王族女性。因此，在失去唯一的靠山之后，她也选择了自绝其命。

情人巴尔茜妮　伊苏斯战役后，亚历山大在大马士革俘虏了名为巴尔茜妮的女性作为情人。巴尔茜妮之父阿尔塔巴祖斯是波斯首屈一指的名门贵族，与阿契美尼德王室有关联。其母是希腊人，出身于罗得岛。其舅父门托和门农都是雇佣兵队长，而门农曾是亚历山大东方远征初期最大的敌人。另外，阿尔塔巴祖斯在公元前 340 年左右与波斯王反目，带家人逃亡，居马其顿数年。因此，亚历山大年少时就已经见过巴尔茜妮。后来，阿尔塔巴祖斯一家得到波斯国王的许可回国，巴尔茜妮嫁给了舅父门托，在门托死后又嫁给另一舅父门农，门农病死后再次守寡，留在波斯王宫，后在大马士革被俘。她稍年长于亚历山大，接受过希腊式教育，才貌双全。

在亚历山大一生中，他与巴尔茜妮的关系最为持久。她在被俘后一直留在他身边，公元前 327 年在索格底亚那产下一男婴，取名为赫拉克勒斯。不过赫拉克勒斯并不被认作嫡子，在亚历山大死后的继承人选择及其后的继业者战争中，都被排除在外。

由此也可以看出，比起其他女性，亚历山大对情人巴尔茜妮带有更多的个人感情。不过，其中自然也包含政治因素。巴尔茜妮的父亲是名门贵族，在大流士三世生前忠心不贰。在远征初期争夺亚洲霸权时期，亚历山大或许企图通过巴尔茜妮拉拢阿尔塔巴祖斯。亚

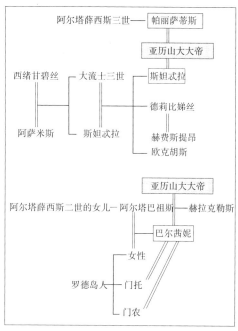

亚历山大和波斯王室女性的关系图

历山大情人的地位自然不及王妃，却高于姜。因此，按照当时波斯宫廷的惯例，她的地位不带有丝毫侮辱性。大流士死后，阿尔塔巴祖斯归顺亚历山大，出任总督。被授予如此高的官职，说明他自身也从亚历山大和巴尔茜妮的关系中获益。

波斯王妃斯妲忒拉

上文提到，亚历山大未染指大流士的妻子和两个女儿，并给她们符合身份的待遇，保护她们不被其他男性骚扰。另外，对待其他波斯贵族女

性也只是开玩笑说"眼馋"，实际上视她们如没有生命的雕塑。大流士三世的女儿斯妲忒拉和德莉比娣丝暂时随远征军同行，后被安置在苏萨，亚历山大令其学习希腊语。这暗示着亚历山大有迎娶其中一人为王妃的打算。两人虽然都到了适婚年龄，但阿契美尼德王朝尚存，和敌方的女性结婚为时尚早。

然而，有证据可以说明亚历山大与大流士三世的妻子斯妲忒拉（与其女同名）发生过关系。她于公元前331年在马其顿军再度停留腓尼基时身亡。关于她身亡的原因，库尔提乌斯的亚历山大传记载为疲劳过度，普鲁塔克描述为生产，查士丁努斯则提出是流产。当时她已经被俘一年半有余，在此期间被严密看守，不会接触其他男性。因此，若死因是产褥热或流产，相关男性别无他人，只能是亚历山大。

这样的事实让许多学者感到困惑：是否该把亚历山大看作拥有一般性欲的普通男性？若否定这一点，坚持亚历山大始终以绅士之礼对待斯妲忒拉的话，有两种解释方法。第一，把斯妲忒拉的死期提早一年，认为其腹中孩子的父亲是大流士。可是，错开年代并不容易，需要完全推翻上述的三种记载。第二，选择库尔提乌斯的记述，认为死因是疲劳过度。自从被俘后，斯妲忒拉跟随马其顿军队经腓尼基、埃及后又回到腓尼基，因行军条件恶劣身心受损，积劳成疾最终身亡，这种解释也合情合理。不过，并不能排除库尔提乌斯顾及亚历山大的名誉而更改死因的可能。

笔者则倾向于普鲁塔克和查士丁努斯的说法，认为亚历山大和斯姐忒拉发生了性关系。当时，女性被俘后就是归胜利者所有，完全没有必要将两人的关系理想化。而且在她死后，亚历山大深切哀悼，并按波斯风俗为其举行葬礼，郑重下葬，其悲痛程度也暗示了两人的特殊关系。

亚历山大和罗克珊娜　庞培城出土的壁画。罗马时代的复制品。出自 *Faces of Power*

首任王妃罗克珊娜

终于，亚历山大于公元前 327 年的春天正式结婚，时年二十八岁。如此晚婚，在国王中是个特例。女方名为罗克珊娜，是索格底亚那地区的豪族奥克夏特斯的女儿。从前一年的秋天一直到冬天，奥克夏特斯和家人藏身于难以攻克的岩石堡垒中。亚历山大攻下堡垒后，留意到俘虏中的罗克珊娜。她不是王族出身，只是王国边境地区权贵的女儿。以往所有的亚历山大传记都记述为亚历山大与罗克珊娜相恋结婚。事实又如何呢？实际上，不论是否相恋，这段婚姻都有其现实意义。在此之前整整两年，马其顿军在巴克特里亚、索格底亚那陷入前所未有的苦战。这期间，上有波斯贵族发起的叛乱，下有普通民众的顽强抵抗，远征军强制转移民众并大肆杀戮……这是东方远征途中最黑暗悲惨的一幕。亚历山大希望结束这种惨状，为之后远征印度养精蓄锐，于是想通过迎娶当地出身的罗克珊娜，与巴克特里亚、索格底亚那的豪族们和解，确保后方的安全。尽管如此，当时的局势依旧不稳定，进攻印度在即，亚历山大仍派出三千五百名骑兵、一万名步兵驻守巴克特里亚。大量的兵力也暗示了当时的局势。毕竟，边境地区的稳定，不可能仅凭国王的婚姻轻易解决。另一实际情况是，亚历山大终于开始考虑确立继承人的问题。正式迎娶出身不及情人巴尔茜妮的罗克珊娜为妻，正是暗示了这一点。

罗克珊娜在远征印度途中产下一男婴，不幸夭折。在亚历山大逝世时，她已怀孕八个月，后产下男婴，取名亚历山大四世，与亚历山大的兄弟——腓力三世亚黑大由斯共同继承王位。两位国王，一位是智障，一位是婴儿，实在是特例中的特例。当然，两人没有统治能力，实权掌握在帕迪卡斯手中。后来，继业者之间的战争爆发，加之王室分裂，罗克珊娜母子也未能逃脱局势的摆弄。两人虽然受到将军卡山德的保护，但也仅仅被当作夺取正统权力的工具。公元前310年左右，在失去利用价值后，两人被秘密杀害。

不过，罗克珊娜并不是逆来顺受的弱女子。亚历山大死后，她联手摄政帕迪卡斯，召来亚历山大另外两名妻子斯姐忒拉和帕丽萨蒂斯，将二人杀害，大概是害怕两人中有人已经怀孕，或仅仅是担心存在怀孕的可能，以除后患。为了确保儿子的王位，罗克珊娜毫不手软，斩尽杀绝。由此看来，罗克珊娜也继承了马其顿王室女性的作风。

结亲阿契美尼德王族　公元前 324 年，亚历山大在苏萨举行集体婚礼，同时迎娶阿契美尼德王室的两位公主。一位是大流士三世的长女斯妲忒拉，另一位是阿尔塔薛西斯三世的女儿帕丽萨蒂斯。大流士属波斯王室的旁系，而阿尔塔薛西斯属直系。因此，亚历山大获得了波斯王室的两支血统。正如第七章所述，他准备在苏萨构建帝国新的统治体系，这次婚姻就是其中的一步——昭示自己就是阿契美尼德王朝的正统继承人。

大流士的另一个女儿德莉比娣丝，嫁给了亚历山大的挚友赫菲斯提昂。据说亚历山大打算日后让自己的孩子和赫菲斯提昂的孩子成为表兄弟，以此加深两人的友情。不过，其中也少不了政治上的考虑：独占王室的女儿，排除王位的竞争者。若王室的女性与其他贵族成婚，男方就有资格依据与王室的血缘关系来竞争王位，亚历山大正是为了排除这种可能性。这种做法在历史上已有先例。波斯帝国的建设功臣大流士一世在公元前 6 世纪末篡夺王位，后来为了排除王位竞争者，娶了六位王室女性为妻，包括先王冈比西斯的妻子、姐妹及侄女。显然，亚历山大仿效了这一先例。因为赫菲斯提昂被亚历山大视为"第二个自己"，不可能竞争王位。就这样，二人独占了波斯王室的三个女儿。

然而，赫菲斯提昂婚后不到半年便猝死，德莉比娣丝不幸守寡。亚历山大死后，斯妲忒拉和帕丽萨蒂斯被王妃罗克珊娜杀害（普鲁塔克的传记中，被罗克珊娜杀害的是德莉比娣丝，应为帕丽萨蒂斯的误记）。

总之，亚历山大身边妻子三人、情人一人，王妃罗克珊娜生两子（长子夭折），情人生一子。作为马其顿的国王，这可以说是极其普通的。

对英雄的憧憬与超越

有很多传闻都提到，亚历山大把自己的出生与宙斯联系起来，认为自己和传说中的英雄们流淌着相同的血液。在今天看来这种想法荒诞无稽，但在当时却实属正常。所谓的英雄，就是众神与人类结合后生下来的后代。在当时的人看来，英雄的世界与人类世界是相通的。在亚历山大的家族血统中，父系一脉与赫拉克勒斯相连，母系一脉与阿喀琉斯相连。正是因为憧憬英雄，想要效仿、超越他们，亚历山大的行为才如此与众不同。接下来以英雄赫拉克勒斯、阿喀琉斯及酒神狄俄尼索斯为例，进行具体说明。

效仿阿喀琉斯

相传，阿喀琉斯是特洛伊战争希腊军队中最大的英雄，其父珀琉斯为色萨利弗提亚地区的王，其母为海洋女神忒提斯。阿喀琉斯在特洛伊战争中大显身手，却因一女性战俘被统帅阿伽门农夺走而脱离前线，导致全线崩溃。为挽回败局，其友帕特洛克罗斯身披阿喀琉斯的盔甲出战，不幸身亡。阿喀琉斯为友报仇，出阵杀敌，最终杀死了特洛伊的统领赫克托耳。

亚历山大对阿喀琉斯的憧憬从远征一开始就体现出来了。在横渡赫勒斯滂海峡时，他曾脱离主力部队，乘船至特洛伊，在雅典娜神殿中供奉了一套盔甲武器，同时把传说从特洛伊战争时期留传下来的盔甲武器收为己用。这一举动，明显是将统率远征军的自己视为特洛伊战争中的希腊英雄们。其后，他在阿喀琉斯的墓前献上花冠，同时挚友赫菲斯提昂也在帕特洛克罗斯墓前献上花冠。帕特洛克罗斯是阿喀琉斯的挚友。亚历山大把自己和赫菲斯提昂的关系比作此二人的关系。另外，在格拉尼库斯河战役中，亚历山大一对一决斗，杀死三名波斯将领。这恐怕也是为了再现《伊利亚特》中英雄作战的场景。甚至，他在特洛伊得到神圣盾牌后，时刻把它带在身边，一作战就令持盾手持此盾前进。

　　公元前332年，亚历山大再次效仿阿喀琉斯，举动惊人。在攻陷加沙地区某座城市时，顽强抵抗的波斯指挥官巴提斯被生擒，浑身是伤。一直以来对英勇的对手不吝惜赞美之词的亚历山大，或许因再次负伤而大发雷霆，对巴提斯施加了酷刑。他命人用皮带的一端穿过其脚踝，将另一端绑在战车上，拖着气息尚存的巴提斯绕城而行。此事只有库尔提乌斯的传记中有记载，因其过于残忍，有不少学者认为是杜撰的故事。笔者则相信其真实性。《伊利亚特》第二十二卷记述了这样的场景：阿喀琉斯在杀死特洛伊统领赫克托耳后，用牛皮绳从其脚跟至脚踝处穿洞，绑在战车上，在战亡者家人和大批特洛伊市民眼前，纵马拖拽其奔驰。亚历山大在加沙的行为正是效仿了英雄的这一举动。

阿喀琉斯出阵为挚友复仇之际，曾被预言命不久矣，他完全没有在意，结果在杀死赫克托耳后，被特洛伊王子帕里斯射中脚跟而丧命。亚历山大也英年早逝，他短暂而辉煌的一生仿佛也是对阿喀琉斯的模仿。

超越赫拉克勒斯

赫拉克勒斯是希腊神话中最大的英雄，他效命于亚各斯王，传说建功达十二项之多。他力大无穷又坚韧不拔，杀死猛狮、巨蛇等许多怪兽，受到很多人崇拜。

亚历山大即位后立即赶赴色萨利，他声称自己和色萨利人都属于赫拉克勒斯的血统，以此确保他们臣服，而亚历山大之所以取得了雅典邻国麦加拉的市民权，也是因为麦加拉人认为只有赫拉克勒斯获得过这一名誉。在伊苏斯会战前夕，亚历山大免除了西利西亚地区城市马拉斯的租贡，这是因为马拉斯人原本是来自亚各斯的殖民者，与自认是赫拉克勒斯后裔的亚历山大有着相同的出身。

腓尼基提尔城的主神美克特被认为就是赫拉克勒斯。因此，提尔人拒绝了亚历山大提出的向赫拉克勒斯献牺牲一事，这使得亚历山大恼怒异常。在决定攻取提尔城的那一夜，亚历山大梦见赫拉克勒斯牵着他的手，把他领进了城。预言者阿瑞斯坦德解释说，赫拉克勒斯排除万难终于功成名就，提尔城一战即便困难重重也终将攻克！历经七个月的包围战，亚历山大最终攻陷提尔城。大批市民惨遭杀害，而逃到赫拉克勒斯神殿的人，以及前来祭祀赫拉克勒斯的迦太基使节则被赦免。之后，亚历山大向赫拉克勒斯献上牺牲，并奉上黄金制成的混酒器及三十只盘子。他从埃及返回之时再一次举行了献祭仪式。

亚历山大访问了位于锡瓦绿洲的阿蒙神殿，原因之一就是听说赫拉克勒斯和珀尔修斯都曾在那里求取神谕。赫拉克勒斯是亚历山大父亲的祖先，而珀尔修斯则是赫拉克勒斯母亲的曾祖父。为追寻他们的足迹，不落其后，亚历山大也立志要到达沙漠的彼端。此外，这两位英雄皆为宙斯之子，而当时也有传言说亚历山大是其母亲与变身蛇形的宙斯相交后生下来的。在希腊，人们将阿蒙神与宙斯等同而视。因此，亚历山大想要证实自己出身自阿蒙神，即主神宙斯，和英雄们有着相同的血统。

亚历山大在进攻印度北部时，巴济拉的居民据守在阿尔诺斯山上。这是一座方圆三十六公里、海拔两千多米的石山，只有一条险峻的通路。传说赫拉克勒斯也没能把它攻下来。亚历山大听了这个传说后决心一定要攻陷它。最终，亚历山大成功攻下这座山，从而凌驾于赫拉克勒斯之上。另外，亚历山大还给情人巴尔茜妮所生的儿子取名为赫拉克勒斯。

狄俄尼索斯的游历　　狄俄尼索斯神（俗称酒神）的信仰深深地融入到马其顿人的生活中。他的信徒，尤其是女性，在宴会上集体狂舞，陶醉而兴奋，沉浸在与神及自然融为一体的恍惚感之中。由于母亲奥林匹亚斯是其忠实信徒，所以亚历山大在很小的时候就对这种信仰耳濡目染。据说狄俄尼索斯的母亲是底比斯王的女儿，而赫拉克勒斯的妻子则是狄俄尼索斯的女儿。因此，狄俄尼索斯也与亚历山大的祖先有关联，这也对他的心理上产生了一定的影响。

即位翌年，亚历山大彻底摧毁了叛乱的底比斯。后来，他对此非常后悔，这与传说中底比斯是狄俄尼索斯的出生地有一定的关联。此外，在宴会上杀害亲信克莱特一事，也被他归咎于狄俄尼索斯的愤怒。宴会当天是向狄俄尼索斯献祭的神圣日子，由于亚历山大忘记了此事，神的愤怒引发了这起事件。当然，这只是利用狄俄尼索斯神来减轻罪责，以安慰饱受良心苛责之苦的亚历山大。

另外，狄俄尼索斯被认为是从小亚细亚来到希腊的，传说他在来到希腊之前已经周游了世界很多地方。这个传说也与东方远征有所关联。在公元前5世纪末完成的、欧里庇得斯的悲剧《酒神的伴侣》中，狄俄尼索斯在登场时说自己访问过波斯、巴克特里亚、阿拉伯。在现实中，马其顿人发现在索格底亚那地区的迈罗斯山上生长着茂密的常春藤和葡萄。狄俄尼索斯是向人类传授葡萄栽培的神灵，在他的身上也附着葡萄的藤蔓和常春藤。因此，马其顿人确信那里是狄俄尼索斯的圣地，像他的信徒一样徘徊在森林中，整整十天都沉浸在对狄俄尼索斯崇拜的神魂颠倒之中。

亚历山大之所以产生超越狄俄尼索斯的野心，是因为在印度的努沙遇到了这样一件事。努沙王在见到亚历山大时解释说：努沙城是狄俄尼索斯征服印度时建造的，自那以后，这里的居民都是自由民，证据是在这里生长有印度所不见的常春藤。于是，亚历山大便承认努沙的居民为自由自治之民。在附近的山上也确实长有常春藤，士兵们用它的蔓和叶编成王冠，再一次狂热地高呼着狄俄尼索斯的名字。

努沙具体位于何处现已不得而知，而狄俄尼索斯征服印度的传说又是怎样创作出来的呢？可以认为是努沙王创作了这个神话，并利用它来确保城市的自由免受亚历山大的侵犯。亚历山大在进攻印度之时，曾先向塔克西拉王国及印度河以西地区派遣使者，命令当地的首领们主动前来觐见。

亚历山大的意图广为人知，努沙王有充足的时间准备应对之策。他为了取悦亚历山大，利用固有的神话创作出这个煞有介事的故事，最终也实现了确保城市自由的目的。另一方面，亚历山大和马其顿人每到一处都饶有兴致地寻找众神的足迹，因此被当地居民提供的证据所吸引，亚历山大也产生了尽快超越狄俄尼索斯的愿望。

以下还有一个印度人利用这一传说的例子。在公元前325年，印度河流域的马利亚人最终向亚历山大投降时，其他地区的统治者也派遣使节来觐见亚历山大。使节们请求臣服于亚历山大，并称自狄俄尼索斯来到印度之时起，他们的自由就一直受到保护。由此可见，亚历山大的神话观在原住民中已广为流传，他们巧妙地利用神话传说来保护自己。

在穿越了格德罗西亚沙漠抵达卡曼尼亚之时，马其顿人为了庆祝劫后重生，举行了为期一周的狄俄尼索斯神祝祭仪式。在索格底亚那时，为了使经历艰苦行军的士兵得到放松，也举行了祭祀狄俄尼索斯神的仪式。

如上所述，在远征东方的过程中，亚历山大始终对英雄、神灵怀有模仿与抗衡的意识，甚至还产生了凌驾其上的意识，并为其所驱动。在到达希法西斯河畔，不得不班师回朝之时，亚历山大也设立了祭祀赫拉克勒斯和狄俄尼索斯的祭坛，以此记录远征的界线。

永不磨灭的荣誉与亚历山大的神话

荣誉即一切

正如对英雄的憧憬所展现的那样，亚历山大的精神世界基本上和《荷马史诗》描绘的英雄世界相同。在荷马所描绘的社会中，最为重要的就是荣誉，人们为追求永不磨灭的荣誉、名声而生存，为了能获得出类拔萃的荣誉而竞争。这种追求荣誉、崇尚竞争的精神，是鼓舞英雄们勇往直前的原动力。亚历山大与英雄们竞争，立志超越他们，就是想要留下永不磨灭的荣誉。为此，他必须攻无不克、战无不胜，只有这样才能证明他的卓越。他不允许半途而废，他要踏遍前人所未曾涉足的世界尽头，要远远超越人类所能达到的高度，要永不停歇地前进。正是这种英雄式的心性推动他建立了彪炳史册的丰功伟绩。

亚历山大的荣誉心有多强烈，从他在自身的荣誉和自尊心受到伤害时做出的反应便可得知。

据普鲁塔克的记载，亚历山大在占领腓尼基各城市后，给他少年时代的家庭教师李奥尼达斯送去大量香料，其中有五百塔兰特的乳香和一百塔兰特的没药。那是因为在一次献祭时，李奥尼达斯看到他两手抓着香料往火里扔，便告诫他说："请在占领了香料的产地后再用这么多吧，现在应节约使用。"占领了腓尼基后，他在给李奥尼达斯的信中写道："现在送给你大量的乳香和没药，向神灵献祭之时，请不要太吝啬！"可以说这是一种报复，从中也可以看出对于伤害了他自尊心的人，他会一直铭记在心。

对于亚历山大来说，在印度的希法西斯河畔被迫班师还朝，是他遭受的第一次挫折。在那之前，一切都如他所愿顺利推进。然而他却遭到了自己颇为信赖的军队的抗拒，并首次向士兵们屈服。此事给亚历山大的内心带来深深的伤害，也引发了之后一系列非理性的反应。

其一发生在沿印度河南下的途中。在与马利亚人的战斗中，亚历山大只身跳入敌人城内，身受重伤，几近死亡。身为指挥官却做出如此鲁莽的举动，这无非是为了治愈内心的伤痛。在他看来，自己应是超越人类的英雄，然而在希法西斯河畔却如凡人一般无法继续前进。为了挽回被伤害的荣誉，他需要再次展现自己的英雄气魄，因此才会出现上述不可思议的一幕。阿里安也如此评价他："反正也是必须要冒险的，不如轰轰烈烈地去战斗，即使战死也能留下传颂后世的赫赫战功。"（第六卷第九章）如果平安生还就可以证明自己是英雄，如果不幸战死也会留下不朽的名声。这一次，他不是指挥官，而是为了荣誉赌上性命的战士。这正是荷马式的英雄。

其二发生在从印度归来，穿越格德罗西亚和莫克兰两大沙漠的途中。这在某方面体现了亚历山大对前人的挑战意识。据阿里安记载，亚述传说中的女王塞米拉米斯和波斯的开国之父居鲁士二世都曾经横穿这片沙漠。然而历时两个月的死亡穿越，与其说体现了亚历山大的挑战意识，倒不如说是他对拒绝继续远征的士兵们的报复——违背命令者将受到惩罚。这也可认为是他挽回自己名誉的一个表现。

荣誉与礼节　　追求荣誉的亚历山大同样重视别人的名誉。对于重名誉的人，即便是敌人也会以礼相待。下面介绍两个事例。

其一是公元前335年，亚历山大镇压底比斯叛乱并占领底比斯时的事情。一名担任色雷斯部队队长的马其顿人闯入了一个名为泰摩克利的高贵女性的家中，这名队长借着酒劲玷污了泰摩克利并逼迫她交出财宝。泰摩克利回答说财宝都投进了院子的空井中。于是队长让她立刻带路，自己一个人下到井底寻宝。随后，泰摩克利与用人一起向井里投了很多石头，杀死了他。得知此事的马其顿士兵们逮捕了泰摩克利，并把她押到了亚历山大的面前。泰摩克利毫无畏惧，不卑不亢。通过她的举止和容貌，亚历山大判断出这位女性出身高贵，于是询问她的出身。她说自己是在喀罗尼亚战役中为希腊人民的自由而战死的将领瑟吉尼斯的妹妹。亚历山大被泰摩克利的勇气和语言折服，于是给了她和她的孩子自由之身。

这是普鲁塔克所记述的、亚历山大对敌方女性展示征服者宽大态度的第一个事例。

还有一个事例是有关进攻印度时遇到的波罗斯王的。在希达斯皮斯河会战中，波罗斯王眼见己方军队不断败退，并没有像大流士三世那样逃走，而是顽强地战斗到了最后。他右肩负伤，不得已改变了战象的朝向，向后退却。亚历山大看到他英勇战斗的身姿，甚至想帮助他，于是派遣他的某位印度朋友去把他唤回来。在波罗斯王回来的时候，亚历山大只带少量亲信赶往阵前迎接他。亚历山大惊叹于波罗斯王超过两米的伟岸身躯及英俊的容貌，赞赏他的勇武，询问了他的期望。波罗斯王只答了一句："我想得到王应有的待遇。"亚历山大听到后很高兴，不仅确保了他王国的安宁，还另外赐给他一些土地。就这样，波罗斯王成了亚历山大值得信赖的朋友。

英雄总是惺惺相惜的。对那些到最后也没有丢掉声誉的王者，亚历山大给他们与王者身份相称的待遇。

法塞里斯的港口遗迹 地中海东部繁荣的希腊殖民城市法塞里斯，受惠于优良的港口。笔者拍摄

亚历山大神话的创新 亚历山大追求荣誉的另一个表现是创造关于自己的神话、传说。将自己神话化，这是他人格的一部分，有时也与远征军的现实状况有着紧密的联系。

远征第一年（公元前334年）的冬天，马其顿军经过小亚细亚南岸的法塞里斯。其附近山势迫近岸边，在南风强烈的日子，波涛汹涌，冲击狭窄的海岸，行人无法通过。但亚历山大来到这里的时候，偶遇北风天，马其顿军没有受到波涛的阻碍，就顺利通过了。随军的历史学家卡利斯钦斯认为这是神意的体现，亚历山大受上天保佑，所以波涛匍匐在亚历山大脚下，行波斯的跪拜礼。也就是说，亚洲之海把亚历山大当作主人来迎接。

从这一事例中也可窥见亚历山大神话诞生的实况。奉承亚历山大的人，常将他视作半神半人的英雄，无论亚历山大的任何言行都被赋予了英雄色彩。亚历山大对于自己被传说化、神话

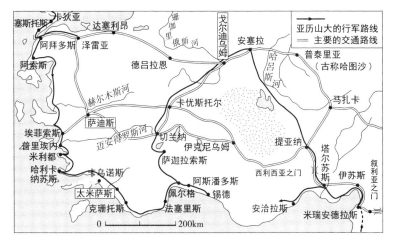

小亚细亚的交通路线与亚历山大的行军路线

化，不只是被动地接受。他十分在意周围这样的目光，容许自己的言行被润色、传播，有时甚至会催促别人这样做。这是为了使自己的荣誉以神话的形式固定下来，永不磨灭。另外，亚历山大公开发表演说面对的对象绝不是后世之人，而是当时和他一起征战的马其顿将士。将士们时常从亚历山大的言行中读取出一些信息，并按照他们的理解加以解释。这样的解释又会产生新的亚历山大神话。因此，可以说亚历山大的神话传说是亚历山大本人与马其顿将士及从军历史学家（记录者）合作的产物，也可以说是适应远征不同时期状况的政治信息。最具备这些特征的亚历山大神话是著名的戈尔迪乌姆之结传说。

戈尔迪乌姆之结的传说　　公元前 333 年初夏，亚历山大在离开小亚细亚中部弗里吉亚地区的首府戈尔迪乌姆之前，拜访了宙斯神殿，一说是拜访了王宫所在的城堡。在那里有戈尔迪（另一传说中是他的儿子米达斯）在继承王位之时献纳的大车。在大车的车辕上，用灯台树树皮制成的绳子牢牢地打了一个结，因看不到绳结的两端，所以无法解开。有传说称，能解开此绳结的人将成为亚洲的统治者。亚历山大立即接受了挑战，因不知道解开绳结的方法，于是用剑将绳结斩断，绳子散落一地。在另一个版本中，说他拔掉了固定绳结的钉子，轻松地解开了绳结。

关于亚历山大解开绳结的方法，各种目击证言相互矛盾，想要复原当时的情景已经不可能。其中大车的传说，可以看出是在原有传说的基础上，根据亚历山大的需要进行了一定的改编。

关于戈尔迪，现存最古老的传说保存在查士丁努斯的亚历山大传中。据其记载，贫穷的农民戈尔迪在耕作时，突然发现所有的鸟儿都开始围着他飞。于是他去找附近的占卜师咨询。途中，他在城门处遇见一位美丽的少女，向少女说明了此事。少女懂得占卜，告诉他这预示着他将成为国王。于是，在少女的请求下，两人结婚了。此后，在弗里吉亚人陷入内乱之时，有神谕称，最先见到大车进入宙斯神殿的人，就是国王。那正是戈尔迪。成为国王的戈尔迪把大车献纳给神殿。在他之后，儿子米达斯又继承王位。

弗里吉亚的大地之母库柏勒
像 雕像左手抱鸟,站在建
筑物入口处。安纳托利亚文
明博物馆藏。笔者拍摄

耸立在"米达斯城"小山上的纪念建筑物
墙面上刻有米达斯王的名字。在它中央下方
的入口处,曾经置有库柏勒的像。全高20
米。笔者拍摄

　　这则故事充满了浓郁的弗里吉亚地方色彩。第一,给戈尔迪
带来前兆的鸟,是弗里吉亚地区所信仰的大地之母库柏勒的手持
之物。在雕刻中就有库柏勒左手托举猛禽类的形象。第二,戈
尔迪在城门处与少女邂逅,也与库柏勒相关。女神库柏勒的立
像就是被刻画在建筑的入口处的。第三,参考希腊、罗马的库柏
勒崇拜,在祭祀的队列中,大车就是用来运送女神像的。第四,
依据希腊、罗马文献的记载,米达斯被视为库柏勒女神崇拜的
创造者。此外,在"米达斯城"(今天土耳其的雅兹勒卡亚),仍
保存有向其献祭的纪念建筑物,入口的壁龛上就雕刻有库柏勒女神
的立像。

　　总之,大车传说是以弗里吉亚地区流传甚广的大地之母库柏
勒崇拜为基础,并依据米达斯王与库柏勒女神的密切联系而创

作出来的。因此可以得知，这个传说中预言的王，只是弗里吉亚王，最多不过是小亚细亚之王。

传说的改动与再创作 与上述传说相对比，在阿里安的亚历山大传中，大车传说的记述如下：

戈尔迪在耕作之时，一只鹰落在了大车车辕上，一直停留到傍晚。于是他去太米萨斯人占卜师家咨询，在村边遇见一位打水的少女。这个少女也懂些占卜，劝他回到原地向宙斯献祭。戈尔迪向少女请教了做法。此后，戈尔迪与少女结婚并生下了米达斯。米达斯成年之时，弗里吉亚人陷入内乱，神谕告知人们，会有大车载着国王来。米达斯与父母乘着大车来到人们聚集的地方。于是人们便拥戴米达斯登上王位。米达斯平定了内乱，并将父亲的大车献给了宙斯。

这个故事中有几处改动的痕迹。

第一，带来前兆的鸟被设定为鹰。因为鹰是宙斯的象征，与继承了宙斯血统的亚历山大形象相符。

第二，继承王位的人由戈尔迪变为其子米达斯。米达斯是公元前7世纪后半叶历史上真实存在的弗里吉亚国王。然而，在马其顿却流传着这样的传说：弗里吉亚人曾经居住在马其顿，是米达斯王带领他们迁徙到亚洲去的。而且马其顿王国的发祥地被称作米达斯之园。因此米达斯之名为马其顿人所熟知。

第三，阿里安也描述了解开绳结的人会统治亚洲这一预言。

在远征东方之时，亚洲一词几乎与波斯帝国同义。因此，这个预言预示着亚历山大的王权将远远超出小亚细亚的范围，覆盖整个亚洲地区。

第四，戈尔迪访问的地方被特定为太米萨斯。这个城市是追随亚历山大远征并深受亚历山大信赖的预言家阿瑞斯坦德的出生地。

笔者认为上述这些改动，是历史学家卡利斯钦斯所为。他作为亚历山大正史的编纂者，会根据亚历山大的需要对弗里吉亚的固有传说进行一定的改编。而且，他的记述被认为是经过亚历山大本人确认、得到正式认可的。那么，亚历山大解开绳结，以及卡利斯钦斯改编的大车传说，到底有怎样的意义呢？实际上，这与当时远征军所面临的状况相关。

亚历山大从戈尔迪乌姆出发是在公元前333年的初夏。远征的前途可以说并不乐观，因为爱琴海东部的制海权被波斯控制，希腊各国会不会勾结波斯海军在背后叛乱，令人堪忧。在波斯首都巴比伦，大流士三世正不断集结部队，为决战做准备。面对艰难的境况，亚历山大当然没有后退的选择，只能继续向东前进。但这样的决定多少需要给将士们一个说法，于是就有了大车传说，即解开绳结者就是众神承认的亚洲之王。因此，解开的方法不是问题，只要能把车辕从轭上面卸下来就可以了。

另一方面，对于马其顿士兵来说，献纳大车的弗里吉亚国王米达斯与马其顿传说中的米达斯是一体的。如果从戈尔迪乌姆出发向东前进，不仅能凌驾于米达斯之上，还可能达成神谕所显示的成就亚洲之王的伟业。于是，米达斯与亚历山大重叠，神话传说与现实也融合在一起。亚历山大的目的是激励将士们，鼓舞他们继续东进。

如上所述，戈尔迪乌姆之结传说是亚历山大、从军历史学家、一般将士三者合力创作并传播的。可以说亚历山大神话的形成，是亚历山大自身对固有神话传说进行再诠释和再创作的结果。像这样，将自己神话化，与自己对不朽荣誉的追求相结合，形成了亚历山大人格的本质部分。

第九章

继业将军们的挑战

帝国的解体

亚历山大的去世
和继承人问题

公元前 323 年 6 月 10 日，亚历山大在巴比伦去世。他没有留下任何关于继承人的遗言，王族中也没有成年男子有能力继承王位。亚历山大同父异母的兄弟亚黑大由斯是智障，没有能力负责宗教仪式以外的政务和军事，而王妃罗克珊娜已经怀孕八个月。亲信们与马其顿将士协商后，决定由亚黑大由斯作为腓力三世继承王位，如果罗克珊娜产下男婴，那么这个男婴将继承王位。两个月后罗克珊娜生下一男婴，这个男婴作为亚历山大四世继承王位。由于这两个国王都没有统治国家的能力，于是帕迪卡斯被选

安提柯 "亚历山大的石棺"上雕刻的骑兵雄姿，被认为是安提柯。出自 *Faces of Power*

托勒密 亚历山大去世后被任命为埃及总督，之后缔造了托勒密朝埃及。出自 *The Portraits of the Greeks*

为摄政大臣。因为病床上的亚历山大曾把指环委托给帕迪卡斯，事实上指定了继承者。就这样，以帕迪卡斯为中心，其他有权势的亲信们会聚一堂分割帝国领地。然而不久后他们便转为对立，围绕亚历山大的遗产进行了约半个世纪的继业者战争。在战争的旋涡中，马其顿王族的血脉断绝了。公元前306年到公元前304年，将军们相继称王，诞生了五个希腊化王国，后来两个被淘汰，留下来的是安提柯朝的马其顿、托勒密朝的埃及、塞琉古朝的叙利亚。

继业者战争的爆发

引发继业者战争的其实是摄政的帕迪卡斯本人。他不但把反对派当作叛徒清除，而且为了巩固自己的地位，娶了马其顿统治者安提帕特的女儿。在此之后，他又想与现任妻子离婚，然后和亚历山大的亲妹妹克娄巴特拉结婚。知道此事的安提帕特勃然大怒，其他将领们也警惕帕迪卡斯的野心，于是形成了反帕迪卡斯的联盟。与王族女性结亲确实是提高自己威信的绝好手段，但另一方面，也会被怀疑是觊觎王位，甚至被认为是在挑战王权。在王国的统一尚未得到保证的阶段，和王族女性结婚其实是个非常危险的选择。

公元前321年，被反对派包围的帕迪卡斯把军队一分为二，一支被派遣至小亚细亚，抵挡安提帕特派的进攻；另一支由他率领前往埃及讨伐托勒密。帕迪卡斯进攻埃及主要有以下背景。亚历山大生前希望自己能葬在锡瓦绿洲的阿蒙神殿。当他去世后，在摄政大臣帕迪卡斯的监督下，他的遗体在巴比伦进行了防腐处理，豪华的灵车历时两年也制作完成。然而，帕迪卡斯想将亚历山大的遗体葬在马其顿的古都埃盖而不是锡瓦绿洲，所以将遗体运往本国。当灵车经过叙利亚时，托勒密派军队抢走灵车，把亚历山大的遗体带到了埃及。他在首都孟斐斯为亚历山大举行了葬礼，之后又把遗体移至亚历山大城。托勒密将亚历山大的遗体葬在自己的领地内，主要是为了获得其他继业将军所没有的巨大威信。遭受亚历山大遗体被夺之辱的帕迪卡斯，把托勒密当作死敌，决定讨伐托勒密。然而他的军队在渡过尼罗河时发生了事故，两千多名士兵被河水冲走丧失性命，情绪激动的部下们冲进他的帐篷将他杀死。至此，摄政帕迪卡斯的统治仅仅两年就结束了。

在此之后，继业将军们聚集在叙利亚北部的城市特里帕拉迪苏斯，对包括总督领地再分配等在内的问题达成协定。这次安提帕特成为摄政，在会议结束后带领王族回到了马其顿。将宫廷从亚洲迁至欧洲是促使亚历山大帝国分裂的重要原因。另一方面，独眼安提柯被任命为亚洲军队的指挥官，握有亚洲最高实权。安提柯与腓力二世同龄，亲身经历了马其顿的崛起。在远征东方的第二年，他被任命为小亚细亚的弗里吉亚总督直到亚历山大去世之后，统治长达十三年。在此期间，他为小亚细亚地区马其顿实际统治的确立做出了巨大贡献。自特里帕拉迪苏斯会议到公元前301年伊普苏斯战役战死的二十年间，安提柯始终处于继业者战争的旋涡中心。

马其顿王族血脉的断绝　　公元前319年，安提帕特病倒，在指定波利伯孔继任摄政后去世，享年八十岁。波利伯孔当时已经六十多岁，在远征东方时期是一名非常有能力的部队长，在士兵中也颇有人气，由于没有担任总督的经验，所以在才干方面不及其他将领。安提帕特的长子卡山德无法忍受父亲对自己的无视，于是在国内秘密召集同盟者，在得到安提柯的军事援助后举旗造反。像这样，围绕摄政一职的争夺使得王国分裂，王族女性也分成了两派。波利伯孔一方，有罗克珊娜、亚历山大的遗孤亚历山大四世，还有亚历山大的母亲奥林匹亚斯；卡山德一方，有腓力三世亚黑大由斯及他的妻子欧鲁迪凯。至此，王权本身也一分为二。

公元前317年的秋天，决战时刻到来。一方是奥林匹亚斯，她力挺孙子亚历山大四世，无论如何都要保住已逝儿子的血脉。另一方是欧鲁迪凯，她是腓力二世的孙女，有着伊利里亚王族的血统，从少女时代就开始接受军事训练，堪称军人王妃。亚历山大去世后，她与母亲库娜涅同赴巴比伦，嫁给叔父腓力三世，成为王妃。她本人野心勃勃，宣布由卡山德担任摄政正是她的决定。像这样，二十岁的欧鲁迪凯撇开智障的丈夫，成为实际的统治者。然而，她没有等待与卡山德会合就单独率军行动，犯下了致命的错误。

两军一交锋，欧鲁迪凯一方的士兵出于对奥林匹亚斯的敬意，以及对逝去国王恩情的回忆，纷纷投向了奥林匹亚斯一方。战斗还没有打响，腓力三世和欧鲁迪凯就成了俘虏。奥林匹亚斯立即杀死腓力三世；逼迫欧鲁迪凯自杀；还杀死了包括卡山德的弟弟在内的一百多位马其顿权贵。后来卡山德的军队赶到，把奥林匹亚斯包围在了皮德纳城。经过了严冬数月的围攻，终于在公元前316年春天将她擒获并处死。奥林匹亚斯享年约六十岁。

就这样，卡山德掌握了马其顿的实际权力。他又迎娶亚历山大的同父异母妹妹塞萨洛尼基为妻。卡山德在与波利伯孔争夺摄政之位获胜后，为了获得政治上的威信，有必要与王族结亲。剩下的问题是如何处置亚历山大四世。在他看来，这个年仅七岁有名无实的国王已经没有保留的必要了。但如果杀掉他的话，就会背上弑君的罪名，会给其他将军提供讨伐自己的借口。最后，他将罗克珊娜和亚历山大四世安置在安菲波利斯，严密监控。这实际上是变相软禁。

继业者战争仍在持续。到了公元前311年，安提柯、卡山德、利西马科斯、托勒密四人缔结和约，维持现状，互相承认权力。

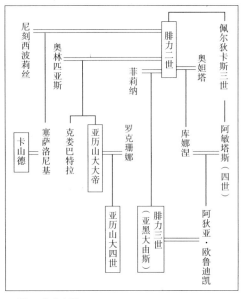

尼刻西波莉丝

奥林匹亚斯

腓力二世

佩尔狄卡斯三世

奥妲塔

菲莉纳

库娜涅

阿敏塔斯（四世）

卡山德

塞萨洛尼基

克娄巴特拉

亚历山大大帝

罗克珊娜

阿狄亚·欧鲁迪凯

亚历山大四世

腓力三世（亚黑大由斯）

马其顿王族的宗谱

合约还规定，卡山德担任欧洲的将军直至亚历山大四世成年。当时亚历山大四世已经十二岁，对于手握实权的卡山德来说是个障碍。公元前310年，他秘密杀害了罗克珊娜母子。至此，马其顿王族的血脉断绝了，而杀害之事是在几年后才对外公布的。

其他王族女性的命运也很悲惨。亚历山大的亲妹妹克娄巴特拉想和摄政帕迪卡斯结婚，但最终未果。在帕迪卡斯被杀后，她被监禁在小亚细亚的萨迪斯城，处于安提柯的监视下。公元前308年她得以逃脱，当准备逃往埃及时，被安提柯的部下发现并杀害。亚历山大情人巴尔茜妮所生的赫拉克勒斯因为是庶子，不能继承王位，于是隐居在小亚细亚的帕加马城。当时，波利伯孔以希腊为根据地对抗卡山德，公元前310年，他把赫拉克勒斯与其母招来，作为最后的王牌加以摆布。赫拉克勒斯已经十七岁了。然而，波利伯孔却被卡山德巧妙的计策所欺骗，将这对母子杀害。只有成为卡山德妻子的塞萨洛尼基似乎是唯一获得幸福的人。她生下三个男孩，后因丈夫的登基成为王妃。不过，公元前297年卡山德去世，儿子之间为了争夺王位互相争斗，最终她被次子杀害。

像这样，亚历山大去世后，马其顿王族的女性们无一例外均死于非命。王族女性在王位争夺战中走向前台，这在马其顿王国的历史上是绝无仅有的。失去了亚历山大这个绝对的保护者，又缺少有能力继承王位的男性，这些女性登上政治舞台，为守卫马其顿王权发挥了一定作用。可以说这些女性是站在保卫王位继承者的立场上抗争的。虽然死于非命，但她们作为王族尽了最大的努力，这是值得称赞的。

希腊化各王国的诞生

着先鞭的安提柯
　　自公元前321年特里帕拉迪苏斯协议签订以后，安提柯作为马其顿全军的指挥官，掌握了亚洲方面的最高实权，乘机与儿子德米特里一起扩张自己的势力。除小亚细亚各行省之外，他还直接管辖叙利亚、巴勒斯坦全境。此外，公元前316年至315年，安提柯通过远征使东方各行省的总督臣服于自己，并驱逐了巴比伦尼亚总督塞琉古。至此，从地中海东部至伊朗东部的广大地域都被置于他的统治

德米特里 与父亲安提柯共同战斗、在小亚细亚建立了安提柯王国。出自 *The Portraits of the Greeks*

之下。在继业将军中安提柯是最早称王的。公元前306年，德米特里的海军在塞浦路斯海面大胜托勒密的舰队。随后，首都安提柯尼亚立即上演了精心安排的即位仪式。传递捷报的使者只身一人赶往宫殿，在入口处望见出来迎接的安提柯，于是大声高呼"恭喜安提柯王"，以此传达胜利的消息，继而聚集的民众也高呼安提柯、德米特里父子为国王。亲信们随即给安提柯戴上王冠。安提柯也同时授予儿子王冠，并在信中称呼儿子为王。

在此之前的时代，想要成为国王，王族的血统是必备条件。然而安提柯所依靠的并不是血统，而是卓越的军功战绩。凭借个人的才能与丰功伟绩取得王位，标志着一种新性质王权的诞生。此外，他让自己的儿子也称王，这意味着王位世袭，新王朝开始了。

继安提柯之后，其他将军们也陆续称王。公元前304年，同盟国罗得岛在抵抗德米特里军队海上包围战整整一年后取得胜利，托勒密以此为契机自立为王。复职巴比伦尼亚总督的塞琉古，也在恢复对东方各行省的统治后称王。此外，色雷斯的利西马科斯和马其顿的卡山德也效仿称王。于是，在极短的时间内，曾经的亚历山大帝国出现了五个王国和六位国王。

王国之间的相互关系风云变幻，安提柯则常常成为风暴中心。

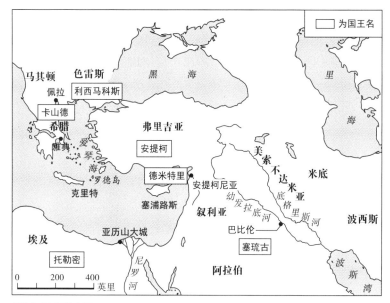

希腊化各王国的出现

公元前301年冲突再起，在小亚细亚内陆的依普苏斯地区，安提柯、德米特里父子与其他国王之间展开了决战。此役虽然安提柯父子占据优势，但由于德米特里追敌过深，导致安提柯孤立无援，最终战死沙场，终年八十一岁。此后，安提柯王国瓦解，其领地被其他国王瓜分。安提柯王国虽然存在的时间比较短暂，但对希腊化各王国的形成产生了不可忽视的影响，这也与他独特的人生经历息息相关。

希腊化王国的原型

安提柯的人生经历有两点是其他继业将军所不具备的。其一，他与腓力二世同龄，参与并见证了马其顿王国的崛起。他追随腓力二世参加了巴尔干半岛的多次战役，在军队中逐渐占据重要地位。此外，他还目睹了腓力二世实施的一系列政策，如军事改革、城市建设、殖民活动等。从青年时代到壮年时期，安提柯通过亲身经历必定学习到了怎样建设一个国家。其二，在远征东方的第二年，他被任命为弗里吉亚总督。作为波斯式的总督，他统治该地区长达十三年。弗里吉亚位于小亚细亚中部地区，是远征军与本国之间通信联络、后勤补给、援军派遣的战略要地。该地区的稳定对远征的成功意义重大。事实上，安提柯在伊苏斯战役之后就成功扼制了波斯陆军的反攻，平定了弗里吉亚周边地区。在内政方面，他延续了波斯帝国以来的统治。像这样，安提柯继承了腓力二世的马其顿王国与阿契美尼德王朝波斯的行省两大遗产。这些经验可以用在他自己的王国建设上。

具体来说，安提柯的常备军以马其顿军队为范本，包括亲卫部队、近卫骑兵部队和侍从部队等。亲信集团被称为"philoi"（朋友），其中指挥官级别的特别重要人物组成幕僚会议。这是继承了"伙伴"、亲信护卫官等亚历山大时代亲信集团的模式。总督或将军被派遣至王国的各行省，集军事、行政、司法、财政所有权限于一身。他们也拥有自己的团队，管理地方长官及下级官员等。从总督到一般官员，其权限及影响力很大程度上依靠与国王或宫廷的个人关系。总体来讲，王国的统治体系灵活而富有流动性，这些都是阿契美尼德王朝时代的特征。王国的统治阶级无疑是马其顿人，但也起用波斯人及其他有才干的亚洲人担任军队或宫廷的高官，这一点与亚历山大的政策是相通的。安提柯王国的大部分领土，后来成为塞琉古王国的中心地区。并且，安提柯亲自推动的城市建设与殖民者移居，也都被塞琉古王朝的国王们进一步大规模推进。

像这样，独眼安提柯吸收了马其顿王国和阿契美尼德王朝两种不同的国家管理模式，又借鉴亚历山大帝国的经验，以此来建设自己的王国。其成果被后来的塞琉古王国所继承。虽然安提柯王国只存在了短短的二十年，但可以说它塑造了希腊化各王国的原型。

塞琉古王国

塞琉古作为塞琉古朝叙利亚王国的缔造者，继承了亚历山大帝国面积最大的领土。他大约年长亚历山大两岁，在公元前 340 年就成了腓力二世的侍从。他在进攻中亚的战斗中崭露头角，在与波罗斯王的会战中担任近卫步兵部队的指挥官。亚历山大死后，在巴比伦会议上他并没有被任命为总督，而是作为摄政帕迪卡斯的直隶下属，负责守护两位国王。公元前 321 年，在特里帕拉迪苏斯会议上，塞琉古最终被任命为巴比伦尼亚总督。然而五年之后，他被安提柯驱逐出境，流亡到埃及。公元前 312 年，在巴勒斯坦的加沙，安提柯之子德米特里的军队被托勒密击败，暂时退至叙利亚北部。塞琉古趁此时机，从托勒密处得到少量部队，回到巴比伦恢复总督之职。

塞琉古 塞琉古朝叙利亚王国的创始人。继承了亚历山大帝国最大面积的领土。出自 *The Portraits of the Greeks*

此后，塞琉古驱逐安提柯派的势力，在底格里斯河畔兴建了新的都城塞琉西亚。在巩固了权力之后，他把目光投向了东方。从公元前 306 年开始，塞琉古穿越伊朗高原远征巴克特里亚地区。在平定了这些地区之后，又以恢复亚历山大帝国东方疆域为目标进攻印度。然而，此时孔雀王朝刚刚建立了印度历史上最早的统一王国。公元前 304 年塞琉古被旃陀罗笈多的大军击败，双方缔结议和协定。塞琉古以放弃亚历山大征服的所有印度领地为条件，换取五百头大象后归国。塞琉古宣布称王大约是在征服巴克特里亚之后。

塞琉古之所以能够统治亚洲的广大地区，其中一个重要原因在于其妻阿帕玛。她是波斯贵族斯皮塔米尼斯的女儿，其父亲在中亚战斗中的抵抗最为顽强。塞琉古在苏萨的集体婚礼中迎娶了阿帕玛。后来，塞琉古周围几乎所有人都与伊朗系的妻子离婚了，只有他始终钟情于自己的妻子并相伴终身。由于阿帕玛的存在，塞琉古得到了以波斯人为代表的亚洲人的信赖。

塞琉古采取的政策中，最引人注目的是如火如荼的城市建设。仅在叙利亚北部就建造了十座城市，在小亚细亚西部也建造了七座，并让大批的希腊人和马其顿人迁入这些城市。特别是在叙

利亚，这些新建的
城市都处于军事要
地，排列得如同一
个个要塞。曾经潜
在的敌对地区叙利
亚，最终被改造成

塞琉古在叙利亚所建城市遗迹

忠实于王权且能提供强大军队的重要据点。塞琉古王朝被人们
记忆为叙利亚的王国，并不是毫无缘由的。

公元前293年，塞琉古任命儿子安条克为国王与自己共同统
治国家，并将安条克派遣至东方，一般认为其目的是为防备游牧
民族的入侵。安条克继承其父亲的政策，在巴克特里亚兴建了许
多城市。由此，塞琉古王朝两代国王都发展了亚历山大的政策，
但不同于各地短命而亡的亚历山大城，他们在亚洲建成的是真正
的实体城市。

公元前282年，塞琉古在与以色雷斯为根据地的利西马科
斯战斗中取得胜利，致使利西马科斯的王国解体。翌年，塞琉古
渡过赫勒斯滂海峡（现达达尼尔海峡）在欧洲海岸登陆，志在
征服马其顿本国。然而他却被从埃及逃亡到他身边的托勒密·克
劳诺斯暗杀，结束了七十七岁的人生。

塞琉古兼具亚历山大的野心与腓力二世的现实政治感，是优
秀的将领和政治家。他继承了亚历山大的政策，并活用了阿契
美尼德王朝的统治体系，创造出了以城市为中心的统治体制。另

一方面，他积极远征印度，试图恢复亚历山大帝国，但最终失败。由于他的统治区域一开始就不包括马其顿和埃及，是以与其说塞琉古王国是亚历山大帝国的继承者，倒不如说是阿契美尼德王朝的继承者。

托勒密王国

托勒密大约比亚历山大年长七八岁，公元前330年被任命为亲信护卫官。此后他作为远征军的最高将领之一，经常陪伴亚历山大左右，在远征后半程的数次战役中取得卓越的战绩。亚历山大死后，托勒密被任命为埃及总督。他杀害了当时的实际统治者克利欧米尼斯，掌握了埃及的实权。托勒密一方面沿袭了埃及的行政组织与社会体制，另一方面将首都迁往亚历山大城开展新的建设。大量希腊人移居亚历山大城，图书馆及缪斯学院等文化设施兴建起来，亚历山大城逐渐发展成为地中海贸易与文化的中心。

托勒密在与其他继业将军展开争夺战的同时，采取了积极的对外战略。他所控制的区域西起昔兰尼加，东至腓尼基及叙利亚南部，北达希腊南部及小亚细亚半岛南岸地区，还进一步扩展到爱琴海诸岛屿及塞浦路斯岛。以上展现的是一个拥有广阔的海上统治权，能够在海上组织防御来保卫埃及本土安全的大帝国。

在北非的昔兰尼加地区有一个希腊人的城市，因与内陆利比亚的贸易而繁盛起来。托勒密通过控制该地区，在巩固了西部边防的同时，还将沙漠商队贸易的收益收入囊中。叙利亚南部与腓尼基是亚非之间的缓冲地带，因此成为托勒密与塞琉古王国长期争夺的对象。这一地区不仅是军事要地，在经济方面也极为重要，除油橄榄、葡萄等农产品丰富外，还是获取黎巴嫩雪松和阿拉伯香料的重要地区。

围绕着希腊本土和塞浦路斯岛，托勒密与德米特里之间上演了激烈的争夺战。对希腊各城市的控制都只是暂时的，而控制了地中海东部要冲塞浦路斯，则可将其作为挺进小亚细亚南部的桥头堡。在爱琴海，安提柯组织基克拉泽斯群岛结为岛屿同盟。伊普苏斯会战后，主导权转至托勒密手中，由他任命岛屿长官对群岛进行管理。此外，托勒密还与爱琴海贸易集散地罗得岛保持友好关系，为埃及的海上统治带来了巨大的利益。综上所述，托勒密的帝国囊括了多样的地域，不仅限于埃及一国，更是将整个地中海东部都纳入掌控范围之内。

实际上，上述海上政策在埃及第二十六王朝（赛斯王朝，公元前672—前525年）时期就曾经推进过。尼科二世曾进军叙利亚，在与新巴比伦尼亚王国的战争中失败后开始修建连接红海的运河，并在地中海和阿拉伯湾制造军舰。在与希腊人的关系方面，普萨美提克一世在尼罗河三角洲开辟贸易区，兴建了诺克拉提斯城。雅赫摩斯国王又推进了这一政策，他甚至曾一度占领了塞浦路斯。从埃及对外政策的发展过程来看，托勒密继承并贯彻了约三个世纪以前赛斯王朝的政策。

此外，关于继业者战争的一般提法是：帕迪卡斯与安提柯希望整体维系亚历山大帝国；而其他的继业将军则以平等的立场相互承认各自控制的区域。这种简单的两分法，实际上忽略了继业者战争的本质。继业将军们控制的区域通常变化不定，如果转为守势的话，恐怕连根据地都无法确保。虽然彼此间缔结了几次和约，但那只不过是对既成事实的追认。无论哪一方都虎视眈眈，伺机扩大势力范围。希腊化各王国之间并不存在稳定的国境。将军们自立为王不是凭借血统，而是基于自身功绩取得的个人威望。为了生存下去，他们必须抢先占据优势地位。毫无喘息之机的争夺与动乱，正是这场持续了半个世纪之久的战争的实际状态，也是贯串整个希腊化时代的特征。

王位正统化战略　　亚历山大的继业将军们都没有王族血统，因此他们迫切需要将自己取得的权力正统化。当然，决定一切的是军事力量，只有在战争中获胜才是保证权力的首要条件。然而，为使马其顿士兵服从自己，开展政治及心理宣传同样重要，而宣传中最能发挥作用的就是亚历山大的形象。对马其顿士兵来说，追随亚历山大远征东方的经历和记忆是他们自豪与荣耀的源泉。因此，为了获得马其顿士兵的支持，将军们最大限度地利用了自己与亚历山大之间的关系及记忆。其中最引人瞩目的是创作与亚历山大类似的诞生神话、传奇，以及在钱币上刻上图像。接下来我们具体看一下塞琉古和托勒密的对策。

据查士丁努斯的记载，塞琉古的母亲劳迪丝在与其父安条克成婚之时，梦到自己与阿波罗神结合并怀孕，还收到了神赐予的指环，指环的宝石上刻有锚的图案。神命令她将指环赠予即将出生的儿子。次日醒来，她在床上果真发现了刻有同样图案的指环。塞琉古出生时，大腿部也被发现有锚的图案。后来，在塞琉古远征东方出发之际，劳迪丝告诉他身世之谜，并将指环赠予他。据说塞琉古后代的身上也有源于阿波罗神的证据，他儿子及孙子的大腿上都有锚的图案。

上述故事与亚历山大的诞生神话如出一辙。亚历山大之母奥林匹亚斯梦到雷落到了自己的腹部，暗示了宙斯与她结合。而且，远征出发之际揭开身世之谜的情景，也与普鲁塔克的亚历山大传中描述的相一致。由此可见，塞琉古完全模仿亚历山大的诞生神话，宣扬自己高贵的出身。

与此相对，托勒密散布传言，宣称自己是腓力二世的庶子，与亚历山大血脉相连。因为在继业者战争初期，与马其顿王族之间的联系就是最大的武器。此外，托勒密还抢夺亚历山大的遗体葬在自己的领地内，也是为了给外界留下自己是亚历山大继承者的强烈印象。在托勒密晚年执笔撰写的亚历山大传中，他仍不忘强调自己王权的正统性，为了符合埃及王的形象，将与亚历山大相关的事件加以修改，这件事即亚历山大前往阿蒙神殿途中发生的"奇迹"。

公元前331年年初，亚历山大一行从现在的亚历山大城出发，向西前进240公里，然后又向南行至锡瓦绿洲，五天内长途跋涉二百六十公里。途中南风吹来的沙土堆积成山，引路人也迷失了方向。据说此时有两只鸟飞来为他们带路，一行人才得以安全抵达绿洲。由于此事出自同行之人卡利斯钦斯和阿里斯托布鲁斯的记载，而且鸟本就是绿洲生物，所以可以认定为是事实。然而，托勒密却将此事描述为是两条蛇为一行人引路，而并非鸟。为什么是蛇呢？

第一，埃及王是阿蒙神的化身，而蛇是阿蒙神的象征。并且，蛇是神向法老传递信息的媒介。所以，蛇这种动物符合成为法老的亚历山大形象。

第二，传说亚历山大是母亲与变身为蛇的宙斯结合而产下的。由于宙斯与阿蒙神被认为是同一神，所以亚历山大即阿蒙神之子。因此，蛇为一行人引路这一"奇迹"，表明了阿蒙神通过蛇来庇佑亚历山大。

总之，蛇为亚历山大引路这一传说，以上两方面都符合埃及王托勒密的需要。他将亚历山大在沙漠中遇到的事件改编成符合埃及宗教及王权观的故事，借此宣传自己作为亚历山大继承人的王权正统性。

货币上的亚历山大形象　货币是直观表现统治者政治意志的手段，还被用于支付报酬，与士兵们的日常生活息息相关。因此，货币是王位正统化战略中不可或缺的媒介。

塞琉古发行的货币最引人注目的地方，是上面雕有与远征印度相关的图案。在进攻印度的同一年发行的四德拉克马银币的背面，雕刻有雅典娜女神乘坐四头象牵引的战车战斗的英姿，以及"塞琉古王"的字样。女神的盾牌上清晰可见塞琉古出生的印记——锚的图案。因此，此货币意在将塞琉古描绘成印度征服者亚历山大的后继者。

刻有亚历山大和女神尼斯形象的银币（上）塞琉古从印度回国后发行的银币。正面是戴着头盔的亚历山大大帝，背面是胜利女神

刻有亚历山大和宙斯坐像的银币（中）由托勒密发行。正面是戴着大象头皮和羊角的亚历山大大帝，背面是宙斯的坐像

托勒密和代表宙斯形象的鹰的银币（下）公元前304年为纪念托勒密即位发行

从印度班师回朝之后发行的4德拉克马银币上，则采取了不同的图案（插图上部分）。正面是戴着头盔的亚历山大的头像。其头盔外覆豹皮，还附有牡牛角与牛耳。在背面，胜利女神尼斯正在给由树干制成的胜利碑戴上冠。胜利碑上悬挂有头盔、铠甲、盾牌。正面的豹和牡牛都是与狄俄尼索斯神关系密切的动物，这种做法是将亚历山大同化为狄俄尼索斯神的形象。如第八章所述，据传说，狄俄尼索斯曾远征印度并兴建了努沙城，跨越过这座城继续向前进军，意味着凌驾于神的功绩之上。此货币将亚历山大视作狄俄尼索斯神再世，进一步称颂亚历山大征服印度是超越了神的丰功伟绩。

这两种银币在美索不达米亚以东地区流通。纪念亚历山大远征印度的银币给人以一种印象，即将塞琉古一世的功绩看作是大帝的又一次远征。

公元前321年，帕迪卡斯被杀害之后，托勒密为纪念这场胜利，发行了新的四德拉克马银币（插图中间部分）。正面是戴着大象头皮和羊角的亚历山大大帝，背面是宙斯的坐像，刻有"亚历山大大帝"的字样。羊角是埃及最高神阿蒙神的象征，并且能将巨大的象皮完美地附在身上的只有神。因此，羊角与象的头皮都象征着亚历山大形象的神化。

公元前304年托勒密即位，在为纪念其登基而发行的钱币上，正面是托勒密一世自己的侧脸像，还有"托勒密王"的字样（插图下部分）。在继业将军中托勒密是将自身肖像刻在货币上的第一人，并且佩戴者代表王的标志性头饰。背面是停在闪电上的鹰的形象，鹰是宙斯的象征，同时也是托勒密一世自身的标志。

如此，托勒密一世通过货币图案将亚历山大神化的同时，也提高了自己的威望。最终通过雕刻自己的肖像，对外宣告新王权的确立。

王朝存续的核心：王位继承

在极度动荡不安的继业者战争时代，王国命运的天平摇摆于存续与灭亡之间。各王国虽然都奋力而战，然而，有的短命而终，有的则能存续两三个世纪。那么，究竟是什么决定了王国的命运？答案是王位继承的成功与否。答案虽极简单，却是制约几乎所有王国命运的关键。

塞琉古王国和托勒密王国的巩固应得益于有安条克和托勒密二世这两位才智兼具的继承人。虽然存在其他竞争者，但此二人都是他们父王在世期间指定的继承人，都有着治理国家的经验。因而王位得以顺利继承，政策得以延续，王权也得以步入稳定的轨道。实现这一切的背景是，第一代国王都较为长寿，有充足的时间为王国根基的巩固打下坚实的基础。

而利西马科斯和卡山德的王国则在王位继承上失败了，一代而亡。这两个王国的王子之间争夺王位，阴谋不断，王权混乱不堪，加之无法抵御公元前 280 年开始的凯尔特人入侵，国家就此灭亡。

塑造了希腊化王国原型的安提柯，其本人虽然长寿，但他的王国被其他继业者王国包围，常年处于战争旋涡的中心，没有足够的精力投身于国家建设。他的儿子德米特里虽有军事才干，却欠缺政治家的资质。在伊普苏斯战役中，安提柯战死，给德米特里留下小亚细亚及希腊等领土。德米特里甚至还一度征服了马其顿本国。然而，他对稳定时期的国家建设毫无兴趣，只是在浪费他旺盛的精力，于是逐渐失去了散布在各地的领土。最后，他在与塞琉古的对决中，陷入对方的圈套而被捕，王国就此没落。

王位继承的成功，是千秋万代王国存续的铁则。亚历山大帝国也同样失败于此，他的帝国最终也迅速瓦解。如果从这个视角来考虑的话，亚历山大最大的失误在于结婚过晚，由此也导致继嗣出生过晚。更为致命的是，他尚未来得及弥补晚婚带来的弊端，便结束了短暂的人生。

君主崇拜的形成

众神与人类　　亚历山大留给后世最实际的影响，莫过于他开启了君主崇拜的先河。这在希腊化各王国中已经被制度化，继而发展为对罗马皇帝的膜拜。那么，活人是如何发展到被当作神来崇拜的呢？

在古希腊，原本众神的世界与人的世界是泾渭分明的。众神不老不死，而人终究会死亡，两者之间有着不可逾越的鸿沟。处于中间位置的是神和人类相结合所诞生的英雄。人类中也有取得伟大功绩、被视为超越人类的英雄而受到崇拜的，只是这样的人物大都是城市的创建者，并且都是在死后才被人们崇拜。这与对众神的祭祀有着根本的区别。

到公元前4世纪，渐渐出现生前就被神化的现象。其中，最早的例子是伯罗奔尼撒战争末期斯巴达的将军来山得。他为战胜雅典做出了巨大的贡献。公元前405年，在阿哥斯波塔米海战中击败雅典后，他被希腊各城市当作神来崇拜。他在各地为自己建

狄迪玛阿波罗神殿内部　从大殿遗迹眺望神殿正面。神谕室在阶梯上。笔者拍摄

造祭坛，让人们来献祭。此后，亚里士多德与伊索克拉底等学者，开始把杰出的统治者描绘为人类中的神，步此后尘的就是腓力二世。喀罗尼亚会战后，他在奥林匹亚的圣域献纳了腓力二世圆殿（直径超十五米的圆形殿堂），在殿内塑造了其本人、母亲欧鲁迪凯、妻子奥林匹亚斯及儿子亚历山大共四座雕像。这些雕像全部用黄金和象牙制成，而黄金和象牙原本是用来建造神像的材料。此后，公元前336年，腓力二世为女儿举行结婚典礼，在被暗杀当日的庆典行列中，他在奥林匹斯十二神像的后边摆上第十三座神像——自己的像。这一行为说明他已将自己置于众神之列。

亚历山大继承这一潮流，继续推进生前神化，为希腊化时代和罗马帝政时期的君主崇拜拓展了道路。亚历山大研究的最高权威勃斯沃斯曾指出："亚历山大的统治，是君主崇拜发展历程中的分水岭。"

亚历山大生前的神化

亚历山大的神化过程可分为以下四个阶段：

第一阶段，在远征初期之前，亚历山大依据父母双亲的族谱，相信自己通过英雄阿喀琉斯和赫拉克勒斯，与神的血统相连。

第二阶段，阿蒙神谕。神官对亚历山大高呼"神之子啊"，意味着神谕显示亚历山大乃宙斯之子。亚历山大因此确信自己与宙斯的血统直接相连。恰好在那时，米利都的使节团拜访了已经返回孟斐斯的亚历山大，带来了狄迪玛的阿波罗神神谕。神谕称亚历山大乃神之后裔。亚历山大是宙斯之子的出生神话，似乎已经在希腊之间广为流传。不久，他在宴会上乘兴披上阿蒙神的圣衣，佩戴上了象征阿蒙神的羊角。

第三阶段，接受波斯人的跪拜礼。如第五章所述，跪拜礼是由波斯人的日常致敬习惯发展而来的宫廷礼仪，没有任何宗教色彩。相比之下，希腊的自由人只有在向众神祈愿时才会行跪拜礼，仅限于特殊场合。因此，在希腊人和马其顿人看来，接受东方人跪拜礼的亚历山大，仿佛被当作神一样来崇拜。可以推测，采纳这种仪式所带来的效果应该也在亚历山大的考虑范围内。

第四阶段，在亚历山大统治末期，希腊各城市正式决定把他当作神来崇拜。公元前323年，亚历山大返回巴比伦，希腊各城市的使节团前来拜访。他们自身都戴着冠，并由神事使节向亚历山大进献黄金王冠。所谓神事使节，是由城邦正式派遣的、处理与神相关事务的使节，其任务是求取神谕、参加祭典、献纳供品等。因此，这些使节的派遣，表明了希腊各城市将亚历山大当作神来祭祀，即明确决定将其神格化。事实上，麦加洛波利斯已经建房造屋作为亚历山大的神域，并在其旁侧建造了阿蒙神像。早在前一年的秋天，亚历山大把猝死的挚友赫菲斯提昂作为半神的英雄来祭祀。于是，希腊人领会了亚历山大无须明言的要求，竞相自觉地对他进行神化。

**亚历山大相信
自己的神性吗?**

事实如此，那么，亚历山大真的相信自己的神性吗? 这个问题尚有探讨的空间。普鲁塔克曾这样描述:

> 一般来说，亚历山大对东方人实施高压政策，似乎对自己是神之子深信不疑。而对于希腊人，他的自我神化还是适可而止的。(第二十八章)

普鲁塔克还记载了这样一则逸闻:亚历山大被弓箭所伤时说:"各位，这里流淌着的是血，而不是'环流在幸福的神祇身上的灵液'(引自《伊利亚特》第五卷)。"所谓灵液，指的是神灵的血即灵血，亚历山大通过这种解释表明自己不是神而是人类。此外，在雷声轰鸣，人们感到恐慌之时，宫廷哲学家安纳萨尔克斯乘机对亚历山大逢迎拍马:"陛下作为宙斯之子也会打这样的雷吗?"亚历山大则回答称:"我不想令朋友们恐惧，在餐桌上摆上鱼似乎比摆上总督的头颅好。"这句话的意思是:就像在餐桌上日常进食那样，自己也只是普通人类。普鲁塔克这样总结道：

> 亚历山大并没有因为被众人吹捧为神而受到影响、迷失理
> 智，只是利用这种传闻让大家服从。（第二十八章）

对此，阿里安也有相同的见解：

> 亚历山大将自己的出身与神联系起来，那只不过是为了在臣
> 民心中树立威严，为了统治的需要。如果是这样，我不认为是
> 很大的错误。（第七卷第二十九章）

总之，亚历山大利用当时人们的宗教观，公开宣扬自己是神，
是为了让臣民们像服从神那样服从自己而采取的策略。这对于频
繁进行信息操作的现代人来说是很容易理解的。但是，普鲁塔
克和阿里安都是罗马帝政时期的知识分子，上述评价无疑受到
了当时罗马皇帝崇拜观的影响。把活着的人视为神，对罗马人来
说是极其困难的事情，对皇帝的神化终究是死后的神化，而且
还需要经过复杂的程序。因此，不能把罗马时代对于神化人类
的认识原封不动地套用在古希腊时代。综上所述，最合理的结
论是：一方面亚历山大相信自己是神，另一方面他又有着冷静的
头脑，能够为了统治而充分利用自己的神性。

希腊化时代的君主崇拜　亚历山大死后，希腊人积极推进君主崇拜。最先被神化的是安提柯和德米特里父子。公元前311年，继业者战争以安提柯占据上风暂时结束，他保证了希腊各城市的"自由和自治"。小亚细亚西北部特洛阿斯地区的小城市斯开普斯，为称颂安提柯鞠躬尽瘁的精神，决议将其神格化，市民们将佩戴花冠，举行称颂其功德的仪式，并向其敬献黄金王冠等。

公元前307年，德米特里率舰队到达雅典，推翻了马其顿卡山德建立的寡头派政权，重振"世代相传的国制"。雅典市民为表达感谢，将德米特里与其父安提柯一起神化为"救世主神"。向父子二人处派遣的使节，也特别采用"神事使节"这一称呼。

上述君主崇拜其背后有一个惯例，如前文所提及的，希腊人有为对城市做出巨大贡献的个人举行宗教礼仪的传统。希腊化时代的希腊各城市继承了这一惯例，向各王国君主奉呈"创建者""救世主""大恩人"等称号并举行礼拜。初看之下这似乎是"自发性"的行为。实际上，这种自发性是希腊人在面对远远超出城邦这一层面的强大权势时，在其传统的宗教框架与现实之间做出的妥协，是自身努力的表现。

在希腊化各王国中，君主崇拜最为兴盛、史料最丰富的是托勒密王国。托勒密抢夺亚历山大的遗体，葬于首都亚历山大城。随后将亚历山大供于国家神位，其神官也拥有国家最高的身份。像这样，为亚历山大开创新的祭典，踏出神化亚历山大的新步伐。

公元前283年，托勒密一世去世，托勒密二世向其父奉呈"救世主神"的谥号将其神化，为颂扬其父的丰功伟绩，始创规模盛大的托勒密祭，每四年在首都举行一次。公元前279年，其母伯伦尼斯一世去世，随后也被纳入到托勒密祭中，并在"救世主神"的神殿内祭拜父母双亲。

托勒密祭是为与奥林匹克体育运动会对抗而举行的盛典。罗马时代的作家阿泰纳奥斯在其著作《哲人宴》第五卷中，详细描绘了公元前275年至274冬季举行的托勒密祭的盛况。据记载，极尽奢华的队列绵延不绝，在宙斯及众神像之后，是由大象牵引的亚历山大大帝的黄金雕像。托勒密一世的雕像也戴着黄金制成的常春藤王冠，在他的宝座上面还放着用一万枚碎金片制成的王冠。

公元前272年左右，托勒密二世将自己和妻子阿西诺亚（他的亲姐姐）神化，并确定称号为"姐弟神"。自此以后，在亚历山大大帝的祭祀仪式中也会将祭祀此二人的仪式结合进来，亚历山大的神官被称为"亚历山大与姐弟神的神官"。步其后尘，托勒密三世也实行了生前神化。从此，统治者生前神化作为王朝的惯例沿袭了下来。

通向膜拜罗马皇帝之路　在共和政体时代的罗马，不存在希腊式的英雄崇拜和个人神化。公元前2世纪以后，罗马人在进军地中海东部时，才邂逅希腊及希腊化世界的个人膜拜和君主崇拜。在希腊，最先受到人们膜拜的罗马人是将军提图斯·弗拉米尼努斯。他曾于公元前197年击败马其顿军队，宣布"希腊自由"。为了纪念他所做出的贡献，一些城市组织对他进行膜拜，还把他的肖像刻在了金币上。在卡尔基斯，体育场及神殿被献纳给弗拉米尼努斯，挑选神官为其唱赞歌，歌颂"救世主提图斯"。这些都成为生前神化的原型。此后在希腊各城市，众多叱咤风云的罗马将军、政治家、总督都被尊奉为"救世主""大恩人"，受到人们的膜拜。

将个人神化推进一大步的是恺撒。公元前45年，恺撒成为独裁者，刻有铭文"不败之神"的恺撒像被供奉在神殿上。公元前44年年初，各城市开始供奉恺撒像，为其建造神殿的决议也获得通过。同年3月15日，恺撒被暗杀。翌日，元老院传达决议尊崇恺撒为神。关于神化的具体内容众说纷纭，不过可以肯定的是，恺撒在他生命的最后一年，容忍甚至希望人们神化他。

屋大维继承了恺撒之位，最大限度地利用了"恺撒神之子"的身份，与对手们展开争夺战。公元前30年，屋大维消灭埃及王国，成为罗马及整个地中海世界的统治者。他从元老院获得"奥古斯都"尊号，开始了实质上的帝政统治。然而对他来说，还需利用宗教权威来巩固政权。于是，公元前12年，他就任罗马传统宗教的最高职务——大祭司长。他吸取了恺撒遭暗杀的教训，避免过于露骨的个人崇拜。

膜拜皇帝这一制度形成于奥古斯都去世后的公元14年。一

首位罗马皇帝奥古斯都的神殿遗迹　位于现土耳其的首都安卡拉。笔者拍摄

位元老院议员证实说，在火化奥古斯都的遗体之时，他看到奥古斯都升天了。据此，元老院决议神化奥古斯都。除建造神殿、选拔神官外，元老院还决定创设奥古斯都祭祀团和奥古斯都祭。这些都成为规范，后来的皇帝们都是按照同样的步骤被神化的。在火化遗体之时放飞鹰，并请有权势者到元老院做证说看到了皇帝升天。之所以需要这样编排，大概是因为罗马人怎么也不相信人会成为神。不管怎样，在罗马，神化皇帝就是露天剧场上演的一幕豪华大剧。

罗马城对皇帝的膜拜属于死后神化，而不是将在世的皇帝直接膜拜为"神"。与此相对，没有这种罗马传统的行省则是对在世皇帝进行最直接的崇拜。在希腊各城市，奥古斯都被尊称为"神之子奥古斯都·恺撒"，并被视为"大恩人""救世主"，接受人们的膜拜。不仅有以城市为单位的膜拜，还有以行省为单位组织进行的膜拜，帝国各地的膜拜方式多种多样。对罗马市民来说，在膜拜皇帝的组织中担任神官及祭司等职是莫大的荣誉，也是他们提升社会地位的手段。

亚历山大开辟了生前神化之路，这是他统治亚洲人和马其顿军官兵，确保他们忠于自己的手段。在希腊化各王国，君主崇拜的形式发展为全民参与的华丽祭典，这有助于明确王权的正统性，稳定王位继承。在帝政时期的罗马，行省及城市组织了形式多样的膜拜皇帝活动，表明对皇帝的忠心。组织膜拜活动本身则成为罗马市民谋取政治威信、实现社会地位提升的手段。罗马的膜拜皇帝体制，演变成以皇帝为顶点、从底层开始将整个帝国统一为一体的巨型装置。亚历山大构建的君主崇拜，堪称一个里程碑，可以说成为后世维持君主制和国家统一不可或缺的手段。

终 章

亚历山大帝国的遗产

亚历山大的遗产

虚幻的亚历山大城　　亚历山大给后世留下了什么呢？他被传说化，被尊崇为神，有关他的传记不是一般的多。从这一点来看，他的遗产确实非常庞大。然而，与此形成鲜明对比的是，他遗留下来的有形遗产却非常少，甚至可以说几乎没有。他的墓地至今尚未被发现，在马其顿古都维尔吉纳发掘出的王室墓葬中，除个别小型雕像和壁画外，其他的东西都与他无关。

大家所能想到的有形遗产，恐怕就是亚历山大在远征途中建造于各地的亚历山大城。据普鲁塔克记载，亚历山大共建造了七十多座城市；概说性的大众书籍则介绍说亚历山大以这些城市为基地，广泛传播希腊文化。实际上，并非所有以亚历山大之名命名的城市都是真正的亚历山大城，其中有许多城市是后世为提高城市知名度而擅自改名，与亚历山大并没有直接关系。按照哈蒙德的观点，严格意义上讲亚历山大自己建造并命名的亚历山大城是十八座，而按照弗雷泽的统计则是十二座，无论是哪种说法，亚历山大城都不满二十座。

　　建设亚历山大城的首要目的便是将其作为军事基地，比如极东亚历山大城就是考虑到将来进攻斯基泰的需要才建造的。从建设方式来看，除了扩充原有城市外，还有破坏周边城市、建新城市的方式。在索格底亚那，亚历山大破坏了六座城市，强迫被俘虏的当地居民迁徙到极东亚历山大城。亚历山大死后，他建的城市多被遗弃，逐渐荒废。一直以来，人们都认为亚历山大为了传播希腊文化、促进民族融合而建造亚历山大城，然而这只不过是幻想罢了，这些城市得到重建并繁盛起来是从塞琉古王国时代开始的。唯一的例外只有埃及的亚历山大城，它自亚历山大时代一直延续下来并得以繁荣发展。

没有继业将军就没有亚历山大

亚历山大的直接遗产仅有少许，究其原因是由于他英年早逝，导致他亲自制定的措施、政策刚刚实施就戛然而止。无论是东方人组成的新军队、都市建设，抑或是他自身的神化，都如同刚长出的嫩芽，还没有开花结果就被采摘了。空前的大帝国将何

　　　　　　　　　　　　亚历山大的征服与神话

去何从？这个问题的答案仿佛海市蜃楼般难以捉摸。尽管如此，亚历山大却依然成为令后人仰慕的伟大帝王，这完全是继业将军们的功劳。

亚历山大突然死亡，其时正身处亚洲腹地。亲信们一方面宣布延续马其顿王权，另一方面为了自身的生存发展，不得不依靠亚历山大的威望行事。他们埋葬亚历山大的遗体、向东方边境远征、发行刻有亚历山大形象的钱币，尽最大可能地利用自己与亚历山大之间的联系确保马其顿军队的忠诚。进而以亚历山大制定的政策为范本构建自己的王国：提拔少数亲信作为"朋友"、建设城市作为巩固王权的根基、举行神化亚历山大的祭典、适应亚洲各地的传统和宗教、与当地贵族及神官等统治阶层协调合作、任用少数亚洲人担任高官。像这样，亚历山大首先提出并实施的政策，在希腊化各王国中得到充分推行。在王朝祭礼中，亚历山大也被当作神来祭祀，以使人们不断忆起其丰功伟绩。正是由于与希腊化各国的王权结合在一起，亚历山大的名字才成为永恒。

亚历山大和继业将军们的关系如同哲学家苏格拉底和柏拉图的关系一样，没有苏格拉底就没有弟子柏拉图的存在，然而苏格拉底自身并没有给后人留下任何书籍，他仍作为伟大的哲学家名垂千古，是因为其弟子柏拉图用对话篇的形式生动地描绘了他的形象。

如果不是这样，苏格拉底留给后世的记忆恐怕就只剩下阿里斯托芬的喜剧《云》中登场的那个怪异的诡辩家形象了。因此，没有柏拉图也就没有苏格拉底。

同样，没有亚历山大就没有继业将军们。不过，也正是由于继业将军们继承了亚历山大帝国，最大程度活用亚历山大的名声和权威建设自己的王国，亚历山大的宏图大略才得以变成现实并固定下来。否则，亚历山大也只不过是在瞬间的光芒中逝去的一个征服者而已，使其名副其实的正是希腊化各王国的国王们。在这个意义上，可以说没有继业将军就没有亚历山大。

亚历山大传的完成　　公元前300年左右，在埃及的首都亚历山大城，有两个人执笔创作了亚历山大传。一位是托勒密，另一位是克莱塔库斯。尽管两人作品的风格截然不同，但都在称颂托勒密的王权，并对后世亚历山大形象的形成产生了重要影响。

首先，托勒密执笔的亚历山大传是一部类似于备忘录的作品。托勒密手头保存有记录了亚历山大的命令、作战情况、日常琐事等内容的王室日志。他将其充分利用，完成了一部详细的军事史。正如在第一章所述，罗马时代的阿里安全面活用了托勒密的作品。通过这些材料，我们今天才能详细地了解当时主要战斗的部队编制与指挥官、部队部署情况、亚历山大的意图与实际战况等，这其中也包括托勒密自己的经验。然而，托勒密的作品并不是完全客观中立的。继业者战争中的敌对关系在他的作品里也有所反映，例如他有意无视甚至歪曲宿敌帕迪卡斯的作用等。此外，书中还有夸大自身功劳之处，例如对逮捕贝索斯的场面的描写。

克莱塔库斯执笔的亚历山大传则是面向大众的作品，投当时读者所好，代表案例就是亚历山大受妓女泰伊丝的煽动、纵火烧毁波斯波利斯王宫这一情节的描写。同时，这部作品也像出自宫廷作家之手，其中部分内容就迎合了保护者托勒密，比如在库尔提乌斯和狄奥多罗斯的传记中都有关于这件事情的记载。

事情发生在入侵印度的马其顿军进攻萨姆博斯王国的某个城市时。印度人把从某种毒蛇身上提取的剧毒涂抹在武器上，负伤的马其顿官兵纷纷中毒倒下。托勒密的肩上也受了伤，情况极其危险。亚历山大在陪伴托勒密休息时，梦到了一条蛇，这条蛇口中衔草指示着解毒药草生长的地方。亚历山大醒来后立即命人寻找这种药草，找到后把它研碎涂在托勒密肩上救了他，其他负伤者也同样获救，亚历山大才得以攻下这座城镇。

这件事是否属实并不是问题所在，重要的是两者都把这件事描绘成神对托勒密的特别恩惠。狄奥多罗斯叙述道：

> 亚历山大大帝在众人之中最爱托勒密。后来托勒密成为国王，每当想到当时曾被大帝深爱着，就陷入到深深的苦闷之中。有趣的是，托勒密以其高尚的品德，以及待人的无比慷慨大方，而受到众人仰慕，他也因自己的善行而获得拯救。（第十七卷第一百零三章）

库尔提乌斯则如下记述道：

> 托勒密是亚历山大大帝的亲信护卫官之一，是一位非常勇敢的战士，他平时的才干比战时更出色，声誉也非常高。他的性格温文尔雅、平易近人，而且他还慷慨大方，待人真诚，完全没有王族那种高傲。因此，很难判断是亚历山大大帝更喜爱他，还是大众更喜爱他。直到此时，托勒密才真切地了解同伴们的心情。在这危急关头，马其顿人甚至预感到托勒密之后将会获得王位。因为他们挂念、担心托勒密的心情，甚至不亚于亚历山大大帝。（第九卷第八章）

毫无疑问，以上两种记载均源于克莱塔库斯的作品。克莱塔库斯通过描写自己的保护者托勒密受到神的恩宠，来表达对国王的感激之情，还锦上添花地赞美了托勒密王权的伟大。

像这样，在公元前3世纪初的埃及，后世的亚历山大传的原型被创作出来，一方面描绘了作为伟大征服者的亚历山大，另一方面积累了神奇的逸闻与传说，把亚历山大推崇为英雄。这两部作品都潜藏着赞扬托勒密王权的动机，但风格迥异，引领了罗马时代塑造亚历山大形象的两种不同潮流。罗马的政治家和将军们通过阅读这些作品，在各自心目中描绘出属于自己的亚历山大大帝形象，憧憬着能够拉近自己与亚历山大大帝的距离，并迫不及待地想要模仿他，具体情况正如第一章所述。

巴克特里亚王国与希腊化

正如本书开篇所述，研究亚历山大帝国，离不开对希腊化概念的重新审视。能够成为试金石的，便是在塞琉古王国最东端诞生出来的巴克特里亚王国。

巴克特里亚位于今天阿富汗的北部，夹在兴都库什山脉与阿姆河之间。与阿姆河以北的索格底亚那地区一样，耕地和牧场遍布在险峻的群山与沙漠之间，因盛产良马和青金石而闻名于世。在青铜时代后期，巴克特里亚产生了灌溉农业文明。在公元前一千年以后诞生了国家。亚述人和米底人也知道它的存在。公元前 6 世纪中期，巴克特里亚被阿契美尼德王朝波斯帝国征服，成为帝国东方边境的要地，历代总督都由王族担任。

关于希腊化时代的巴克特里亚，在古希腊罗马的著作中有零星提及。传说在东方的边界存在着一个强大的希腊人王国。这个传说促使文艺复兴时代的作家们萌生了充满浪漫色彩的幻想。然而，在很长时间内都没有发现能证明其存在的遗迹。

法国考古学家富歇在被认为是巴克特里亚首府的巴克特拉（现巴尔赫）进行了发掘，但是并没有取得任何有价值的成果，只得出了"巴克特里亚只不过是幻象"的结论。

另一方面，英国学者塔恩认为亚历山大的理想——人类的和睦共处，是在巴克特里亚才最终实现的。他在《生活在巴克特里亚和印度的希腊人》（1938年）一书中提出，巴克特里亚王国归根到底属于希腊化史的范畴，其陈述如下：

> 希腊人的统治这一历史片段在印度历史上没有任何意义。实际上，它是希腊化史的一部分，只有立足于此，希腊人的统治才具有意义。横跨巴克特里亚和印度的希腊人帝国是希腊化国家，它具备众多希腊化各国所具有的一般特征。这一点才是最重要的。总之，它是塞琉古王国史的一个分支。

塔恩的说法并没有实际证据可以证明，因此在第二次世界大战后遭到了许多人的批判。其中，印度的纳拉因在1957年出版的《印度的希腊人》一书中从正面向塔恩发起了挑战：

> 我们不能把巴克特里亚的新国家看成是亚历山大帝国的后继国家。与其他希腊化各国相比，生活在巴克特里亚的印度—希腊人受印度宗教和思想的影响要更巨大。他们的历史是印度史的一部分，不属于希腊化各国的历史。他们来到印度，但印度最终征服了他们。

那么，在脉络上，究竟应该把巴克特里亚认定为希腊化史还是印度史的组成部分呢？于是，古代巴克特里亚成为围绕着亚历山大和希腊化时代展开的争论中的一个焦点，也考问着研究者们的历史观。

1965年，法国考古学调查队在阿伊·哈努姆发掘出一个希腊城市的遗址。该遗址位于阿姆河及其支流科克查河的交汇处，相当于阿富汗与塔吉克斯坦两国的边境。

发掘工作一直持续到苏联进攻阿富汗的1979年，这次发掘取得的最重要成果，就是明确了此地曾为巴克特里亚王国的中心城市之一。幻象就此消失，人们开始依据出土文物展开实证性研究。

随后，在阿富汗各地进行的发掘也相继取得成果，并出土了大量货币，为古代巴克特里亚的研究提供了重要的线索。不过，由于货币的编年非常困难，所以只能复原王国政治史的大概。在此基础上，我们来探讨一下巴克特里亚王国与希腊化文化之间的关系。

从行省到独立王国　公元前328年，亚历山大平定了巴克特里亚及其北部的索格底亚那。这场凄惨的战争历时两年，几乎全部居民都被卷入其中。随后，亚历山大迎娶索格底亚那豪族的女儿罗克珊娜为正妃，双方达成和解。然而，这种征服的表层下潜藏着大量不稳定的因素。为此，除希腊移民外，亚历山大在当地留驻了大量军队，有一万五千名步兵及三千五百名骑兵。正如第四章所述，事实上，这是一种隔离政策。对希腊人来说，这相当于把他们流放到偏远的荒岛上。在

狄奥多特一世 将赛琉古王国东方的行省创建为独立王国

亚历山大死后，包括巴克特里亚在内的东方各行省的两万三千名希腊人发动起义，争取回归祖国。虽然摄政帕迪卡斯派遣军队镇压了起义，但动荡不安的局势毫无改变。

从公元前 308 年开始，塞琉古平定东方各行省，巴克特里亚也成为塞琉古王国的一个行省。塞琉古之子安条克成为王国的共同统治者后被派往东方。他积极开展城市建设，重建了极东亚历山大城等，并致力于稳定行省的统治。这样，巴克特里亚成了塞琉古王国在东方军事和经济上的根据地。

然而到了公元前 3 世纪中期，巴克特里亚总督狄奥多特一世分裂独立的倾向逐渐增强。终于，他在货币上刻上了自己的名字并加上了"王"的称号，建立了事实上的独立王国。此后，他的儿子狄奥多特二世继承了王国。公元前 3 世纪末，一个名叫攸提腾的人杀害了狄奥多特二世并掌握了政权。塞琉古王朝的安条克三世率领军队远征巴克特里亚，从公元前 208 年开始，包围巴克特里亚首都巴克特拉长达两年。攸提腾经受住严峻的考验，双方于公元前 206 年缔结了和约。

当时，攸提腾向安条克提出，自己不是应受惩罚的叛乱者，而是消灭叛乱者狄奥多特一族重新夺回王国的功臣。于是，巴克特里亚就名副其实地获得了独立。而阿伊·哈努姆被认为就是该王国在东方的根据地。

公元前2世纪初期，攸提腾的继承者德米特里翻越兴都库什山脉远征，一直进攻到印度西北的犍陀罗。当时正值孔雀王朝末期，希腊人此后统治印度西北部长达一个半世纪。这被称为印度—希腊王朝。另一方面，巴克特里亚王国遭受到游牧民族的入侵，而阿伊·哈努姆也于公元前146年消逝在历史长河之中。

作为一个国家，巴克特里亚王国毫无疑问具备了希腊化王国的特征。狄奥多特一世以行省总督的身份起家，建立了自己的王国，这种方式以塞琉古为代表的继业将军们已着先鞭，而攸提腾暗杀国王夺取王位的做法也和卡山德有共同之处，脱离王国自成一国的方式也和帕提亚王国及后文即将提到的帕加马王国相同，都是希腊化时代的特色，当然其他时代和地域也会出现这些特征。尽管如此，可以说我们仍有充分的证据能证明巴克特里亚王国是一个希腊化国家。

希腊化时代的另一个特征就是王国的动荡不安。对此，笔者列举一些巴克特里亚王国特有的情况。货币是与巴克特里亚王国相关的最重要的史料，它向我们清楚地展示了那个时代的状况，在多次发掘中都发现了大量被藏匿起来的货币。之所以所有者会藏匿如此众多的货币，大概是因为他们面临游牧民族的入侵或迫在眉睫的战争等，为了保护自己的财产才不得已而为之。货币在藏匿之后未被动过，表明所有者没有再回来。换言之，巴克特里亚发现数量巨大的隐藏货币，说明巴克特里亚当时充满了战争和动乱，其中也包括游牧民族的入侵。

最边远的希腊都市　上文中已经提到，1965年法国考古学调查队发掘了阿伊·哈努姆，那么这座城市为我们展示了怎样的希腊化文化？

城市位于卫城和两条河流所夹的长方形区域内。卫城的山脚下是一条南北走向的大路，主要的建造物就位于大路与阿姆河之间，整个城市的布局呈现出希腊式的围棋方格状。大路的正中间有柱廊门，从这里向西，除了带有宫殿的行政区、居住区外，还有神殿、体育场、英雄庙和泉水，东侧则是剧场和军械库。整体上看，它具有希腊城市的典型特征，而且英雄庙中还发现了希腊语的碑文。碑文有从遥远的圣地德尔斐带来的寸言，还有讴歌人生理想的五行箴言。由此可知，阿伊·哈努姆的居民过着希腊式的生活。

问题是这种希腊式的生活与文化，与城市周边的居民之间有着怎样的联系？关于这个问题人们尚有争议，难以轻易下结论。依笔者推想，在阿伊·哈努姆的居住区内生活的始终是希腊人，他们过着的基本是与世隔绝的生活。至少很难认为周边的居民能自由出入城市，与希腊人平等往来。不仅是阿伊·哈努姆，东方的希腊城市在某种意义上是一个个孤岛，凭希腊城市的存在就直接大谈文化融合，未免过于性急。

阿伊·哈努姆遗迹　主神殿的遗迹。贝纳尔拍摄

此外，发掘阿伊·哈努姆的负责人贝纳尔教授指出，阿伊·哈努姆的建筑物受到伊朗文化及更早的美索不达米亚文化的影响。据其所述，阿伊·哈努姆建筑物在建筑技术方面大体上是希腊式的，但建筑的整体规划则是非希腊的。

例如，在宫殿建筑中行政区和居住区并存，用错综复杂的走廊将它们连接起来，这是阿契美尼德王朝和巴比伦尼亚宫殿的特征。个人的住宅也不是依希腊风格那样在中央配置中庭，而是在居住区域的北侧配置中庭，各房间被配置在最重要的房间的周围，并以走廊相互隔开，这种布局与波斯波利斯的宫殿及中亚的房屋布局有共同之处。神殿由广阔的前室及里面的三间主室构成，类似于帕提亚王国时代的城市杜拉·欧罗波斯（今天的萨西耶）的神殿，而后者更是可以追溯到新巴比伦尼亚时代的神殿。

综上所述，阿伊·哈努姆的建筑具有美索不达米亚、阿契美尼德朝波斯、中亚这三种样式的特征，可见就连堪称希腊城市典型的阿伊·哈努姆也并非只有希腊风格。然而迄今为止，用日语介绍阿伊·哈努姆的文献都完全遗漏了贝纳尔教授指出的这一问题。

东方文化的多元性

随着时代的变迁，我们不能简单地用一句"希腊风格"来描绘希腊化时代的东方世界。

1978年，苏联考古调查队在阿富汗北部的地利亚·泰贝（黄金之丘），发掘了六座被认为是公元前后贵霜人的墓葬。其中，在第三座墓中发现了一位被许多光彩夺目的工艺品包围着的年轻女性，这些工艺品有来自中国汉朝的银镜、帕提亚王国的货币、罗马皇帝提比略在卢格杜努姆（今天的里昂）铸造的罗马金币、以希腊语标记重量的银质带盖器具、希腊罗马样式的指环、来自印度的象牙梳子、雕刻有雅典娜女神全身像的椭圆形挂件等。这些工艺品来自地中海、美索不达米亚、波斯乃至印度、中国，堪称古代豪华工艺品的大聚会。在如此丰富多彩的古代文化中，不应仅授予希腊文化以特有的价值。

试举一个印度的例子，在孔雀王朝的首都华氏城发掘出百柱殿，它与阿契美尼德王朝的首都波斯波利斯的宫殿属于同一类型，由此可以推断，孔雀王朝的宫殿是仿照波斯风格建设而成的。此外，阿育王在修缮佛教圣地之时建造了纪念石柱，在高10米的柱子上面雕刻了狮子等动物。这与波斯波利斯宫殿的柱头属同一类型，且动物的表现样式还受到希腊风格的影响。随着时代的推移，石柱印度风格的特征迅速浓郁起来。然而，在印度美术的黎明期竟诞生出如此高难度的作品，如果撇开波斯及希腊文化的影响，实在难以想象。

在日本，犍陀罗美术被认为是希腊化文化的代表，但它不仅仅受希腊的影响，开始制作佛像的时间不是希腊人统治犍陀罗地区的公元前1世纪到公元1世纪前半期这一时期，而是贵霜王朝时代的公元1世纪后半期。据现在的研究可知，犍陀罗的佛教美术运用了希腊、伊朗、罗马三种美术样式和技法，所以比起"希腊起源说"，"罗马起源说"更具有说服力。

综上所述，我们应该把希腊化时代的亚洲理解为各种文化相互交织的多元化世界。虽然希腊文化在其中具有重要的地位，但归根到底也只是其中的一个要素。

文化的生命力　为避免误解，须先声明，笔者并非意欲低估希腊文化对东方的影响。相反，希腊文化在各地俘获了众多当地居民的心，这是不争的事实。那么，文化在扩展过程中，是怎样发生影响、进行融合的呢? 其发端就在于每个人实际接触异国文化事物时对其美妙之处的感受。

人们邂逅新的文化，被它的魅力折服，切实感受到它的美好，想要把它留在身边，进而想要掌握它、效仿它。有了这样的深切感受，异国文化才可能为新的土地所接纳并生根发芽。这便是文化的传播。

时空上的距离可能有些远，笔者想起了日本佐贺县有名的瓷器——有田烧。在日本，最早制作有田烧的是朝鲜的工匠。他们是在丰臣秀吉侵略朝鲜时被带到日本的。这些工匠在佐贺县找到优质的泥土，以此为原料烧制了精美的瓷器。这种瓷器以惊艳的外观俘获了众人之心，其制作一直持续至今。正是因为作品本身所具有的美丽和魅力，使其战胜了战争及掠夺等厄运，得以延续了下来。与此相通，所谓的希腊化文化也经历了数不清的战乱及民族迁徙浪潮，战胜了重重困难才得以传播并延续下来。无论是绘画还是雕刻，希腊人制作的每部作品，其自身都具有独一无二的美丽和魅力。因此，希腊文化在亚洲各地俘获了众人之心，为新文化的产生提供了所需的能量。我们必须坦率地承认希腊文化所具有的生命力。

亚历山大的统治充满了战争和破坏。他的远征给亚洲各地留下了深深的伤痕。如果说此后亚洲产生了新文化——希腊化文化，这并非因亚历山大的远征而产生，根本原因在于优秀文化所具有的生命力和人们对它的信赖。这可能也成为我们的优秀文化在今后的时代会延续下去的一个依据。

通向罗马的希腊化文化

希腊化的旗手是罗马人　　　前文提及犍陀罗美术之时，笔者曾指出它受到罗马的影响。希腊文化是向东扩张的，这与位于希腊以西的罗马又有什么关系呢？实际上，若忽视罗马的存在，我们就无法探讨希腊化文化。

公元前 146 年，巴克特里亚的希腊城市阿伊·哈努姆因游牧

民族的入侵而消失在历史的
长河中。恰巧在这一年，罗
马消灭迦太基，同时把希腊
变为行省。希腊人在东方的
重要根据地消失之时，罗马
人却踏上了征服整个地中海
的征途，迈出了无法后退的

亚历山大镶嵌画 骑马的亚历山大和乘坐战车的大流士三世。那不勒斯考古学博物馆藏

一步。此后，行省希腊的文化传入罗马，以汹涌澎湃的势头流行
开来。罗马人如饥似渴地吸收希腊文化的精髓，涉及文学、哲学、
辩论术、美术、建筑等众多领域。

　　以上所述最好的例证之一，就是有名的亚历山大的镶嵌画。
这幅精彩的画作描绘了亚历山大与大流士三世的决战，发现于因
公元79年维苏威火山爆发而被掩埋的庞培古城。这幅镶嵌画为
什么会出现在庞培古城呢？实际上，镶嵌画的原画是希腊画家费
罗萨努斯于公元前300年左右依马其顿国王卡山德的要求绘制
的，用于装饰其首都佩拉的王宫。然而，公元前146年，罗马军
队在镇压马其顿的叛乱时，洗劫了首都佩拉，带走了数量庞大的
战利品，其中就包括这幅画。后来因某些机缘，这幅画在罗马人
中广为人知。公元前120年到公元前100年，庞培城的一个被
称作法乌诺斯之家的大宅在改建之时，大宅主人引进当时流行
的希腊风格，依原画创作了镶嵌画装饰在会客室的地板上。据
推测，火山喷发时被埋的庞培城的人口在一万几千到两万人。亚

历山大镶嵌画的出现表明希腊化艺术的杰作深受城市富裕阶层的欢迎。

像这样，经由罗马人的摄取，希腊文化披上了新装，被移植到广阔的土地上，扎根于整个地中海世界。当然，地中海世界也包括了纳入罗马帝国版图中的西亚和北非，即小亚细亚、叙利亚、埃及、美索不达米亚等地域，这都是亚历山大征服过的土地。今天我们在西亚各地看到的古代城市的遗迹大部分都是罗马时代建造的。公元前146年是地中海和中亚地区各自历史上划时代的一年，也是宣告罗马与希腊化文化开始紧密结合的一年。

另一方面，罗马人沿着贯穿红海和波斯湾的海路，不断扩大与印度的贸易。纪元前后，罗马人发现了向东的季风，乘风而行从阿拉伯半岛南岸到达印度西海岸仅用两周时间。罗马人从印度购买香料、宝石、珍珠、象牙、棉布、中国的绢等，而印度则从罗马手中赚取大量金币。公元1世纪至2世纪，海上航路使得印度与罗马间的贸易繁盛起来。犍陀罗美术正是在这样的历史背景下，迎来了鼎盛的时代。可以说，影响了犍陀罗美术的罗马文化，实际上是向西迁回传播的希腊化文化。

综上所述，罗马人才是希腊文化真正的继承者，也是传播希腊化文化的旗手。

遗赠给罗马的帕加马王国

罗马从希腊化世界继承的遗产中，还有位于小亚细亚西部的繁盛的帕加马王国。这个王国最后的国王阿塔罗斯三世在公元前133年立下遗嘱：无论如何也要将自己的王国毫无保留地遗赠给罗马。

帕加马王国的宙斯大祭坛　众神与巨人族的战斗。女神阿耳忒弥斯与巨人奥托斯的浮雕。帕加马博物馆藏

在此之前只不过是一个村子的帕加马，为什么能够成长为希腊化世界中屈指可数的王国？公元前302年，继业将军之一的利西马科斯把他保管在帕加马卫城的九千塔兰特的财宝委托给部下菲来泰罗斯来管理，这也成为帕加马崛起的契机。此后，菲来泰罗斯依附于塞琉古，在塞琉古被暗杀后他虽然依旧承认塞琉古王朝的宗主权，不过另在帕加马确立了统治。其后继者攸美尼斯（一世），于公元前262年击败了塞琉古王朝安条克一世的军队，实现了独立。攸美尼斯重视文化事业，保护学术和艺术，成为哲学家们的资助者。这种文化政策被后来的阿塔罗斯、攸美尼斯二世继承并取得了显著成绩。阿塔罗斯于公元前228年登上王位，他采取亲罗马的政策，在希腊化世界逐渐崛起。他以雅典娜女神为守护神，以雅典为榜样，谋求城市与艺术的繁荣发展。

其后的攸美尼斯二世与罗马结成同盟击败塞琉古王朝，依据和约获得了小亚细亚的西半部分。他以丰厚的财力做后盾，积极地推进建筑事业的发展，努力把帕加马建设成壮丽的希腊化王国。帕加马王国的历代国王都清楚，艺术与建筑是表现国家政策和威信的重要手段，因此他们在文化事业方面投入了大量资金。在海拔三百三十三米的卫城上建造了宫殿、宙斯大祭坛，以及鳞次栉比的神殿、剧场、图书馆和体育场。置身其间仿佛置身于全盛时期的雅典，而登上卫城的顶端则会产生一种超脱人世、向众神的世界迈近一步的感觉。品味这种高度，就能很好地理解国王们要把帕加马建设成为希腊文化新中心的高远志向了。

帕加马王国繁荣的外在条件是和罗马结盟，而为其艺术表现提供内在动机的是打败"野蛮民族"取得的胜利。这些"野蛮民族"是东邻的比提尼亚人以及由欧洲入侵而来的凯尔特人的一支——加拉太人。尤其是加拉太人，他们与塞琉古王朝结成同盟，就是以战胜加拉太人为契机，阿塔罗斯才宣布称王的。

曾经的雅典也因击退了异民族波斯人而开辟了国家繁荣的道路。与此相同，击退"野蛮民族"的胜利，增强了帕加马王国认为自身才是希腊文化守护者的自觉。阿塔罗斯一世在雅典奉纳纪念群像，攸美尼斯二世和阿塔罗斯二世在雅典捐赠列柱馆就是基于这种思想。

如果有文化中心，就必须要有相应的周边。这种中心与周边、文明与野蛮，两者相互对立的思维方式贯串了希腊文化，后来的希腊化文化也继承了这一思维方式，再后来的继任者罗马也是如此。

蔑视东方的目光

如前所述，希腊化概念所包含的最重要问题是：一方面是希腊中心主义，认为希腊文化具有普遍性，是至高无上的；另一方面是蔑视东方的思想，认为古代东方文化是劣质的、野蛮的文化。其实这种价值观并非首先出现于19世纪的欧洲，而是可以追溯到罗马时代。罗马帝政时期的传记作家普鲁塔克，除了《希腊罗马名人传》以外，还创作了《道德论丛》这一大部头的论说集。在其中，有一篇《论亚历山大的命运和德行》是如此论述的：

> 他训示希尔卡尼亚人尊重婚姻对双方的约束力，教导阿拉考西亚人耕种土地、栽培作物，说服索格底亚那人奉养自己的父母而不是将他们活活饿死，还劝导波斯人不要与父亲的妻室和侍妾产生配偶的关系。多亏了亚历山大将文明的源头活水注入亚洲，荷马的作品成为普通读物，波斯人、苏西安纳人和格德罗西亚人的儿童都学会如何欣赏索福克勒斯和欧里庇得斯的悲剧。亚历山大使整个巴克特里亚和高加索地区，都知道应该尊敬希腊的神明。亚历山大还为野蛮的部落建设了七十多座城市，在亚洲各地任用希腊的官吏，改变了过去未曾开化和有如禽兽的生活方式。

> 亚历山大深信自己是受神的指派来统治万民的，是全世界的调停者。他把人们的生活样式、习惯、结婚等，像在"亲爱的杯子"中搅拌混合那样，把所有的东西统合为一了。

在普鲁塔克的笔下，亚历山大被描绘成给野蛮的东方带来文明的功臣、文明的使徒，甚至是全世界各民族的统一者，这与当时的历史背景有关。罗马帝国统一了地中海世界，给周边"落后"的各民族带去了和平与文明。因此，普鲁塔克赋予亚历山大与"罗马和平"时代相适应的历史意义。近代的希腊化概念与此也有异曲同工之处，只是相当于文明中心的希腊、罗马被近代的欧洲替代，而地中海周边的野蛮民族则与沦为殖民地的亚洲、非洲相重合。希腊化的概念在19世纪的欧洲诞生绝非偶然，可以说是与西欧帝国主义列强想要掌控整个地球、移植欧洲文明的思考方式相适应的。像这样，文明的使徒这一古罗马的亚历山大形象在近代复活了，他更是被视为文明开化的旗手，具有融合东西方这一宏大理想的先行者。批判性地对待上述希腊化概念所包含的价值观，是今天亚历山大研究的重要课题。

那么，今后应如何处理希腊化这一概念呢？一种方法是把这一词语单纯作为划分时代的概念，以价值中立的立场来使用。也就是把从亚历山大登场到克娄巴特拉死去的这三百年间视为一个时代，称为希腊化时代，这个时代所产生的文化称为希腊化文化，但概念中不包含与希腊、东方相关的价值判断。

然而即使如此使用，也无法从一个概念中完全抹杀其形成的历史背景。即使不包含价值判断，这一概念依然有希腊文化扩展到东方的时代这样的含义，如果将其剔除的话，希腊化这一概念本身就不成立了。对此，我们应该对包含希腊文化在内的多样文化在亚洲的发展状况进行实证性研究，只有这样才是公平的。

亚历山大帝国的历史意义

是断片还是连续

在第一章末尾叙述本书的执笔方针时，笔者强调了应在历史长河中评价亚历山大的业绩。那么，应怎样以历史发展的眼光来评价他的帝国呢？评价的依据是要弄清楚在他之后的世界发生了怎样的变化。具体来讲，就是要关注在经历了亚历山大的统治后，阿契美尼德王朝与希腊化时代发生了怎样的变化。

人们曾经认为亚历山大的远征使亚洲发生了翻天覆地的变化。波斯帝国覆灭，大量希腊人移居进来并诞生了希腊化文化，这些事情给人的感觉如同打开了新世界的大门一般。然而，近年来的研究更强调连续性而不是断片。亚历山大继承了阿契美尼德王朝的统治组织，从帝国内的各个地域来看的话，只不过是更替了统治者，在行政及社会状态层面看不出有多大的变化。

这一观点同样也适用于塞琉古王国。塞琉古王朝的国王们建设了很多城市，以迁移进来的希腊人作为王权的基础，另一方面又与波斯贵族妥协，共同统治普通农民和民众。因此，自阿契美尼德王朝以来，国家统治与社会基本结构都没有发生变化。

那么，希腊人大量出现在东方世界难道不是新现象吗？实际上，在亚历山大登场之前，希腊人就已经活跃在东方世界了。波斯波利斯宫殿的建设就有小亚细亚的希腊工匠参加。公元前7世纪以后，在埃及，希腊人把尼罗河三角洲的城市诺克拉提斯作为据点开展贸易活动。在巴克特里亚地区也出土了大量亚历山大以前的希腊货币。此外，还有希腊人被强行迁移到波斯的例子，如在公元前490年的希波战争中，优卑亚岛的埃瑞特里亚人遭到逮捕，并被强制移居到苏萨近郊。

然而在亚历山大以前，这些希腊人对东方世界的影响是有限的，亚洲社会发生显而易见的变动是在亚历山大东征以后。例如，在小亚细亚的非希腊人聚居区萨迪斯及西南部吕基亚地区的各城市，到公元前3世纪都实行了希腊式的国家制度。腓尼基的各座城市在努力摆脱继业者战争影响的同时，于公元前3世纪实现了由王政向共和政体的转变。此外，塞琉古王朝所实施的城市建设政策，给此前只是农业地区的叙利亚北部带来了城市生活。

像这样，远征加快了此前一直缓慢推进的希腊人向亚洲进军的速度，一下子扩大了希腊式生活和文化所及的范围，可以说实现了由量到质的转变。是断片还是连续，二者选其一的方式不一定妥当。但可以确定的是，亚历山大的远征，史无前例地扩大了希腊人的世界，培育了下一个时代社会和文化发展的新土壤。当然，如果没有他的卓越领导能力，这一切是不可能实现的。从这个意义上讲，亚历山大的统治在西亚、中亚的历史上具有划时代的意义。

帝国统治与异民族 　　一个国家被称为帝国的必要条件之一，是在这个国家的统治区域内生活着多个民族。因此，帝国统治成功与否的关键在于如何有效地统治不同的民族。

　　希腊各城市在给予外国人市民权这一点上表现得非常消极。外国人获得市民权只是非常例外的情况，即使对方同为希腊人，也只有对自己国家做出过巨大贡献才能获得。其中又以雅典尤为严格，只有双亲都是雅典人，并且是嫡出的男孩子才能被承认市民权。在希腊，市民权事实上是被特权化了，城市一直都处于封闭的共同体状态。这种倾向即使在希腊化时代也基本没有改变。

　　与此相反，罗马则积极地给予外国人市民权。其结果是罗马市民共同体不断扩大。罗马向意大利半岛以外扩展势力范围后，最初仅把市民权给予各地的统治阶级，然后逐渐从上层扩展到下层。从帝政开始，经历了大约两个世纪，到了公元212年，依据卡拉卡拉皇帝的敕令，所有居住在帝国内的自由人都成为罗马市民。制定万民法这一普遍法律体系的也是罗马人。

　　同样都是从城邦发展起来，希腊人拘泥于城市的狭小框架，罗马则因开放了市民权而成长为世界帝国。此外，阿契美尼德王朝虽然以波斯人为统治阶级，但构建了各民族和平共处、互相交流的统治体系。波斯波利斯的浮雕上描绘了王国独特的理念——王权不是用来压迫各民族的，而是由各民族共同支撑的。帝国的王权是由主神阿胡拉·玛兹达所赐予的，国王只是神在大地上的

支撑阿尔塔薛西斯一世宝座的人们
波斯波利斯的浮雕

代理人，负责守护这个世界的秩序。在这样的历史背景下，亚历山大帝国又是怎样定位的呢？

在亚历山大东征所到之处，很明显，亚洲的人口要远远多于希腊人、马其顿人。要怎样才能与众多民族和谐相处呢？这不仅是亚历山大，也是马其顿人和希腊人首先需要面对的问题。远征军将士们的想法非常单纯。他们认为，作为征服者的自己成为帝国的统治者，被征服的波斯人等亚洲的各民族只要老老实实地服从就可以了。如第六章所述，这种想法我们称为马其顿国家中心主义。与此相对，亚历山大提拔旧波斯贵族来担任高官，又把大量的亚洲年轻人编入军队，以多种形式把亚洲各民族纳入统治体制中，这种方式我们称为东方合作路线。在这一点上，亚历山大与传统的希腊、马其顿中心主义完全不同，向符合新时代要求的统治迈进了一步。

然而，亚历山大的政策终究只有一个开端，离完善的制度还相距甚远。因对波斯总督进行大清洗，他的东方合作路线遭遇了挫折。把亚洲人编入军队也不过是应对兵力不足的政策。如第七章所述，亚历山大融合各民族的政策也是虚构的，亲信们的集体婚礼基本上没有结果，马其顿士兵与亚洲女性的通婚只是在远征的过程中产生的结果。亚历山大要收养士兵们的孩子，只是想把他们变成自己的手足，组成能任意支配且忠于自己的军队。这并非开创了新制度。

总而言之，亚历山大的异民族政策都是为应对不同时期的状况而采取的临时政策。这种方式说好听点是灵活，说不好听点就是敷衍了事。在他之前，在阿契美尼德王朝统治下各民族和睦共存，在他之后，罗马帝国积极扩大市民权，在罗马法这一普遍法律体系之下实现了对全部市民的统合。亚历山大的统治在两者之间，能够看出还处于不断摸索的阶段。之所以说是不断摸索，是因为在他的政策中，找不到适应空前的大帝国统治的实质性理念，这一点与近代的例子比较一下就容易理解了。

与亚历山大一样，如果提到身为天才统帅的征服者，人们就会想到拿破仑。但是，拿破仑不仅是军事征服者，还是近代法国的建设者。拿破仑制定的制度，如中央集权下的地方制度、后期中等教育、荣誉军团勋章等，一直延续至今。最重要的是，他颁布了《拿破仑法典》，构建了与市民社会相适应的法律和秩序的体系。从这个意义上来说，他是脱离封建社会、打开近代之门的征服者。

不论是与拿破仑对比，还是与古罗马对比，都找不到亚历山大帝国的指导理念。他的帝国的极限就在于此。这是因为他仅仅追求自己的荣誉，一味地征服而不是建设国家，亚历山大帝国彻头彻尾是一个只属于亚历山大一个人的帝国。

巴克特里亚与阿富汗之间 在思考亚历山大与现代之间的联系时，有一个阴暗面是不能忽视的。

整个东征过程中，最为艰苦的战斗发生在中亚（巴克特里亚和索格底亚那）和印度西北部。在这两地，展开的都是以当地全体民众为对象的血腥歼灭战。在阿姆河附近，固守在山中的三万名当地居民中有两万两千名被杀害。在索格底亚那地区，加萨的男子全部被杀害，集中在西罗波利斯的一万五千人中有八千人牺牲。在坡利提米塔斯河流域，躲进堡垒的当地居民被一个个地杀害。这片为河流所滋润、养育了众多人口的肥沃土地也因战争而荒废。

这些战争是历史上频繁出现的战争模式的开端，即由最强的军队发动的侵略战争和血腥屠戮。尤其是在包含古代巴克特里亚地区的阿富汗，亚历山大制造的悲剧在跨越两千数百年后又再次上演。

在 19 世纪，英国为了应对俄国的威胁，迫使印度军队侵入阿富汗，两次发动阿富汗战争（1838—1842 年、1878—1880 年），却遭受了毁灭性的惨败。20 世纪，苏联发动侵略阿富汗的战争，并建立亲苏派政权。阿富汗全国上下都被卷入战争的泥沼中，直到十年后苏联才退兵（1979—1989 年）。对阿富汗发动的侵略战争也成为了促使苏联解体的原因。21 世纪，美国在"9·11"连环恐怖袭击事件之后，对阿富汗发动了进攻。这次战争的原因是塔利班政权藏匿了被视为这次恐怖袭击事件主谋的奥萨马·本·拉登。但是，奥萨马·本·拉登并没有被逮捕到，直到现在还行踪不明（编注：2011年5月本·拉登在巴基斯坦被美军击毙）。

　　大国的入侵和攻击给阿富汗民众带来了难以想象的灾难。据统计，1992年阿富汗的人口是两千万，自苏联入侵以来，在长达二十年的内战中，有二百五十万人被杀害或饿死，逃到国外的难民超过六百万人，平均每天有七人踩到地雷。更严重的是，美国向这个世界上最贫穷、最凄惨的国家投下了大量炸弹，破坏大量民房，竟然连结婚典礼也被"误炸"。

　　在美国开始进攻阿富汗的时候，笔者记得在某杂志上有评论指出，成功征服阿富汗的唯一外国人是亚历山大。但是他真的成功了吗？进军印度的时候，他在巴克特里亚和索格底亚那留驻了一万五千名步兵和三千五百名骑兵。留下了如此规模的军队，可以证明当地的状况是多么不稳定。其实谁也不能完全控制阿富汗。2001年，伊朗的电影导演莫森·玛克玛尔巴夫对阿富汗的地理条件与部族主义的关联做出如下描述：

　　　　可以想象一下，为了征服阿富汗，战士们必须一直攀爬到山顶，然后下到峡谷，为了继续进行征服活动，还得攀爬到另一个山顶。假设这些战士能征服阿富汗全境，实现这个根本不可能实现的事情，为了胜利之后自己的军队能够得到补给，还必须要不断地征服所有的山峰。正是因为有这些山存在，阿富汗不会完全落入外敌之手，也不会归于国内的某一方势力之手。以外人的眼光来看阿富汗人和苏联的战争的话，能看到阿富汗的国民一致对外。如果从内部来看的话，则可以看到各个部族在守卫自己所属的峡谷。而当外敌离开的时候，各部族的人则再次深信自己的峡谷是世界的中心。(《阿富汗的佛像不是被破坏，而是因耻辱而崩溃》)。

亚历山大想要控制古代阿富汗所有山峰和峡谷的想法，只不过是幻想而已。在他死后，被强行迁居到中亚的两万三千名希腊人发动起义要求返回祖国。与后来的英国、苏联、美国一样，应该说亚历山大在阿富汗也失败了。

无止境的杀戮　　到了印度西北部，亚历山大发动的歼灭战变得更加血腥。在希德拉欧提斯河（今拉维河）以东的城市桑加拉被攻陷时，有一万七千人丧命，七万多人被捕。其附近另一城市有五百名居民因为生病无法逃跑而全部被杀害。在萨姆博斯王的国家，有八万人被杀害，很多城市遭到破坏，居民沦为奴隶。在一座有两万名居民固守的城市，亚历山大下令纵火，大多数居民被烧死，只有三千人得以逃脱。马利亚人的牺牲也是非常巨大的，固守堡垒的两千名居民全部被杀害，另一城市因战争和纵火有五千人丧命。在马利亚人最大的城市，马其顿士兵因亚历山大受重伤差点丧命，激怒之下，展开疯狂的屠杀，连妇女儿童都没放过。当然，这些数字的可信度值得怀疑，牺牲者的准确数目也无法得知。尽管如此，遭遇到像现代的越南战争那样的人民战争，无数人惨死在马其顿军队的屠刀之下是不容争辩的事实。

到底为什么会发生如此凄惨的悲剧呢？仅以对亚洲人的歧视来解释是不能说明问题的。与地中海地区完全不同的自然环境，残酷的战争持续不断，因国王的负伤及战友的牺牲所产生的复仇之心，不易恢复的精神疲劳，再加上看不到远征结束的希望，这一切都使得士兵的精神变得颓废，眼前仿佛到处都是一望无际的泥泞。于是，长期积蓄的郁愤都被发泄在眼前的弱者身上。亚历山大为了能让士兵们继续远征，也纵容了这种残忍暴虐的行为。然而这样一来，他们所到之处，当地居民更加恐惧，越来越多人拒绝归顺，然后出现了更多的牺牲，从而陷入一种恶性循环之中。

从被征服者的视角来看的话，亚历山大的远征可以说开创了大国横行霸道的先河，给人类历史带来了惨重的灾难，直至今日仍未停止。只是强调这一方面也是片面的，亚历山大的人物形象多面而复杂，甚至不仅仅停留在现实世界。

从历史到史诗　　　　首先需要指出，亚历山大并没有什么实质性的理念。如果一定要谈亚历山大的理念，

在玻璃箱中探查海底的亚历山大　14世纪法国的"亚历山大罗曼史"的写本。牛津大学博德利图书馆。出自
Alexander the Great

也不是从帝国和社会的层面，而是从亚历山大个人的层面。

亚历山大追求的是成为超越人类的英雄，使自己名垂千古。这可以追溯到荷马笔下的社会，是希腊人古老的价值观。从这个意义上来说，他的功绩是最纯粹的表现。在公元前4世纪希腊各城市不断衰退之时，他继承了希腊人的价值观，将其演绎到极致，甚至远远超越了荷马史诗所描述的规模。可以说，他的一生就是一部史诗。他那只想着超越人类界限的一生，在他死后从历史升华为史诗。

事实上，有关亚历山大的很多传说、民间故事，被添枝加叶改编成"亚历山大罗曼史"这种充满空想和幻想的传奇故事，其渊源是公元3世纪左右完成的、误传为卡利斯钦斯所作的《亚历山大大帝传奇》。这部作品被翻译成多国语言，又被随意加以修订、窜改。从中世纪到近代，从欧洲到非洲、中东、东南亚广泛流传，出现了二十四国语言，八十多种版本。

在这些传奇故事中，亚历山大上天下海，几乎无所不能。在中世纪的欧洲，他是理想中的骑士、哲学家、传教士、占星家、炼金师，各种形象不一而足。在琐罗亚斯德教的世界中，即便他因焚毁了经典阿维斯陀经（当时经典尚未成书）而被视为三大恶人之一，波斯的民众依然把他视为英雄。在伊斯兰世界中，他被视为超人战士，甚至某本书上还记载说他翻越西藏一直进军到中国。在中亚，时至今日，各地仍有很多人自称是亚历山大的子孙。这与日本的平家流亡者传说类似，也与亚历山大的民间故事有关。

我们不应把这些传奇故事视为无稽之谈而弃之不顾。超越了时间与空间，诞生了如此丰富多彩的传奇故事，这是因为亚历山大其人其事足以构成一篇史诗。所谓史诗，就是以英雄人物的功绩为中心，讲述与整个民族相关的大事件的作品。史诗中的英雄必须是一个完美的人物，他必须具备勇武、魄力、高贵的灵魂等该民族理想中的能力与美德。对于希腊和马其顿人来说，远征东方是整个民族的大事业，而与之相匹配的英雄只有亚历山大。亚历山大作为理想的人物，他的形象又进一步超越时代和民族的界限流传开来。像这样，亚历山大作为史诗的主人公永远活在后世人们的心中，他迫切地渴求名垂千古的愿望也成了现实。从这个意义上来说，亚历山大出色地发挥了其历史作用。

结束语

亚历山大大帝的追求　　最后，以回答大家对亚历山大的共同疑问来结束本书。

亚历山大到底是为了什么才毅然进行这样大规模的远征呢？这是关于亚历山大最单纯的疑问，同时也是最大的疑问。在阿里安的传记中出现过亚历山大的演说，其中有此问题的线索。在印度的希法西斯河畔，当军队拒绝继续前进的时候，亚历山大把部队长们召集起来，讲述了自己的宏伟计划，鼓舞他们继续远征。然而，这个演说经过阿里安重建，并不是亚历山大演说内容的原样记录。阿里安是罗马时代的知识分子，他的记载不可避免地掺杂有他自己的理解。然而以此为依据，我们还是能够推测亚历山大的目的。

亚历山大在演说中曾这样说过：

对于志向高远的人来说，只要能够完成辉煌的大事业，不论经历怎样的艰难困苦都是值得的，而艰难困苦其自身是没有界限的。

与此相关，阿里安在下文中是这样评论的：

究竟亚历山大心里是怎么想的，我猜不准，因为我没有什么根据，而且我也不想猜。但有一点我是可以断言的，这就是：亚历山大雄心勃勃，绝不会满足于已占有的一切。即便是在亚洲之外再加上欧洲，把不列颠诸岛也并入欧洲，他还是不会满足。他永远要把目光投向远方，寻找那些他还未见过的东西。他永远要胜过对手。实在没有对手时，他还要胜过他自己。（第七卷第一章）

这些记述是理解亚历山大内心世界的重要线索。如第八章所述，亚历山大的心性与荷马笔下英雄们的心性是一样的，都以永不磨灭的荣誉作为自身的追求。荣誉常常要与胜利相伴，因此不论何时何地，他都在寻找敌人、打败敌人、取得胜利，以确保自己永远处于不败之地。只有这样才能证明他拥有常人难以匹敌的卓越才能，证明他是超越常人的英雄。正是这种追求荣誉的欲望从他的内心中喷涌而出，成为了他征服世界的原动力。

那么，当一切都征服了，没有值得击败的敌人和竞争对手时，又该怎么办？到那时，只有挑战自己，自己打败自己。像这样，挑战和胜利永无止境。其实对他来说，战胜敌人、打败竞争对手，就已经是对自己的挑战。对手是他人，也是他自己。即使是到达了世界的尽头，他可能还会为自己创造出新的、需要征服的世界尽头。不论世界的尽头是真的存在，还是只存在于他的心里，这并不重要，关键是开拓精神永远不会消失，或者应该说是永远不能让它消失。

总而言之，我们不能以特定的目标、具体的事物来表现亚历山大的追求。挑战、胜利，这些本身就是亚历山大的追求。对于一个人而言，没有什么比这种生活方式更加纯粹的了。然而，为了自己的追求，究竟有多少人丧失了性命，又有多少城市和地区惨遭破坏呢？如果考虑到他引起的牺牲及带来的灾难，是否可以说亚历山大是一个闻所未闻的利己主义者，或是一个彻头彻尾的自我中心主义者呢？

士兵们为什么要追随亚历山大？

在亚历山大身边，马其顿将士们常常如手足一般跟随着他。这些将士们为什么会忠实地追随他直到最后呢？最简单的答案是：因为除此之外没有其他选择了。在离祖国数千公里的陌生土地上，除了依靠亚历山大，还能依靠谁呢？离开了亚历山大就意味着自己的生命没有保障，不服从他就不能安然无恙地回到祖国。

这个问题还有另一个答案：因为亚历山大与士兵们以共同的

价值观结合在一起。普通的马其顿人也和亚历山大一样，为追求荣誉而生存。在他们看来，荣誉是只有在战争中获胜才能取得的报酬。为了获得比别人更高的荣誉，就必须取得相应的战绩，因此必须不断地与同伴们竞争。战争中勇敢的人能得到亚历山大的认可，能升迁，获得更高的地位、威信和战利品。为了获得荣誉和威信而无休止地竞争，这是维持马其顿全军士气的机制。亚历山大正是以这种机制统治着军队的上上下下。

换种说法，这其实是名为军队的宫廷社会。就像埃利亚斯的名著《宫廷社会》中描述的那样，在 17 世纪路易十四的凡尔赛宫，形成了以国王为最高点的宫廷秩序，所有的贵族都被编进严格的等级序列之中，被卷入对威信的无休止的竞争中。在这个封闭的世界中，任何微小的变化都逃不过众人之眼，谁都想比别人领先一步，为此展开一场神经高度紧绷的战争。与此相同，马其顿士兵们远离祖国，在远征军这一封闭的世界中，他们围绕着战功与荣誉的争夺，展开了无休止的竞争。在竞争中取胜并提升自己的地位，这才是他们生存的信念，才能保证他们作为亚洲统治者而占有一席之地。他们没有想过要在这种环境之外的世界里生存。

亚历山大能成为理想的领袖吗？

最后，我们应如何评价作为领袖的亚历山大呢？确实，他是伟大的统帅，具有无与伦比的超凡魅力，释放出强烈而迷人的光彩。但是，他的伟大也被深深地刻上了那个时代的烙印。他的英雄气概，是那个人神难分的时代的固有产物。也正因为如此，他才会相信自己是英雄，周围的人才会把他当作英雄来崇拜。有了英雄信仰，才会有亚历山大的超凡魅力与迷人光彩。他作为统帅的非凡天赋，只有在战争胜利就是一切价值源泉的时代，才能得到充分磨炼与发挥。他追求永不磨灭的荣誉、征服世界尽头的心性，也来源于古希腊那种把荣誉当作人生终极目标的价值观。

这样说来，有人可能会觉得是在贬低这位旷世英雄，其实并非如此。不论是任何人，都不可能脱离时代的束缚。某个人物之所以伟大，是因为他总括了那个时代的价值意识，将其潜在的可能性充分发挥出来，变成现实。亚历山大追求古代希腊人的价值观，最终达到了极致，取得了空前的成果。这种价值观便是战功与荣誉就是一切的一元价值观。他不仅自己以其作为依据，还把这种价值观灌输给将士们，使将士们接受他的强势领导。他的伟大有一个必备条件，那便是整个时代都一致接受古代战士所特有的价值观。

那么，今天的我们能从亚历山大这个人物身上得到怎样的教训呢？坦率地讲，有这样的领袖对我们来说并不是一件幸福的事。这不是从个人好恶方面来说的。亚历山大伟大的终极秘密在于整个社会一元的价值观。即使是在现代，如果处于一个封闭的国家或社会，或者时代朝着一个方向快速滑落的话，像亚历山大那样的强势统治，可能也会发挥出同样的效果。如果出现这样的情况，被掌权者绝对化、视为唯一的价值观，肯定会被灌输到国家、社会的各个角落。实际上，20世纪的人类不是已经多次经历过这样的统治所带来的空前灾难了吗？

笔者想起了贝尔托·布莱希特的剧本《伽利略传》中的如下的台词：

> 安德雷亚：没有英雄的国度是不幸的！
> 伽利略：错，一定要有英雄的国度才是不幸的！

亚历山大的种种天资和性格，时至今日仍具有非凡的魅力。然而，魅力四射的亚历山大与作为专制君主的亚历山大是不同的。如果理想的世界被定性为多种价值观并存、人类和平共处的话，那么，应该说亚历山大模式的权力是有害的。我们不应一味赞美他的伟大，更应该批判性地重新审视产生他这样的人物所需的社会前提条件，把亚历山大当作伟大的反面教材或许是有益的。21世纪的任务应是以此为基础，探寻符合宽容、共存要求的新领袖形象。

主要人物小传

阿塔鲁斯（Attalos，公元前 4 世纪前半期一前 336 年）

马其顿贵族。腓力二世的外戚，亚历山大的宿敌。公元前 337 年，在其侄女克娄巴特拉与腓力二世结婚的喜宴上，声称祝福二人将来诞下正统的继承人。这一举动激怒了亚历山大，两人变成不共戴天的死敌。此后，他作为克娄巴特拉的监护人，在宫廷中具有很大的影响力。公元前 336 年，在腓力二世派遣远征东方的先遣部队前往小亚细亚时，阿塔鲁斯被选为三名指挥官之一。然而同年，腓力被暗杀，阿塔鲁斯也被亚历山大派遣的部下暗杀。

阿里安（Flavios Arrianos，公元 2 世纪）

罗马帝国时期的军人、政治家、作家，亚历山大传的作者之一。公元 1 世纪末出生于小亚细亚城市尼科美底亚（今天的伊兹米特）一个拥有元老院议员身份的希腊名门之家。曾师从哲学家爱比克泰德，后受某罗马高官的赏识，参与图拉真皇帝对帕提亚王国的远征。这次远征被视为亚历山大远征的翻版。在哈德良皇帝时代，担任罗马帝国东部边境行省卡帕多西亚的总督，曾与北方斯基泰系的游牧民交战。因其在罗马和平时代历任要职，拥有巨大声誉，而被称誉为"第一等的罗马人"。余生专心于著作，题材广泛，除了《亚历山大远征记》《印度志》以外，尚有其出生地乡土志《比提尼亚志》、彰显图拉真远征的《帕提亚志》、依据总督时期经验的《黑海环游记》等。他的亚历山大传，以公认可信度最高的托勒密和阿里斯托布鲁斯的作品为依据，批判当时流传的亚历山大暴君说，描绘了作为伟大统帅的亚历山大形象，在近代的研究中，被认为是最为准确的，长期被视作正史。

亚里士多德（Aristoteles，前 384 年—前 322 年）

古代希腊哲学家。亚历山大的老师。出生于卡尔基迪克半岛的小城市斯塔基拉。其父是马其顿宫廷的侍医尼科马科思，因此其少年时期在马其顿首都佩拉度过。十七岁时，赴雅典游学，在柏拉图的希腊学园学习了二十年。公元前 347 年，柏拉图逝世后，辗转小亚细亚的阿索斯、莱斯博斯岛的米蒂利尼，公元前 343 年，应腓力二世之邀，担任亚历山大的宫廷教师，在米埃扎任教三年。其间培养亚历山大对文学乃至医学的兴趣，以自己所校订之《伊利亚特》相赠。亚历山大即位的第二年，即公元前 335 年，亚里士多德移居雅典，在吕克昂创立学院，因漫步在柱廊间辩论，而得名为"逍遥学派"。公元前 327 年，其外甥卡利斯钦斯被处死，相传亚里士多德开始对亚历山大怀有恶意，甚至流传亚里士多德参加暗杀亚历山大的计划，并亲自调制毒药的谣言，然而这是没有根据的。公元前 323 年，亚历山大辞世，雅典加入反马其顿的起义。亚里士多德被视作亲马其顿派，以渎神罪遭到起诉。后逃至优卑亚岛的卡尔基斯，第二年去世。

阿里斯托布鲁斯（Aristobulos，公元前 4 世纪前半期—公元前 3 世纪初）

亚历山大传的作者之一。远征途中，亚历山大命其修复波斯国王居鲁士二世的陵墓，可见他曾是工程师、建筑家。亚历山大逝世后，回到马其顿，为卡山德的统治效力。相传公元前3世纪初，八十四岁时开始执笔亚历山大传。他的作品被认为可信度较高，既不刻意迎合亚历山大，亦不歪曲事实，被罗马时代的阿里安广泛运用。

亚黑大由斯（Arrhidaios，前358左右—前317年）

腓力二世之子，亚历山大的兄弟。马其顿名义上的国王。其母为色萨利贵族出身的菲莉纳。其本人是智障，不能参加宗教仪式以外的国事。远征东方时期他的情况尚不明确，在亚历山大逝世之时，他身处巴比伦宫廷。马其顿将领达成协议，由他继承王位，是为腓力三世。后处于摄政帕迪卡斯的保护之下，并与自己的侄女欧鲁迪凯结婚。公元前321年，帕迪卡斯死后，随新任摄政安提帕特回到马其顿。安提帕特死后，王权分裂，王室也一分为二，与拥护亚历山大四世的奥林匹亚斯对立。公元前317年，双方展开决战，其妻欧鲁迪凯率领的军队临阵倒戈，与妻子一起被奥林匹亚斯擒获，然后被杀害。

亚历山大四世（Alexandros IV，前323年—前310年左右）

亚历山大与王妃罗克珊娜所生之子，马其顿名义上的国王。在亚历山大去世两个月后出生（另一种说法是四个月后）。依据马其顿将领们达成的协议，腓力三世与亚历山大四世共同为国王。王室分裂后，受到祖母奥林匹亚斯的保护。在公元前316年奥林匹亚斯被杀害后，掌握马其顿实权的卡山德将他和母亲罗克珊娜一起移至安菲波利斯，置于自己监视之下。公元前311年，四位继业将军缔结合约，规定亚历山大四世成人之前，由欧洲将军卡山德负责监护。但公元前310年左右，卡山德将这对已没有利用价值的母子秘密杀害。至此马其顿王族血脉断绝。在公元前306年左右，两人的死讯散播开来，继业将军们以此为契机纷纷称王。

安提柯（Antigonos，前 382 年—前 301 年）

马其顿将军，继业者战争的中心人物，绰号独眼。他与腓力二世同龄，参与并见证了马其顿王国的崛起。在远征东方初期，负责指挥希腊同盟军。公元前 333 年，被任命为小亚细亚要塞弗里吉亚的总督。此后他平定周围地区；击溃在伊苏斯会战中残存的波斯将领们发动的反攻等，为小亚细亚地区统治的确立做出巨大贡献。亚历山大逝世后，与摄政帕迪卡斯对立，后逃往欧洲，揭露其野心，成为继业者战争爆发的原因之一。帕迪卡斯死后，公元前 321 年，在特里帕拉迪苏斯会议上被任命为马其顿全军指挥官，掌握亚洲的最高权力。此后，与其他将军们的战争持续不断，身处继业者战争的旋涡中心长达二十年。公元前 306 年，在塞浦路斯岛大胜托勒密的舰队，以此为契机，与儿子德米特里一起称王，成为希腊化王国的先驱。公元前 301 年，在小亚细亚的伊普苏斯会战中，被塞琉古与利西马科斯的军队击败而亡，其王国也土崩瓦解。

安提帕特（Antipatros，前 399 年左右—前 319 年）

马其顿将军，与帕曼纽同为国家重臣。腓力二世即位以前就活跃在军界。腓力被暗杀后，立即支持亚历山大继位，为王权的稳定做出了贡献。在远征东方时期，作为代理统治者统治马其顿及希腊本土，同时持续向前线输送增援部队。公元前 331 年，斯巴达国王亚吉斯发动起义，他率领希腊同盟军在内的四万军队南下，翌年春，在麦加洛波利斯会战中击败起义军。亚吉斯战败而亡。在本国的统治方面，苦于亚历山大母亲奥林匹亚斯的干涉。两人都向亚历山大写信中伤对方。与亚历山大的隔阂加深。公元前 324 年，亚历山大决定更换他，将他召至巴比伦。因此，也有流言称亚历山大骤亡是由于安提帕特派的毒杀。在巴比伦的会议上，安提帕特重新被认可，担任马其顿及希腊的全权将军。公元前 322 年，镇压了希腊各国的叛乱（拉米亚战争）。公元前 321 年，帕迪卡斯死后，在特里帕拉迪苏斯会议上被任命为摄政，率王室回国。公元前 319 年，在指定波利伯孔继任摄政后逝世，享年八十岁。这一指定激怒了儿子卡山德，成为王权分裂的原因。

昂西克里特斯（Onesikritos，公元前 4 世纪 70 年代—前 305 年之后）

希腊的哲学家，亚历山大传的作者之一，师从犬儒学派的第欧根尼。他似乎从一开始就参与远征东方。在印度的塔克西拉时，曾被派遣会见印度哲学家，在其劝说下，印度哲学家与亚历山大进行了会面。同时，他精通航海，在沿印度河南下的过程中，曾担任旗舰舵手，并参加了奈阿尔科斯的航海探险。他的亚历山大传是一部事实与空想随意混合的作品，与卡利斯钦斯的作品一样，强烈地奉承亚历山大。其作品中残留有描写印度的自然、风俗及婆罗门僧侣的片段记载。

奥林匹亚斯（Olympias，公元前 4 世纪 70 年代中期—前 316 年）

亚历山大的母亲，腓力二世的王后，品都斯山脉西侧摩洛西亚王国的公主，其父为涅俄普托勒摩斯。曾在萨莫色雷斯岛参加秘密宗教仪式，与蛇共舞，陶醉于激情的信仰之中。公元前 357 年，与马其顿国王腓力二世结婚，次年诞下亚历山大，再次年诞下克娄巴特拉。公元前 337 年，腓力娶了马其顿某贵族的女儿作为第七任妻子。奥林匹亚斯与儿子亚历山大感到王位继承权受到严重威胁，与腓力产生矛盾，于是回到故国摩洛西亚。第二年，腓力被暗杀，有传言称此母子二人为幕后黑手，但无确切证据。远征东方期间，曾频繁写信关注儿子的身边情况，并与代理统治者安提帕特对立。亚历山大逝世后，为了生存，企图将女儿克娄巴特拉嫁给继业将军中的一位，然而未果。亚历山大的正妻罗克珊娜和孙子亚历山大四世归国后，马其顿王权分裂，为了保住儿子的血脉，与波利伯孔联手。公元前 317 年，捕获反对派腓力三世（亚黑大由斯）及其妻子欧鲁迪凯，并将二人杀害。然而，不久在皮德纳城被卡山德的大军包围，第二年春，被擒获后杀害。

卡山德（Kassandros，公元前4世纪50年代—前297年）

重臣安提帕特的长子，继业者战争时代马其顿的国王。远征东方时期，留守马其顿，未随军参战。其父安提帕特曾冒犯亚历山大，为替父辩白，曾于公元前324年访问巴比伦。然而，此举反招致亚历山大的怒火。此后对亚历山大心怀恐惧。曾有传闻称亚历山大就是被他毒死的，但这主要来源于继业者战争时期的反对派的政治宣传。公元前318年，对其父指定波利伯孔继任摄政之职心怀不满，在得到安提柯的支持后，举旗造反。在王室中，腓力三世（亚黑大由斯）及妻子欧鲁迪凯加入其阵营。然而，此二人在与奥林匹亚斯的决战中被捕获并被处死。他率军疾行赶到后，将奥林匹亚斯包围，公元前316年春，擒获奥林匹亚斯并处死。此后，他成为马其顿的独裁者，迎娶亚历山大异母妹妹塞萨洛尼基为妻，建设新首都并命名为塞萨洛尼基。又将亚历山大四世与其母罗克珊娜软禁于安菲波利斯。公元前310年左右，秘密将母子二人杀害。公元前305年左右，宣布称王。

卡利斯钦斯（Kallisthenes，前370年左右—前327年）

希腊哲学家，历史学家，亚历山大传的作者之一。出生于卡尔基迪克半岛的希腊城市奥林托斯，哲学家亚里士多德的侄子。经亚里士多德推荐，随军远征东方，并负责执笔远征的官方记录。因其自尊心强，沉默寡言，厌恶交际，在宫廷中常被孤立。然而，他在年轻人中极受欢迎，作为哲学教师备受仰慕。公元前327年，因反对引入波斯宫廷的跪拜礼，当面反驳亚历山大，从而与亚历山大产生矛盾。侍从们暗杀亚历山大的阴谋暴露后，因主谋者是他的弟子，所以受连累而被处死。他的亚历山大传是一部将亚历山大赞美成英雄阿喀琉斯再世的史诗，对亚历山大神话的形成发挥了作用。此外，书中对远征所经各处的地志及典故等的记载较为详细，多被罗马时代的传记作家普鲁塔克和地理学家斯特拉波引用。

克拉特鲁斯（Krateros，公元前 4 世纪 60 年代初—前 322 年）

马其顿的武将。出生于上马其顿的奥雷斯蒂阿斯地区。远征之初，曾担任密集步兵部队的指挥官，在伊苏斯和高加美拉会战中负责指挥左翼步兵部队。公元前330 年，揭发菲罗塔斯，这主要由于他个人对菲罗塔斯怀有敌意，并联合亲信护卫官们要求处死菲罗塔斯。他还与亚历山大的挚友赫菲斯提昂发生激烈争执。亚历山大称赫菲斯提昂为"亚历山大之友"，称克拉特鲁斯为"国王之友"，在此两人发生争执时，曾表示自己"在所有人之中最爱你们二人"。由于他固守马其顿自古以来的习俗，受到一般士兵的敬慕。据说在继业者战争中，士兵们只要看到他的帽子、听到他的声音，就拿起武器奋勇前进。在与波罗斯王的会战中，他被部署在印度主力部队的正对面，追击败走的印度军队。离开印度的归途中统率机动队，在卡曼尼亚与主力部队会合。在苏萨与大流士三世兄弟欧克西亚提斯的女儿结婚。公元前 324 年，被亚历山大任命为本国的代理统治者，率领一万名退伍老兵回国。第二年夏，在西利西亚得到亚历山大去世的消息。此后，回到马其顿。公元前 322 年，在小亚细亚的战斗中战死。

库尔提乌斯（Curtius Rufus，公元 1 世纪）

罗马元老院议员，亚历山大传的作者之一。因其作品（共十卷）遗失了前两卷，所以正确的题名并不明确。其本人生平经历不详，据推测是在克劳狄皇帝时代执笔亚历山大传的。其作品是极其精彩的传奇故事，然而不时以作者自己的伦理判断来明确批判亚历山大。他认为亚历山大采纳了东方风格的宫廷礼仪，陷入傲慢和懒惰，加之过度酗酒，人格已经堕落。另外，他的作品被认为运用了许多波斯方面的史料，如阿契美尼德王朝的惯例、波斯王与亲信们的对话等，保存了其他作品所见不到的丰富信息。

克莱塔库斯（Kleitarchos，公元前 4 世纪后半期—公元前 3 世纪前半期）

希腊化时代初期的作家，亚历山大传的作者之一。出生于小亚细亚的希腊城市科罗封，历史学家狄农之子。师从哲学家斯提尔波，并随其移居亚历山大城。在托勒密的庇护下，执笔完成十二卷的亚历山大传。其作品在迎合庇护者托勒密的同时，也迎合了一般民众心中的亚历山大形象，因此与史实相去甚远。然而，其作品从希腊化时代到罗马时代被广泛阅读，可以说对古代亚历山大形象的形成产生了决定性的影响。狄奥多罗斯、库尔提乌斯也将其作为主要的典证之一。

克莱特（Kleitos，公元前 4 世纪 60 年代—前 328 年）

马其顿武将，亚历山大幼年时代的好友，姐姐兰妮斯是亚历山大的乳母。在三大会战中担任亲卫骑兵队的指挥官，特别是在格拉尼库斯河战役中，曾在千钧一发间救了亚历山大的性命。公元前 331 年年末因病留在苏萨，第二年在帕提亚地区与主力部队会合。菲罗塔斯被处死后，与赫菲斯提昂一起担任骑兵部队的指挥官。公元前 328 年秋，被任命为巴克特里亚总督，接替辞职的阿尔塔巴祖斯。然而，他将此视为明升实降的人事安排。赴任前夜，在马拉甘达（今撒马尔罕）举办的宴会上，积蓄已久的不满大爆发，公然指责亚历山大的东方路线。同样酩酊大醉的亚历山大在暴怒之下，用矛将他刺死。

科那斯（Koinos，公元前 4 世纪 60 年代中期—前 326 年）

马其顿武将。上马其顿艾利弥奥特斯地区贵族出身。腓力二世时代开始担任指挥官。公元前 335 年，与重臣帕曼纽之女、被亚历山大肃清的阿塔鲁斯的遗孀结婚。他因此成为菲罗塔斯的内兄弟、帕曼纽派的一员。在三大会战中指挥密集步兵部队，尤其在伊苏斯与高加美拉会战中，处于近卫步兵部队稍左、重装步兵最右侧的位置。远征第一年冬天，率领孤身在外的新婚士兵回国。翌年春，与增援部队一起进发，在戈尔迪乌姆与主力部队会合。公元前 330 年，菲罗塔斯涉嫌谋反而被告发，他为了自保而倒戈。此后，在索格底亚那地区与斯基泰人作战；在印度北部的斯瓦特顿频独当一面；在与波罗斯王的会战中负责指挥骑兵部队等，军事才能得到充分发挥。公元前326年，在希法西斯河畔，士兵们拒绝继续远征。亚历山大召集指挥官们商议对策，称无论如何都要继续前进。在所有人保持沉默之际，他挺身而出，代表大家表态，劝谏班师回朝。此后不久病死，亚历山大为其举行了盛大的厚葬。

塞琉古（Seleukos，公元前4世纪50年代初—前281年）

马其顿武将，塞琉古朝叙利亚王国的缔造者。其父安条克是腓力二世时代的高官。他本人比亚历山大略年长，曾担任腓力二世的侍从。在中亚地区的战斗中崭露头角，在同波罗斯王的会战中指挥近卫步兵部队。在苏萨的集体婚礼中与波斯贵族斯皮塔米尼斯的女儿阿帕玛结婚，最终两人相伴一生。亚历山大逝世后，作为摄政帕迪卡斯的直属部下，负责保护两位国王。在公元前321年的特里帕拉迪苏斯会议上被任命为巴比伦尼亚总督。五年后，被安提柯驱逐，逃往埃及。公元前312年回到巴比伦，恢复总督之职。此后把目光投向东方，从公元前306年开始远征巴克特里亚地区，进而入侵印度，最终被孔雀王朝的旃陀罗笈多击败，缔结和约。在此期间，在巴克特里亚宣布称王。继承了阿契美尼德王朝的大部分领土，以底格里斯河畔的新首都塞琉西亚为开端，在叙利亚北部和小亚细亚西部兴建了许多城市。公元前282年，与以色雷斯地区为根据地的利西马科斯交战，取得胜利。第二年企图从欧洲一侧登陆，进军马其顿本国，但是被从埃及逃亡到他身边的托勒密·克劳诺斯暗杀。

大流士三世（Dareios III，前380左右—前330年）

波斯阿契美尼德王朝的末代国王。属王族旁系，本名为阿塔沙塔，父亲是阿萨米斯，祖父是阿尔塔薛西斯二世的兄弟欧斯塔尼斯。在其担任亚美尼亚总督时，因王族直系在宫廷内的阴谋混战中中断了血脉，遂于公元前 336 年即位。相传其本人身材高大，勇武且品格高洁、温文尔雅。在亚历山大即位之后，他向希腊各城邦输送资金，支援反马其顿运动。公元前 333 年秋，在伊苏斯战役中败北，自身虽得以逃脱，但全家都成为俘虏。此后，曾向亚历山大递送亲笔信，提出以割让领土、将女儿嫁给亚历山大等为条件，要求释放自己的家人，然而未果。公元前 331 年 10 月 1 日，在高加美拉战役中再次败北，逃到埃克巴坦那。公元前 330 年 5 月，得知马其顿军队向波斯波利斯进发后，继续向东方撤退，但被巴克特里亚总督贝索斯剥夺实权，成为阶下之囚。7 月，当亚历山大逼近之际，被贝索斯杀害。

狄奥多罗斯（Diodoros，公元前 1 世纪）

出生于西西里岛的希腊历史学家。亚历山大传的作者之一。著有《历史丛书》全四十卷，记述了从远古时代到恺撒的高卢战争为止的历史。当时的罗马正处于由共和政治向君主政治的转型期，这部著作对于将地中海视为内海的罗马人来说，无疑是一部"世界史"。保留完整的部分有第一至五卷、第十一至二十卷，其中第十七卷是亚历山大统治的时代，描绘了亚历山大的英雄形象。因过于强调亚历山大的伟大，其夸张的描写和带有个人感情的表现手法，给人以哗众取宠的印象。

奈阿尔科斯（Nearchos，公元前 4 世纪 60 年代—？）

马其顿的武将，亚历山大传的作者之一。本是出生于克里特岛的希腊人，其父移居至马其顿的安菲波利斯，并得到市民权，因此他从小就被视为马其顿人。远征第一年的冬天，被任命为小亚细亚西南部吕基亚和潘菲利亚的总督。任职期间，与弗里吉亚总督安提柯建立了密切的联系。此后，被召至前线，率雇佣兵部队于公元前 328 年春在巴克特拉与远征军会合。主力部队向印度河进发之际，由其指挥先行的侦察部队。公元前 326 年秋，在希达斯皮斯河畔负责组装三层划桨战舰。沿印度河南下之后，受命探察印度洋沿岸的航路。公元前 325 年晚秋，乘东北季风出发。在经历了充满苦难的航程之后，在 12 月左右抵达哈尔莫泽亚，实现了与亚历山大意想不到的重逢。公元前 324 年 3 月，在苏萨与主力部队会合。在集体婚礼上，迎娶了亚历山大的情人巴尔茜妮与前夫门托所生的女儿。公元前 323 年，被任命为舰队指挥官，负责准备环游阿拉伯半岛的航程，但因亚历山大的逝世而未能实现。在继业者战争中，处于安提柯阵营，公元前 312 作为德米特里的顾问，留在叙利亚。后来引退，为执笔亚历山大传记和航海志奉献了余生。

帕曼纽（Parmenion，前 400 年左右—前 330 年）

马其顿的将军，与安提帕特同为支撑王国的重臣。公元前 336 年，作为远征波斯先遣部队的指挥官之一，被派往小亚细亚。腓力二世被暗杀后，他支持亚历山大即位，并默认了同为指挥官的阿塔鲁斯被亚历山大设计杀死。他的支持为亚历山大王权的稳定做出很大贡献。亚历山大对帕纽曼论功行赏，其家族全员晋升，成为最大的一股势力。他本人在远征军中的地位仅次于亚历山大，在三大会战中指挥整个左翼部队。从波斯波利斯进发后，与追击大流士的亚历山大分开，留驻埃克巴坦那。这一时期，亚历山大推进东方合作路线，加之欲完全控制军队，因此迫切需要清除已成为障碍的帕曼纽一族。公元前 330 年秋，在弗拉达，其长子菲罗塔斯因与暗杀亚历山大的阴谋有牵连而被处死。帕纽曼虽与这一事件无关，但亚历山大为除后患，派坡利达米斯前往埃克巴坦那将其杀害。

腓力二世（PhilipposII，前 382 年—前 336 年）

马其顿国王，亚历山大之父。公元前 4 世纪 60 年代中期，在其兄佩尔狄卡斯三世的统治期间，曾作为人质被送往底比斯，在那里度过三年时光。公元前 359 年，伊利里亚人入侵，其兄战死，二十三岁的腓力二世继位。他重建军队，击败伊利里亚人，除掉王位挑战者，度过了危机。此后，多次通过政治联姻，扩展与周边各国的同盟关系，确保国家边境地区的安全。继而通过开采金矿、改良和整顿军队、建设城市和开垦农地、强制所征服的各民族移居等措施，迅速增强国力，使马其顿成为巴尔干半岛首屈一指的强国。对希腊则运用战争和外交双重手段，逐步控制。公元前338年，取得喀罗尼亚战役的胜利，成功征服希腊。他把希腊各城市组成科林斯同盟，由自己担任全权统帅，着手准备远征波斯。然而，公元前336年秋，在女儿的婚礼上，被亲信护卫官帕萨尼亚斯暗杀。被杀的原因是同性恋关系产生的纠葛。腓力二世作为亚历山大的父亲而广为人知，但他毫无疑问是西方古代史上最优秀的国王之一。

菲罗塔斯（Philotas，公元前4世纪60年代后期—前330年）

马其顿贵族，亚历山大亲信中职位最高者之一，重臣帕曼纽的长子。远征出发之际，担任马其顿骑兵部队的指挥官。在三大会战中，紧随亚历山大指挥作战。他能居如此高位，是由于亚历山大对其父帕曼纽论功行赏的原因。他本人性格豪爽大方，却又自大傲慢，曾在情人面前吐露过蔑视亚历山大的言辞。公元前330年秋，在弗拉达，几名年轻人谋划暗杀亚历山大。菲罗塔斯两次得到密报，却没有向亚历山大禀报，因此被怀疑参与这一阴谋。亚历山大的亲信们团结起来，纷纷指责菲罗塔斯，进入审判阶段，他被判有罪，最终被处死。其父帕曼纽在埃克巴坦那被谋杀。

托勒密（Ptolemaios，公元前4世纪60年代中期—前283年）

亚历山大的亲信，埃及托勒密王朝的缔造者。亚历山大传记的作者之一。出生于上马其顿的艾奥勒代伊亚地区。从最开始就参加了远征，公元前330年秋，接替受谋反事件牵连的德米特里担任亲信护卫官。第二年抓捕了暗杀大流士三世的贝索斯，在索格底亚那和印度等多次战役中表现出色。在苏萨的集体婚礼上，与阿尔塔巴祖斯的女儿，即亚历山大情人巴尔茜妮的姐妹阿塔卡玛结婚。亚历山大逝世后被任命为埃及总督。公元前 321 年，摄政帕迪卡斯运送亚历山大遗体回国时，他在叙利亚夺走了灵车，成为引发继业者战争的契机之一。此后，在地中海东部扩展势力，逐步发展为海上大帝国。公元前 313 年左右，移都亚历山大城，设立缪斯学院等，奠定了城市发展的基础。公元前 305 年，宣布称王。晚年指定儿子托勒密二世为继承人，与自己共同统治国家，致力于王朝的稳定。其晚年执笔的亚历山大传，是一部详尽记载亚历山大所参与的战役的军事史，后来成为阿里安亚历山大传的主要出典。然而，他在作品中也有夸大自己的功绩、轻视甚至无视继业者战争时期对手功绩的偏向。

普鲁塔克（Plutarchos，50 年以前—120 年以后）

罗马帝国初期的传记作家，亚历山大传的作者之一。生于希腊小城市喀罗尼亚的名望之家，少年时代赴雅典游学，学习哲学。三四十岁左右时曾访问罗马，与社会上层人士索希乌斯·谢涅齐奥交往甚密。后在其《希腊罗马名人传》中也列举了这一人物。普鲁塔克没有从事过突出的政治活动，一生的大部分时间都生活在喀罗尼亚，晚年担任德尔斐的最高神官及近邻同盟的负责人。他一生中约完成二百五十篇作品。在著名的《希腊罗马名人传》中，将希腊、罗马的著名人物组合成二十二篇合传和四篇单独传记。其中，亚历山大与恺撒为一组合传。他的作品以大量的文献阅读为基础，内容广泛，在刻画、描写人物方面细致入微。他一方面刻画出亚历山大勇武和果敢的性格，另一方面详尽地描述了他的弱点和缺点，塑造了一个极具人情味的亚历山大形象。

赫菲斯提昂（Hephaistion，前 356 年—前 324 年）

亚历山大的挚友，出生于首都佩拉，与亚历山大同龄，并一起成长，一起在米埃扎接受亚里士多德的教导。据推测，两人是同性恋关系。远征第一年，接替战死的托勒密（与后来的埃及王不是同一人）担任亲信护卫官。菲罗塔斯被处死后，与克莱特共同担任骑兵指挥官。然而，他在战斗中并没有突出的表现，晋升主要依靠与亚历山大的亲密关系。与军事方面相比，他在组织方面更有才能。在腓尼基的西顿，他负责新任国王的选举；在巴克特里亚、索格底亚那地区负责建设城市、确保粮草、架设桥梁、完善联系网等工作。此外，在印度时，他负责印度河的渡河准备工作，以及在印度河口的帕塔拉建造要塞及船坞等工作。在政策方面，他支持亚历山大的东方化路线，自身也采用东方风格，因此与反对东方化的克拉特鲁斯发生激烈争执。他还受亚历山大的母亲奥林匹亚斯的忌妒，双方以书信的方式激烈争吵。此外，他还与历史学家卡利斯钦斯及其他亲信有矛盾。由此可见，他的性格应该是易妒且容易起争执的。在苏萨的集体婚礼上，迎娶了大流士三世的女儿德莉比娣丝，与同样迎娶大流士女儿的亚历山大成为连襟。他甚至被任命为相当于宰相的千人队长，成为仅次于亚历山大的二号人物。然而，公元前324年秋，在埃克巴坦那突然死亡。亚历山大将其作为半神的英雄祭奠。

帕迪卡斯（Perdikkas，前 360 年左右—前 321 年）

马其顿的武将，出生于上马其顿的奥勒斯提斯地区。腓力二世被暗杀时作为国王的护卫官，追踪并杀死暗杀者帕萨尼亚斯。作为优秀的指挥官，很早就显露出军事才能，在三大会战中指挥密集步兵部队。公元前331年年末，被任命为亲信护卫官，此后依然指挥密集步兵部队战斗在最前线。在索格底亚那担任骑兵部队的指挥官。在印度，与赫菲斯提昂一起负责印度河渡河的准备工作。他被认为是支持亚历山大的东方政策的。回到苏萨后，与波斯总督的女儿结婚，并与其他同僚们一起接受亚历山大的赏赐。赫菲斯提昂死后，继承了千人队长的职务，成为二号人物。亚历山大去世之前，把指环委托给他，这可以看作是事实上指定了继承人。此后，担任摄政辅佐徒有虚名的两位国王，企图继承整个帝国，但其他将军对他的野心有所戒备，与他作对。公元前321年，进攻埃及失败，被部下杀害。

查士丁努斯 (Junianus Justinus，公元 3 世纪?)

罗马的修辞学家，亚历山大传的作者之一。奥古斯都时代的历史家庞培·特洛古斯著有四十二卷的《腓力史》(原书已失传)，查士丁努斯将其压缩成《地中海世界史》一书。在罗马帝国时期，编写了许多超过一百卷的大型著作，为方便一般读者阅读，经常广泛征集提要、压缩本。《地中海世界史》就是这种性质，该书记述了从亚述帝国到罗马统一地中海为止的历史。其中第十一至十二卷是有关亚历山大的内容。但总体来讲，很多记述并不正确，是现存的亚历山大传中可信度最低的一本。其叙述的基调是对亚历山大染上东方恶习、逐步堕落，最后成为暴君进行道德批判。

罗克珊娜 (Roxane，公元前 4 世纪 40 年代后半期一前 310 年左右)

亚历山大的正妃。索格底亚那地区豪族奥克夏特斯的女儿。公元前 328 年，与家人一起藏身于岩石堡垒中。堡垒被攻陷后成为俘虏，与亚历山大初次相见。第二年春，与亚历山大结婚，成为正妃。在印度时生下一个男孩，不幸夭折。亚历山大逝世之时，已怀孕八个月 (另一种记载为六个月)。后与摄政帕迪卡斯联手，以伪造的信件，将竞争对手、同为王妃的斯妲忒拉唤来并杀害。依据将军们的协定，罗克珊娜所生之子即位，即亚历山大四世。公元前 321 年，与其他王族成员一起，随摄政安提帕特赶往马其顿。安提帕特死后，其子卡山德与摄政波利伯孔之间争权夺势，由此导致王权分裂，王族也分为两派。亚历山大的母亲奥林匹亚斯为保护孙子亚历山大四世和罗克珊娜，于公元前 317 年，将敌对的腓力三世 (亚黑大由斯) 和欧鲁迪凯抓捕并杀害。然而，此后奥林匹亚斯被卡山德的军队包围，第二年被捕获并被处死。罗克珊娜和亚历山大四世母子被掌握实权的卡山德转移到安菲波利斯，置于监视之下。公元前 310 年左右，已没有利用价值的二人被秘密杀害，马其顿王族血脉断绝。

参考文献

亚历山大传的日语译本

弗拉维乌斯·阿里安，《亚历山大东征记及印度志》文本篇＋注释篇，大牟田章译注，东海大学出版会，1996 年。文本的翻译加上多达一千页的详细注释，堪称日本西方古代史研究里程碑的翻译成果。

阿里安，《亚历山大大帝东征记》（上、下），大牟田章译，岩波文库，2001 年。上述著作的文库版，注释大幅简化。

普鲁塔克，《希腊罗马名人传》中卷，村川坚太郎编，筑摩学艺文库，1996 年。

庞培·特洛古斯 著，优尼亚努斯·查士丁努斯 抄录，《地中海世界史》，合阪学译，京都大学学术出版会，1998 年。

库尔提乌斯·昆图斯，《亚历山大大帝传》，谷荣一郎、上村健二译，京都大学学术出版会，2003 年。

人物传记

大牟田章，《亚历山大大帝——征服世界的强烈热情》，清水新书，1984 年。新版书，以充满激情的笔调挖掘亚历山大内在世界的优秀作品。

森谷公俊，《王妃奥林匹亚斯——亚历山大大帝之母》，筑摩新书，1998年（绝版）。唯一一部系统探究亚历山大之母奥林匹亚斯形象的传记。以女性史研究的相关成果为基础，重新认识一直被视作毒妇的奥林匹亚斯，并描绘了继业者战争时期王族女性们的活动及悲剧的命运。

皮埃尔·布莱恩特，《亚历山大大帝——未建成的世界帝国》，福田素子译、樱井万里子监译，创元社，1991年。视觉版的传记，收录了含伊斯兰绘画在内的大量插图。在卷末的资料篇中，除古典作品的摘译外，还摘录了近代探究亚历山大形象的资料及研究作品，可以追溯其研究史。

皮埃尔·布莱恩特，《亚历山大大帝》，田村孝译，白水社，2003年。新版简明的概述性著作，分为两部分，一部分按年代来论述，一部分按主题来展开。

罗宾·莱恩·福克斯，《亚历山大大帝》（上、下），森夏树译，青木社，2001年。追溯亚历山大一生，对相关问题全面展开叙述，是一部篇幅超过一千页的大部头传记作品。

研究著作及其他

森谷公俊，《王宫纵火事件——亚历山大大帝与波斯波利斯》，吉川弘文馆，2000年。关于波斯波利斯纵火事件的研究著作，结合古代史料及遗址的发掘报告，对王宫纵火事件的真相及相关传说的形成过程进行了详细探讨。

森谷公俊，《亚历山大大帝——"世界征服者"的幻象与真相》，讲谈社选书"Metier"，2000年．依据相关史料，对三大战役（格拉尼库斯河战役、伊苏斯战役、高加美拉战役）进行系统分析，还原战役的真实状况，探寻作为指挥官的亚历山大的形象。此外还对大流士三世的形象及希腊化的概念等相关问题有所探讨。

大户千之,《希腊化与东方——历史上文化的形态变化》,密涅瓦书房,1993 年。
针对塞琉古王国的城市与农民、外族的统治、希腊文化在小亚细亚及巴比伦
等地的渗透等重要问题,尽可能进行了实证性研究,是研究希腊化文化的必
读文献。

F. W. 沃尔班克,《希腊化世界》,小河阳译,教文馆,1988 年。探讨希腊化时
代的整体情况,日文版中最为标准的概论性著作。

N. 塞昆达,《亚历山大大帝的军队——东征军的真相》,柊史织译,新纪元社,
2001 年。

NHK《文明之路》系列 / 森谷公俊等,《NHK 专题节目文明之路①:亚历山大的
时代》,日本放送出版协会,2003 年。

NHK《文明之路》系列 / 前田耕作等,《NHK 专题节目文明之路②:希腊化与佛
教》,日本放送出版协会,2003 年。

NHK《文明之路》系列 / 本村凌二等,《NHK 专题节目文明之路③:海上与陆上
的丝绸之路》,日本放送出版协会,2003 年。以上三部为 2003 年播放的
NHK 专题节目《文明之路》的出版物。①以各民族共存为视角,追寻亚历山
大远征的足迹。②探寻中亚及印度的希腊化文化的真相。③介绍众多有关罗
马与东方世界贸易的发掘成果,收录了含 CG 技术合成的众多彩色图片,并
在卷末提供了遗迹的介绍。

奥莱尔·斯坦因,《亚历山大之路——犍陀罗·斯瓦特》,谷口陆男、泽田利夫译,
长泽和俊注·解说,白水社,1984 年。

斯坦因 / 阿里安,《亚历山大古道》,前田耕作监修,前田龙彦译,同朋舍出版,

1985 年。斯坦因是出生于匈牙利的著名探险家、东方研究的学者。曾探寻亚历山大远征的足迹，于 1926 年在印度西北部（现在巴基斯坦北部）的斯瓦特河谷开展实地调查。上述两种著作即其调查记录《抵达印度河的亚历山大之路》的全译本。后者中还包含阿里安的亚历山大传以及相关注释的翻译，斯坦因曾将其作为线索。

爱德华·拉特维拉德扎，《挖掘亚历山大大帝的东征——无人所知的足迹和真相》，带谷知可译，NHK 书籍，日本放送出版协会，2006 年。作者是乌兹别克斯坦的历史学家、考古学家，投身于巴克特里亚、索格底亚那遗址的发掘长达三十年以上。上述著作即根据其重要成果整理而成的通俗作品。

西亚史

罗曼·基尔施曼，《伊朗的古代文化》，冈崎敬他译，平凡社，1970 年。

伊藤义教，《古代波斯——碑文与文学》，岩波书店，1974 年。包含贝希斯敦及波斯波利斯等地的主要古代波斯碑文的翻译。

足利惇氏，《世界历史 9：波斯帝国》，讲谈社，1977 年。

小川英雄、山本由美子，《世界历史 4：东方世界的发展》，讲谈社，1997 年。

前田彻等，《历史学的现在——古代东方》，山川出版社，2000。关于古代东方的研究介绍。

《特刊"环"⑧：何为"东方"——超越东西方的划分》，藤原书店，2004 年。有关"东方"概念进行再探讨的论文集。

希腊史

樱井万里子编,《希腊史》,山川出版社,2005年。从史前时代到现代的希腊通史。以政治史为线索,概述了从古代、拜占庭时代,经奥斯曼帝国到近现代的希腊历史。各历史时期比例分配均匀。

周藤芳幸、村田奈奈子,《了解希腊的词典》,东京堂出版,2000年。从古代和现代两个视角,分不同主题来介绍希腊,其中第十三章是关于希腊与马其顿的问题。

历史学研究会编,《地中海世界史1:古代地中海世界的统一与变容》,青木书店,2000年。纵览从古代到现代的地中海世界,一个系列五卷中的一册,包含以下论文:《希腊世界的展开与东方世界》(师尾晶子)、《希腊化世界的形成与地中海东部》(森谷公俊)、《希腊化时代的文化传播与接受》(大户千之)。

周藤芳幸、泽田典子,《古代希腊遗迹事典》,东京堂出版,2004年。由在海外学习考古学的专家执笔的遗迹解说事典,兼具学术性和通俗性。主要有马其顿王国的维尔吉纳、佩拉、狄翁,还包括希腊化史相关的帕加马。

伊藤贞夫、本村凌二编,《西方古代史研究入门》,东京大学出版会,1997年。主要以研究生为阅读对象的研究书籍。

亚历山大罗曼史

卡利斯钦斯(译注:作者不明,传说是卡利斯钦斯所作),《亚历山大大帝传奇》丛书"亚历山大城图书馆"7,桥本隆夫译,国文社,2000年。

那不勒斯的首席司祭利奥译,《亚历山大大帝的诞生与胜利》,芳贺重德译,近代文艺社,1996年。

卡蒂永的瓦尔特（Walter of Châtillon，拉丁名 Gualterus de Castellione），《亚历山大大帝之歌——中世纪拉丁叙事诗》，濑谷幸男译，南云堂选书"Phoenix"，2005 年。

英语的基本文献

（考虑到大学生与研究生的需要，仅限于最近出版的英文文献）

J. Roisman(ed.), *Brill's Companion to Alexander the Great*, Leiden, 2003. 由亚历山大相关研究的十三篇论文组成的论文集，是了解亚历山大研究现状的入门书。

A. B. Bosworth, *Conquest and Empire: The Reign of Alexander the Great*, Cambridge,1988. 作者勃斯沃斯是当今亚历山大研究的最高权威。这部作品是以极简主义研究方法写成的概论性著作，由亚历山大的传记及不同主题的论述组成。

N. G. L.Hammond, *Alexander the Great: King, Commander and Statesman*, London, 1981. 继承塔恩以来理想主义的亚历山大形象，把亚历山大描绘成传播希腊文明的旗手。

A. Stewart, *Faces of Power; Alexander's Image and Hellenistic Politics*, Berkeley and Los Angeles, 1993.关于亚历山大图像的综合性研究著作。广泛收集并探讨了从亚历山大统治时代到继业将军时代的亚历山大雕像、绘画、镶嵌画、货币、祭典等，还论述了亚历山大形象对各希腊化王国的形成所发挥的作用。

P. Cartledge, *Alexander the Great: The Hunt for a New Past*, London,2004. 由古代希腊史研究者完成的最新评传。不是按年代，而是通过对不同主题的讨论，

来把握亚历山大与他的时代。非常适合作为研究生的教材。

W. Heckel, *Who's Who in the Age of Alexander the Great*, Oxford, 2006. 汇集与亚历山大帝国相关的八百余人物的人名事典，对于各个人物还列出了相关史料及主要文献。

J. R. Ashley, *The Macedonian Empire: The Era of Warfare under Philip II and Alexander the Great*, 359–323 B.C., North Carolina and London, 1998. 军事史研究著作，详细分析腓力二世及亚历山大大帝经历的各场战斗的整体情况。

E. N. Borza, *In the Shadow of Olympus: The Emergence of Macedon*, Princeton University Press, 1990. 有关亚历山大之前古代马其顿王国的概要性书籍。简明易懂地介绍了古代马其顿的自然环境、研究与发掘的历史、早期马其顿的国家与社会，并进一步围绕维尔吉纳王室墓葬的争议点展开论述。

N. G. L. Hammond, *Philip of Macedon*, Johns Hopkins of University Press, 1994. 古代马其顿研究最高权威，已故的哈蒙德所完成的有关腓力二世最为完整的传记。书中以注释的形式罗列了相关史料。

E. D. Carney, *Women and Monarchy in Macedonia*, University of Oklahoma Press, 2000. 作者卡尼开拓了古代马其顿史研究的新领域——女性史研究。重新构建了马其顿王族女性的人生经历，围绕相关问题展开论述。

P. M. Fraser, *Cities of Alexander the Great*, Oxford, 1996. 有关亚历山大城的精心之作。熟练运用希腊语、拉丁语，乃至阿拉伯语的文献，对那些被视为亚历山大所建城市的真实情况进行根本性再探讨。

F. L. Holt, *Into the Land of Banes: Alexander the Great in Afghanistan*, Berkeley and Los Angeles, 2005. 徘徊于古代巴克特里亚王国与现代的阿富汗之间，从

今天的时代背景重新把握亚历山大入侵巴克特里亚王国的历史意义。探寻"9
·11"连环恐怖袭击对亚历山大形象的冲击。

F. L. Holt, *Thundering Zeus: The Making of Hellenistic Bactria*, Berkeley and Los
Angeles, 1999. 在对出土货币进行系统分析的基础上，追溯了巴克特里亚王
国的形成与灭亡，希腊化史研究的重要成果。

S. Sherwin-White & A.Kuhrt, *From Samarkand to Sardis; A New Approach to the
Seleucid empire*, London,1993. 谢尔文·怀特与库尔特在 20 世纪 80 年代以
后引领了新的研究，即在批判希腊中心主义的同时，以东方史的脉络重新
认识阿契美尼德朝波斯。此书是二人完成的关于塞琉古王国历史的概要性
书籍。

R. A. Billows, *Antigonos the One-Eyed and the Creation of the Hellenistic State*,
Berkeley and Los Angeles, 1990. 关于处于继业者战争旋涡中心的安提柯的综
合性研究著作。更新了关于安提柯的历史评价，把他定位在马其顿、阿契美
尼德朝波斯、希腊化各王国的交汇点上。

J. D. Grainger, *Seleukos Nikator; Constructing a Hellenistic Kingdom*, London and
New York, 1990. 关于塞琉古的简明传记性研究著作。在与其他继业将军比
较的同时，挖掘塞琉古的独特性及他成功的原因。

G. Hölbl, *A History of the Ptolemaic Empire*, London and New York, 2001. 关于托
勒密王国的最新的概要性书籍。在埃及历史的发展脉络中，对以缔造者托勒
密为代表的国王们的政策进行了评价

M. C. Miller, *Athens and Persia in the fifth Century BC: A Study in Cultural
Receptivity*, Cambridge, 1997. 自如地运用陶瓶彩绘等图像资料，对公元前 5

世纪雅典与波斯文化交流的实际情况进行详细分析。对当时雅典人对波斯文化的强烈憧憬进行了实证性研究。模仿"中国趣味（Chinoiserie）"的说法，提出"波斯趣味（Perserie）"之说。[1]

1　译者注：在本书的翻译过程中，部分引文及人名、地名的译法，参考了以下两种译著：阿里安著，李活译，《亚历山大远征记》，北京：商务印书馆，2012；普鲁塔克著，席代岳译，崔文辉主编，《普鲁塔克全集 道德论丛 2》，长春：吉林出版集团有限责任公司，2015。在此表示感谢！

历史年表

公历	希腊马其顿	西亚与世界
前8世纪	希腊人的城邦形成	
前776	第一届奥林匹克运动会开幕	
约前750	希腊人开始在地中海、黑海进行殖民活动	公元前770年，中国的春秋时代开始（—前403年）
约前770		据传说，前753年罗马建国　这一时期，亚述帝国繁盛起来　古代波斯人在扎格罗斯山脉东南部的帕萨尔地区定居
前7世纪中叶	马其顿人在奥林匹斯山南麓建立王国。斯巴达确立国家体制	
约前594	雅典的梭伦改革	公元前612年，亚述首都尼尼微陷落，亚述帝国灭亡
前550	斯巴达组织结成伯罗奔尼撒同盟	波斯人在居鲁士二世的领导下，开始了频繁的征服活动
		前551年左右孔子诞生
		前539年波斯军队占领巴比伦
		前525年波斯国王冈比西斯二世征服埃及，统一东方世界
		前522年大流士一世篡夺阿契美尼德王朝王位，确立了中央集权的体制，着手建设新首都波斯利斯
约前510	马其顿臣服于波斯	
前508	克利斯梯尼改革国家制度，确立重装步兵民主政治	公元前509年，罗马共和国成立

年代	事件	
前499	小亚细亚爱奥尼亚地区的希腊人反抗波斯统治，发动叛乱	
前492	第一次希波战争 波斯舰队因暴风遇险，后撤退	
前490	第二次希波战争 雅典取得马拉松战役的胜利	
		公元前486年波斯薛西斯一世继位
前480—479	第三次希波战争	
	马其顿国王亚历山大一世加入波斯一方参战	
	在萨拉米斯海战与普拉提亚战役中，希腊军队获胜	
前477	提洛同盟成立，与波斯的战争继续	
前454	提洛同盟的金库移至雅典	这一时期，罗马制定《十二铜表法》
前449	雅典掌控爱琴海霸权	
前5世纪40年代	雅典与波斯缔结利约	
	在伯里克利的领导下，雅典确立了直接民主政治	
前431	雅典与斯巴达之间的伯罗奔尼撒战争爆发	
前413	马其顿阿基劳斯国王继位，迁都佩拉，推进富国强兵之策	前411年波斯国王开始支援斯巴达
前404	雅典投降，伯罗奔尼撒战争结束	
		埃及脱离波斯的统治，恢复独立 前403年，中国的战国时代开始（—前221年） 前401年波斯国王的弟弟居鲁士发动叛乱。他死后，参战的一万希腊雇佣军顺利回国
前395	在希腊，反斯巴达同盟成立，科林斯战争爆发。	
前393	马其顿阿敏塔斯三世继位，马其顿遭受北方民族的入侵	从这一时期开始，马其顿遭受北方民族的入侵

年代	事件	
前386	由于波斯国王的介入，科林斯战争结束 依据波斯国王和约的规定，承认小亚细亚的希腊人从属于波斯王	
前377	第二次雅典海上同盟结成	
前371	在留克特拉战役中斯巴达大败，底比斯崛起	
前359	马其顿腓力二世继位，实现王国复兴后，开始入侵希腊	
前357	腓力二世与邻国摩洛西亚王国的公主奥林匹亚斯结婚	
前356	7月，亚历山大出生	
前341		前341年波斯再次征服埃及
前340	亚历山大在父亲不在国内时，负责处理国政。建设了"亚历山大波利斯"，即亚历山大之城	
前338	8月，在喀罗尼亚战役中，马其顿战胜希腊联军	这一时期罗马控制整个拉丁姆地区
前337	腓力二世召集希腊各国的代表，结成科林斯同盟，决议远征波斯	
前336	春，远征波斯的先遣部队进攻小亚细亚西北部 夏，腓力二世被暗杀。亚历山大三世继位	波斯大流士三世继位
前335	亚历山大平定巴尔干北部的各民族，渡过多瑙河 叛乱的底比斯被彻底消灭 亚历山大被任命为科林斯同盟的全权统帅	
前334	春，出发远征东方 在格拉尼库斯河战役中获胜 平定小亚细亚西岸的各希腊城市	
前333	晚秋，在伊苏斯战役中战胜大流士三世的军队 冬，占领腓尼基各城市	
前332	夏，经过七个月的包围战，占领提尔城 初冬，和平占领埃及	

年份	事件	备注
前331	2月，访问利比亚沙漠中的阿蒙神殿	
	4月，在尼罗河口着手建设新城市亚历山大城。	
	10月，在高加美拉战役中获胜，进入巴比伦城。	阿契美尼德王朝的统治实际上崩溃了
前330	1月，占领波斯波利斯，对城市进行了掠夺，获取了大量财宝	
	5月，放火烧毁王宫，开始追击大流士三世。	7月大流士三世被亲信贝索斯等人杀害
前329	开始采纳波斯风格的服饰和宫廷礼仪	
	秋，亲信菲罗塔斯被处死，其父重臣帕曼纽也被谋杀	
	翻越兴都库什山脉，进攻巴克特里亚地区	
	渡过奥克苏斯河（今阿姆河），擒获贝索斯	
前328	在雅克萨提斯河（今锡尔河）河畔建造"极东亚历山大城"	
	在斯皮塔米尼斯的领导下，巴克特里亚、索格底亚那地区的居民发动了叛乱，此后整整两年陷入平定叛乱的苦战	
	在索格底亚那地区，与据守岩石堡垒的当地居民展开攻防战	
	斯皮塔米尼斯被马萨革泰人谋杀	
	晚秋，在宴会上刺死了克莱特	
前327	春，与索格底亚那贵族的女儿罗克珊娜结婚	
	尝试引入跪拜礼，但失败	
	侍从们谋杀亚历山大的阴谋暴露后，历史学家卡利斯忒斯受到牵连而被处死	
	秋，入侵巴基斯坦西北部	
前326	渡过印度河，到达塔克西拉地区	
	5月，在希达斯佩斯河畔与波罗斯王的会战中获胜	
	夏，在希法西斯河畔，将士们拒绝前进，于是决定班师回朝	

前325	11月，开始沿印度河南下
	在与马利亚人的战斗中，身负重伤，险些丧命
	在印度河流域各地展开疯狂的屠杀
	夏，抵达印度河三角洲地区的帕塔拉
	命令奈阿尔克斯探察印度洋沿岸的航海路线
	10—11月，穿越格德罗西亚，莫克兰两大沙漠，部队遭受巨大损失
	对伊朗系的总督们展开大清洗，并向各行省的总督们下达了解散雇佣兵的命令
前324	返回苏萨，向希腊各城市发布流亡者归国令
	举行集体婚礼，迎娶了两名阿契美尼德王朝的公主
	三万名接受马其顿式军事训练的伊朗系年轻人抵达苏萨
	夏，在欧皮斯，马其顿老兵被要求退伍，一度发展为哗变，但很快和解并摆盛宴庆祝
	秋，挚友赫菲斯提昂在埃克巴坦那病逝
前323	春，返回巴比伦，推动希腊各国把自己作为神进行崇拜
	着手准备周游阿拉伯半岛
	6月10日，因感染热病而病逝
	亚黑大由斯继承王位，即腓力三世
	帕迪卡斯成为摄政，亲信们分配总督领地
前321	罗克珊娜生下一男婴，作为亚历山大四世继承王位
	反帕迪卡斯联盟形成，继业者战争开始
	帕迪卡斯进攻埃及失败，被杀死

年代	事件
	在特里帕拉迪苏斯会议上，对总督领地的再分配达成协定
前319	摄政安提帕特带领王族回到马其顿
前317	摄政安提帕特病逝，其子卡山德对继任摄政的人选不满，于是举旗造反。王族也随之分裂
	在印度，旃陀罗笈多王创立孔雀王朝
前316	卡山德擒获并处死奥林匹亚斯
约前313	托勒密迁都亚历山大城
前311	四位继业将军相互认势力范围，并缔结和约
约前310	卡山德杀害了罗克珊娜与亚历山大四世母子，马其顿王族的血脉断绝
前306	安提柯宣布称王
	其他将军们纷纷效仿称王，出现了五个希腊化王国（一前304年）
前304	塞琉古远征印度，被孔雀罗笈多击败，缔结和约
前301	在依普苏斯会战中，安提柯战败而亡
前283	托勒密二世创立托勒密密祭，以祭祀其父王
前280	因凯尔特人的入侵，马其顿国内荒废
前277	安提柯·贡纳塔斯登上马其顿王位，创立安提柯朝马其顿
	前272年罗马称霸意大利半岛
	前264年罗马与迦太基之间爆发第一次布匿战争
前262	帕加马脱离塞琉古王朝独立
约前250	巴克特里亚脱离塞琉古王朝独立
前226	帕加马的阿塔罗斯一世正式称王
	前221年秦始皇统一中国

		前218年第二次布匿战争开始，汉尼拔攻入意大利
		前202年，在中国，刘邦建立汉朝
前146	巴克特里亚的希腊城市阿伊·哈努姆因游牧民族的入侵而消失	罗马消灭马其顿，第三次布匿战争结束。罗马把希腊和马其顿变为行省
前133	帕加马王国的阿塔罗斯三世把王国遗赠给罗马	前120年到前100年，庞培古城亚历山大镶嵌画被制作出来